KB138522

한국 현대건축의
지평 2

The horizon of
Korean contemporary
architecture

건물 비평

한국 현대건축의 지평 2
건물 비평

ⓒ 임석재, 2013

초판 1쇄 2013년 1월 15일 찍음
초판 1쇄 2013년 1월 21일 펴냄

지은이 | 임석재
펴낸이 | 강준우
기획·편집 | 김진원, 문형숙, 심장원, 이동국
디자인 | 이은혜, 최진영
마케팅 | 박상철, 이태준
인쇄·제본 | 대정인쇄공사

펴낸곳 | 인물과사상사
출판등록 | 제17-204호 1998년 3월 11일

주소 | (121-839) 서울시 마포구 서교동 392-4 삼양E&R빌딩 2층
전화 | 02-325-6364
팩스 | 02-474-1413
www.inmul.co.kr | insa@inmul.co.kr

ISBN 978-89-5906-230-0 94610
        978-89-5906-228-7(전 2권)

값 17,000원

한국 현대건축의 지평2

The horizon of
Korean contemporary
architecture

건물 비평

임석재 지음

인물과
사상사

서문

나는 한국 현대건축의 황금기를 1990년대로 보고 싶다. 물론 시대적 상황까지 함께 고려한다면 요즘의 2세대 건축가들의 작품은 이른바 1세대를 대표한다는 김중업, 김수근, 이희태 등에 못 미치는 것이 사실이다. 그럼에도 1990년대는 다양한 실험을 시도했다는 점에서 그 중요성이 매우 크다. 선배 스승 세대의 힘든 노력을 바탕으로 다양한 건축 논의가 있었다. 실제 지어진 건물 자체는 아직 아쉬운 점도 분명히 있었지만 이때 있었던 다양한 논의 자체는 이제 한국 건축계는 물론이고 문화예술계, 더 나아가 한국 사회 전체에도 귀중한 문화적 자산으로 저축되어 있다.

1990년대는 우리 사회가 소득이 향상되면서 궁핍에서 벗어나 작품으로서의 건물에 대한 관심을 본격적으로 나타내던 시기였다. 그러면서 그 이전 시기의 거대 담론이 아직 살아 있던 시기이기도 했다. 이 둘은 자칫 상쇄적인 제로섬이 되기 쉬운데 1990년대의 한국 건축은 둘의 가능성을 합해내는 데 일정하게 성공했던 것으로 보인다. 빈곤 탈출과 거대 담론의 소멸이라는, 위아래의 양극에서 시작해서 반대편으로 진행하는 두 그래프 곡선이 중간에서 만난 지점이 1990년대였다.

이 시기에 있었던 이런 시도들이 충분히 세련되지 못하고 일부는 모방의 문제를 내비치기도 하는 등 아직은 미숙한 점이 많이 보이는 것은 분명한 사실이다. 하지만 다양성을 향한 의욕은 상당했다. 이는 한국 건축계가 다원주의라는 현대 문명의 특징에 독자적으로 대응하기 시작했음을 의미하는 점에서 중요한 시대성을 갖는다. 1세대 선배 건축가들의 다소 무거운 강박관념 같은 것에서 벗어나기 시작했다. 가요에 비유하자면 1970~1980년대의 '나 어떡해' 혹은 '난 참 바보처럼 살았군요'에서 1990년대 서태지의 '난 알아요'로 나아가는 현상과 유사하다. 우리가 주체가 되어 독립적으로 다양한 현대 양식을 창출하고 구사하려던 노력의 시기였다. 물론 동시대에 이런 양식을 이끈 서구 선진국의 대표 건축가들 작품과 직접 비교하면 여전히 많이 부족한 것이 사실이지만 건축 전개의 방향에서 이런 전환이 일어났다는 점만은 분명히 중요한 의미를 갖는다.

안타깝게도 2000년대 들어와서 한국 건축은 오히려 자본의 논리에 심하게 귀속되면서 후퇴하게 된다. WTO 가입, IMF 외환위기, FTA 체결, 글로벌 금융위기 등 일련의 초대형 경제 사변을 겪으면서 일단 문명 활동과 국가 운영의 모든 기준이 경제 논리 하나로 획일화되었다. 하물며 건축은 더 말할 필요도 없게 되었다. 경제 논리에 가장 민감할 수밖에 없는 것이 또한 건축이기 때문에 건축에서는 부동산 투자를 낀 대형 개발 사업이 거의 독식하다시피 되었다. 작품으로서의 건축은 '밥그릇 싸움'에서 점차 밀리기 시작했다. 부동산 건축과 작품으로서의 건축이 기본적으로 영역이 다르기 때문에 처음에는 이런 현상이 큰 문제가 되지 않았으나 점차 시간이 지나면서 작품으로서의 건축은 존재 자체를 위협받을 정도로 크게 위축되었다.

이 책은 이런 배경 위에서 1990년대를 전후한 시기에 있었던 다양한 양식적 실험에 대해 해석한 두 권짜리 비평서이다. 유행이 급하게 진행되는 현대 한국 사회에서 2013년에 1990년대의 작품에 대한 비평서를 출간하는 일은 시차가 있어 보인다. 하지만 2000년 이후의 한국 건축은 오히려 1990년대만 못해 보인다. 유행의 변화에 따라 좀 더 세련되어 보이고 첨단으로 보이는 작품이 등장한 것은 사실이지만 2000년 이후의 건축은 앞에 얘기한 대로 부동산 개발이 99퍼센트를 차지해버렸으며 그 옆에서 힘들게 작품이라고 나오는 건물들도 패션 유행처럼 너무 가벼워진 것이 사실이다. 시대에 대한 진지한 탐구를 바탕으로 한 실험정신이라는 기준에서 보면 이 책에서 소개하는 1990년대의 예들이 한국 현대건축, 나아가 현대 한국 사회 전반을 이해하는 데 더 합당해 보인다.

1권에는 건축가론, 인터뷰, 건축문화비평 등을, 2권에는 개별 건물에 대한 비평을 각각 실었다.

1권의 전반부는 건축가론이다. 차운기, 김인철, 임재용, 원도시건축(변용)의 4인을 소개하고 있다. 이들의 건축적 생각과 경향을 볼 수 있는 작품 비평과 함께 자신들의 작품에 대해서 건축가가 직접 얘기하는 내용을 인터뷰 형식으로 싣고 있다. 4인 모두에 대해서 여러 개의 작품 비평과 함께 인터뷰 원고를 실었다.

젊은 나이에 안타깝게 세상을 떠나 지금은 고인이 된 차운기는 김중업 사무소에서 일한 경력을 바탕으로 스승 김중업의 뒤를 이어 한국의 비정형 건축을 다진 건축가이다. 지금은 비정형 건축이라 하면 대부분 컴퓨터를 이용해서 초고층 건물을 특이한 형태로 뒤트는 경향을 의미하지만 원래 비정형주의는 정형과 추상이 이끄는 형식주의에 반대하는 자연주의의 한 분파로 시작되었다. 한국에서는 한국적 곡선의 미를 비정형의 기반으로 삼았던 김중업이 대표적인 예이며, 차운기가 이를 이어받았다. 양식 사조로 분류하자면 신표현주의를 바탕으로 삼아 한국의 전통미를 현대적으로 표현한 것으로 볼 수 있다.

김인철은 작품 경향에서는 차운기의 반대편에 서는 전형적인 추상 계열의 건축가이다. 노출 콘크리트 애호가이며 단순한 기하 형태를 조형의 출발점으로 삼는다. 하지만 부지를 읽어서 개별 상황에 적응하려는 노력도 함께 보여준다. 이른바 '외국 물을 먹지 않은' 순수 국내파로서 그의 작품 저변에는 한국적 정서가 일정 부분 흐른다. 양식 사조로 분류하자면 기하주의, 미니멀리즘, 네오 모더니즘에 걸쳐 있다.

임재용은 이와 반대로 미국에서 배운 건축을 가지고 들어와 한국에 적용하려는 건축가이다. 미국의 비정형주의를 대표하는 모스Eric Owen Moss의 사무실에서 일한 경력이 있다. 모스의 비정형주의는 굳이 양식 사조로 분류하자면 엥포르멜, 네오 바로크, 조각주의 등을 혼합한 복잡한 경향을 보인다. 같은 비정형주의지만 곡선과 자연 재료를 바탕으로 한 김중업-차운기와 달리 전적으로 직선과 기하 파편에 의존한다. 한국에서는 낯선 경향인데 임재용은 이것을 한국에 적용하려는 시도를 하고 있다.

원도시건축은 한국적 대형 설계사무소의 효시 가운데 한 곳이라 할 수 있다. 1990년대까지는 국제주의 양식에 기초를 둔 모더니즘의 전형을 추구한 사무소이다. 정합이 잘 맞는 효율적이고 정형적인 디자인을 추구하며 탄탄한 디테일 처리로 이를 뒷받침해준다. 이후 1990년대 후반부터 후기 모더니즘으로의 변화를 모색하게 되는데 동아방송대학 캠퍼스가 이런 변화의 중요한 전환점을 이루는 작품이다. 한국 건축계에서 대형 설계

사무소가 차지하는 비중이 크기 때문에 이런 변화의 의미를 해석하는 일은 의미가 있을 것이다.

후반부는 1990년대 이후의 한국 현대건축에 나타난 여러 양상을 문화비평 관점에서 분석한 글이다. 큰 방향은 한국 현대건축의 부족하고 아쉬운 점에 대해서 비판적 태도를 견지했다. 세부 주제는 외국 사조의 모방과 한국적 양식, 대중과의 교감, 기술의 횡포와 그에 대한 대응, 고층 건물의 수직선이 지배하는 대도시의 문제 및 그에 대한 대응으로서 수평선 운동, 후기 자본주의가 낳은 하이테크 양식과 대형 공간 등이다.

이런 주제는 한국 현대건축이 가장 취약한 부분이라 할 수 있다. 일부 비판 내용이 다소 과격한 것으로 보일 수도 있겠으나 결코 괜한 시비를 걸거나 특정인을 미워해서 한 말은 아니다. 나 자신 역시 이런 비판에서 자유롭지 못한 것을 너무도 잘 알고 있다. 건축계에 종사하는 한 사람으로서 우리의 건축계가 조금이라도 좋아졌으면 하는 바람에서 잘해보자고 던진 자기반성 같은 화두이다. 내 스스로 이런 위험에 빠지지 않기 위해서 하는 다짐과 각오 같은 것일 수도 있다.

이런 주제는 또한 건축에만 국한되지 않고 인문사회학과 문화비평에서도 중요하게 다루는 내용이다. 건축적 내용을 바탕으로 건축 이외의 시각을 더해서 폭 넓고 다양하게 해석하려 노력했다. 건축을 다른 분야와 연계해서 그 범위를 넓히려는 이런 시도는 다작을 하는 나의 작업이 지향하는 중요한 목표 가운데 하나이다. 후기산업사회에 들어오면서 이제 건축은 단순히 현장에서 물리적 구조물을 짓는 데에 국한되지 않고 문화 현상의 하나로 큰 관심을 받기 시작하고 있다. 이런 새로운 시대적 흐름에 나의 작업이 작은 도움이나마 되었으면 하는 바람이다.

2권은 두 부분으로 나눌 수 있다. 1장에서 16장까지는 스물한 명의 건축가가 남긴 스물한 채의 건물을 통해 미니멀리즘, 회화추상주의, 원시형 태주의, 도시 건축 운동, 상대주의 공간, 대중 색채주의, 구조 미학, 현대 합리주의, 전통 해석 문제, 맥락주의, 모더니즘의 진정성 문제 등과 같은 다양한 주제를 다루었다. 이런 주제는 모두 현대건축을 이끌어온 핵심적 내용인데 놀랍게도 1990년대 한국 현대건축에서도 이런 다양한 시도들이 종합적으로 있었던 것이다.

마지막 두 장인 17장과 18장에서는 '정림건축'이라는 대형 설계사무소의 2003년 완공 작품을 통해 한국 현대건축의 무게중심이 점차 대형 건물로 옮겨가는 현상을 추적했다. 당시 정림건축은 표면적으로는 대형 설계사무소 체제를 갖추었으나 내부적으로는 이른바 '작품'도 같이 해보려는 욕심을 가지고 있었다. 대형 설계사무소이기 때문에 아틀리에 사무소에서 다루는 소형 건물 위주로 가지는 못했지만 다른 대형 설계사무소에 비해 상대적으로 작은 규모의 건물을 많이 남겼다. 크기에서는 '중규모' 정도라고 부를 수 있으며 여기에 일정한 작품성을 실으려는 노력도 많이 기울였다.

말하자면 소규모 아틀리에 사무소와 대형 설계사무소의 장점을 취하려는 중간적, 통합적 태도라 할 수 있다. 작품성을 추구하되 대형 설계사무소 운영에 적합한 '시스템에 의한 디자인'이라는 양면성을 엿볼 수 있는 것이다. 나는 이런 '시스템에 의한 디자인'에서 제2 후기 모더니즘의 다섯 가지 특징인 '기하 형식주의', '재료 혼성–회화다움과 산업 재료의 연성화', '수평–수직과 오피스 창', '일상성–풍경과 상징', '안과 밖–출입구와 실내 중정' 등을 읽어냈으며 이를 바탕으로 열두 채의 완공작을 분석, 비평했다.

이 책의 일부는 1998년에 출간된 『한국 현대건축 비평』을 고쳐 쓴 것이다. 재출간이라고 하기에는 많이 고쳤으며 원래 분량보다 훨씬 많은 내용을 새로 추가해서 두 권으로 정리했다. 개인적으로는 44번째와 45번째 책에 해당된다. 다작은 물론 자랑거리가 아니겠지만 나름대로 다작이 갖는 위험성에 빠지지 않고 꾸준하게 집필·저술 활동을 해왔다고 자평하고 싶다. 남의 표절, 자기 표절, 내용의 가벼움 등이 다작의 저술가에게서 일어나기 쉬운 위험성인데 여기에서 백 퍼센트 자유로울 수는 없겠지만 다작치고는 확실한 자기주장과 창의적 사고를 보여주고 있다는 평가를 받는 편이다.

나 개인적으로도 내 작업의 성격을 '건축의 경계와 범위를 확장' 하는 것으로 정의하고 싶다. 지금까지 한국 건축계는 현장에서 물건을 만드는 fabrication까지만 건축으로 여겨왔다. 하지만 건축에 대한 인문사회학적, 예술적, 문화적 해석 또한 이에 못지않게 중요하다. 건축을 이렇게 보기 시작하면 할 수 있는 얘기와 확장 가능성은 무궁무진하게 다양해진다. 지어진 건물에 대해서 다양한 시각에서 해석과 비평이 가능해진다. 반드시 고급 건축가가 설계한 작품만이 그 대상은 아니다. 사람이 짓고 사는 조형 환경 전체가 해석과 비평의 대상으로 확장된다. 꼭 지어진 건물일 필요는 없다. 건축을 둘러싸고 일어나는 모든 행위와 현상 역시 해석과 비평의 대상으로 확장된다.

건축에 대해 행하는 이렇게 확장된 작업 자체가 건축의 중요한 독립 장르이다. 이 자체가 창작 활동이며 작품 활동이다. 이 자체가 비록 미약하기는 하지만 그 나름대로 하나의 시장까지 형성해가고 있다. 이 과정에서 나온 수많은 다양한 얘기는 거꾸로 건축가에게 아주 소중한 창작의 소재와 방향타가 될 수 있다. 이번 책 역시 이런 나의 작업에서 중요한 부분을 이루는 나만의 작품이다.

　　마지막으로 이 책을 출간해주신 인물과사상사에 깊은 감사의 마음을
전한다. 사랑하는 나의 가족(두 딸과 애들 엄마)에게 진심으로 사랑과 감사의
마음을 전한다.

8. 중곡동 어린이집, 상봉 어린이집, 사파정동 주민회관 및 어린이집, 샛별 초등학교

9. 가구식 구조와 벽체 구조

10. 한겨레신문사 사옥, 배─다리 건물, 동숭동 J.S. 빌딩, 두레빌딩

1.

박서보 주택과
미니멀리즘 건축의
가능성

1. 박서보 주택과 미니멀리즘 건축의 가능성

미니멀리즘의 현대적 의미 |

이 건물은 화가 출신 건축가 이현재의 작품으로, 역시 화가인 박서보의 작업실, 작품 보관실, 주택을 겸한 복합 기능을 갖는다. 양식 사조로는 미니멀리즘Minimalism을 대표한다. 한국 현대건축은 추상 계열의 건축가가 주류를 형성하기 때문에 미니멀리즘에 관심이 많은 편이다. 그러나 건축이라는 장르의 특성상 회화에서 발현한 미니멀리즘의 기준을 만족시키는 것은 매우 어려운 일이며 실제 한국 현대건축에서도 그런 예를 찾아보기 힘들다. 이런 상황에서 이 건물은 건축가에게는 까다로운 조건인 미니멀리즘을 충족시킨 드문 예이다.

모더니즘에서 직선과 육면체가 지니는 정형적formel, 포르멜 재단 능력을 경험해본 예술가들은 제2차 세계대전의 상처가 아물기 시작하면서 심각한 고민에 빠지기 시작했다. 인간의 감성과 미학적 법칙마저 객관화된 정량 단위로 등급을 매기는 데 성공한 선배 세대의 업적을 놓고 한판 대립이 벌어졌던 것이다. 그 결과 일단의 예술가는 인간의 감성은 객관적 치수로

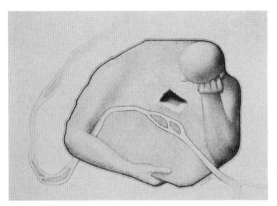

1-1
장-클로드 카스텔리,
〈스케치〉

검증받을 수 없는 나만의 속 얘기라는 주장을 새삼 다시 꺼내며 비정형적 informel, 엥포르멜 곡선으로 구성되는 유기 세계의 이야기를 제시했다.[1-1]

다른 일단의 예술가는 이와 반대로 선배 세대가 제시한 객관화된 정량 법칙조차 아직 거추장스러운 군더더기가 남아 있는 재래적 잔재라 여기며 선배 세대가 남긴 '미완성 혁명'의 완수를 모의하기 시작했다. 이들은 하나의 예술 세계를 완결된 상태로 존재할 수 있게 해주는 최소한의 예술 매개(혹은 구성 요소)를 찾아내려는 극단적 모의를 시작했다. 어떤 예술가는 삼원색을, 어떤 예술가는 두 개의 철판만을, 또 어떤 예술가는 빛이 담긴 상자 하나만을 예술을 구성하는 최소한의 요소라고 제시하며 모두들 그럴듯한 이유를 들었다.[1-2, 1-3] 급기야 어떤 예술가는 한 가지 색만으로 캔버스를 칠해놓고 이것도 예술이라 우기며 추상 세계로의 혁명이 완성되었다고 선언했다. 모노크롬monochrome이었다.[1-11]

이상은 1960~1970년대에 시작된 미니멀리즘이라는 현대미술 사조가 나오게 된 간단한 배경이다. 예술을 '타고난 소질을 배경으로 손끝 기교에 의한 성의 표시' 정도로 정의하려는 정통주의자 입장에서 볼 때 미니멀리즘은 게으른 천재들이 벌이는 불손한 역설 게임 같은 것이었다. 캔버스

1-2 대니 카라반, 〈자연 재료와 기억들로 만든 환경〉
1-3 이현재, 박서보 주택 스케치

를 한 가지 색으로 칠하는 것만으로 예술이 정의된다면 '신이 내린 미켈란젤로' 같은 소박한 상식은 무엇이 되는 것이며 도대체 예술의 경계는 어디에 존재한다는 말인가.

그런데 이들 미니멀리스트가 '콜럼버스의 달걀' 같은 뻔뻔스러운 역설을 감행하게 된 데에는 그들만의 절박한 예술적 고민이 있었기 때문이다. 물론 나는 이런 서양의 미니멀리스트들을 일일이 소개하고 싶지는 않다. 그러나 그들이 했던 절박한 예술적 고민 속에는 동서양의 차이를 뛰어넘어 인간의 존재 문제를 둘러싼 세계주의적 교훈의 내용이 담겨 있다. 그뿐만 아니라 그런 고민에 대한 완결된 해답은 동양적 세계관에 의해서 얻어질 수 있다는 암시가 여러 곳에서 발견되고 있다.

그리고 나는 우연한 기회에 미니멀리즘을 둘러싼 예술적 탐색의 내용이 3차원 건물로 표현된 '박서보 주택'이라는 작품을 만나게 되었다. 이 건물을 통해 '물리적 구조물의 구성 요소가 간결해질수록 더 많은 현실 세계의 이야기를 담아낼 수 있다는 추상적 역설'에 대해 생각해보았다. 이런 역설은 미니멀리즘을 결정하는 다음의 세 가지 기준에 맞춰 생각해볼 수 있다.

최소한의 사물다움과 근원적 물리다움 |

박서보 주택을 구성하는 가장 기본적인 개념은 전형적인 미니멀리즘이다. 간단한 입체 두 개와 담장 및 자그마한 앞마당으로 이루어져 있는데 첫눈에도 건축가가 하나의 건물을 존재하게 해주는 최소한의 구성 요소를 찾고 있음을 알 수 있다.[1-4, 1-5] 두 입체 가운데 거리에 면한 중심 입체는 창

1-4 이현재, 박서보 주택
1-5 리처드 세라, 〈순회〉

이 하나도 없는 검은색 육면체 상자로 처리했다. 출입문 이외의 다른 요소는 철저히 배제했다. 건축가는 벽, 출입문, 내부 공간이라는 세 가지 요소를 하나의 건물이 존재하기 위한 최소한의 구성 요소로 제시하고 있다.

미니멀리즘의 전형을 보여주는데, 집의 상식에 반대되는 이런 생각은 예술 세계의 구성 요소를 줄이면 오히려 완결성이 더 높고 진실한 예술 세계를 창출할 수 있다는 추상의 역설에서 출발한다. 현실 세계를 아무리 똑같이 모방한들 그것은 영원히 현실 세계와 같아질 수 없기 때문에 현실의 모방에서 출발한 구상적 예술 세계는 영원히 불완전한 거짓의 세계로 남을 수밖에 없다. '사물에 접근하면 할수록 사물이 멀어져만 가는' 예술 세계의 불완전성을 극복하는 방법은 사물을 그 사물 고유의 형태(즉, 구상 형태) 이전에 존재했던 가장 근원적인 물리다움의 상태(즉, 추상 형태)로 되돌려 놓는 일이다.[1-6,1-7]

이렇게 하면 사물은 외부에서 가해지는 어떠한 해석과 편견에도 변함없는 자신만의 존재 방식을 획득할 수 있으며 이것은 곧 사물 스스로가 하나의 완결된 표상이 됨을 의미한다. 추상의 원리인데, 이렇게 추상화된 사

1-6 롤랑 풀랭, 〈벌써 밤은 우리 옆에 와 있다 1〉

1-7 이현재, 박서보 주택

물이 표현하는 예술 세계는 더 이상 현실 세계의 대리적 존재 상태가 아닌 그 스스로 완벽한 하나의 현실 세계가 될 수 있다. 100여 년 전 쿠르베 Gustave Courbet가 시작한 진정한 리얼리즘을 정의하려는 시도는 이제 미니멀리즘에 와서 인간의 가장 보편적인 사유 과정을 담아낼 수 있는 '인식론적 육면체epistemological cube'로 귀결되었다.[1-8, 1-9]

박서보 주택에서 미니멀리즘은 재료가 지니는 가장 근원적 물리다움을 표현하는 작업으로 나타나고 있다. 건물을 축조적 사물로 보려는 전통적인 건축관을 거부한다. 건물을 축조적 사물로 볼 경우, 여기에는 구상 개념의 형태론적 인식과 양식론적 해석이 뒤따르게 된다. 이는 수용자의

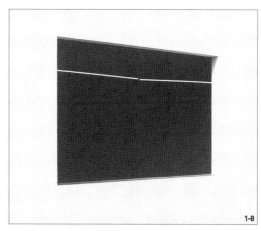

루치아노 파브로, 〈접촉–반복〉
1-9 이현재, 박서보 주택

1-8

1-9

SEO-BO FOUNDATION

개인적 차이에 따른 편견과 편차를 낳게 되고 따라서 건물은 영원히 스스로의 본질적 상태에 다다르지 못한 채 해석자에 따라 이리저리 변하며 왜곡된 모습으로 존재하게 된다. 박서보 주택은 외부에서 가해지는 상징적 구성 질서도 거부한 채 축조적 존재 뒤에 숨어 있는 근원적 물리다움의 상태로 구성되고 있다.

근원적 물리다움을 표현하는 구체적 매개는 노출 콘크리트와 목재가 지니는 재료다움materiality이다. 콘크리트를 먼저 보자. 모더니즘의 시작과 함께 발명된 근대적 개념의 보강 콘크리트는 이미 모더니즘 초기부터 가장 솔직한 물리적 본성, 즉 물성을 지닌 재료로 주목받아왔다. 많은 근대 건축가가 콘크리트를 양식론 중심의 전통적인 건축관이 지닌 허구성을 대신할 가장 근대적인 재료로 받아들여 노출된 상태에서의 콘크리트가 지니는 솔직한 표현 능력을 개발해내는 노력을 기울여왔다. 콘크리트는 똑같이 노출된 재료 중에서도 도막이 필요한 철골이나 축조적 흔적이 그대로 남는 조적組積 재료와 달리 가장 솔직하면서 즉물적인 재료이며 따라서 미니멀리즘을 건축적으로 표현해내기에 가장 적합한 재료다.[1-10, 1-11]

콘크리트의 이런 특성은 반죽한 재료를 부어 만드는 일체식 가소성의 제작 과정에서 얻어진다. 그런데 그동안 많은 건축가는 일체식 가소성이라는 콘크리트 특성을 주로 조형적 측면에서만 발전시켜왔다. 자유 형태를 만들기 쉬운 특징으로만 본 것이다. 미니멀리즘은 이런 형태주의 시각을 전근대적 허구성의 잔재가 남은 것으로 보고 거부한다. 콘크리트의 특성을 형태 조작의 가능성에서 찾으려는 시각이 근대적 즉물성의 가능성을 충분히 이해하지 못한 데에서 기인한다고 보기 때문이다.

미니멀리즘은 이와 달리 콘크리트의 재료적 가능성을 건축가에게 강요되는 형태 조작의 요구를 최대한 줄여주는 능력에서 찾는다. 박서보 주택이 그렇다. 콘크리트는 반죽한 액체를 부어 굳혀낸 육면체 덩어리의 모습으로 나타난다. 형태 조작은 최대한 줄인 대신 건물은 가장 근원적인 물리다움의 상태로 존재할 수 있게 된다. 미니멀리즘의 기준인 '최소한의 사물다움'을 결정 짓는 건축적 조건인 것이다.

1-10 이현재, 박서보 주택
1-11 이브 클랭, 〈국제적 클랭 블
루 (IKB67) 〉

회화다움과 재료다움 |

목재에서는 콘크리트와 매우 다른 접근 방법을 시도한다. 육면체의 콘크
리트 박스를 목재로 마감한 후 그 위를 검은색으로 한 번 더 칠하는 두 번
의 '거짓말' 을 범하고 있다. 콘크리트를 통해 자신이 주장한 미니멀리즘
의 기준을 스스로 뒤집는 거짓말로 볼 수 있다. 하지만 이것은 표면적 현
상이다. 이런 접근 역시 속뜻은 미니멀리즘이다. 이번에는 물리다움이나
즉물성이 아닌 회화다움pictoriality이라는 다른 기준이다. 이 기준을 건축적

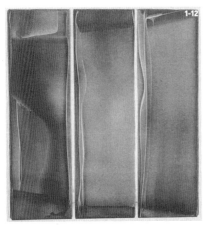

1-12 케네스 놀런드, 〈문, 밤의 미풍〉
1-13 이현재, 박서보 주택

으로 표현한 것인데 건축가가 화가 출신이라는 점과 상통한다. 이 부분은
순수한 건축적 기준에 의해 이해하기보다는 회화적 처리 기법을 건축 언
어로 표현해낸다는 관점에서 파악해야 한다.

회화에서 물감은 색채라는 다른 매개를 한 번 거쳐서 표현되고 이해
되는 것이 통례이기 때문에 건축에서 재료와 같은 즉물성을 갖지 못한다.
이런 상황에 대해 미니멀리즘 화가들은 대체로 세 가지 경향을 취한다. 첫
째, 색 자체를 미니멀리즘의 기준인 최소 구성 요소로 차용한다. 몇 가지 단
색을 병렬로 배치한 뒤 이것들 사이의 관계적 법칙으로 예술 세계를 정의
한다.[1-12,1-13] 극단적인 경우에는 한 가지 색만으로 캔버스를 채우는 모노크

1-14 이현재, 박서보 주택
1-15 박서보, 〈묘법, no. 960207〉

롬의 경향을 나타내기도 한다.[1-11]

둘째, 물감 대신 캔버스의 표면 처리 기법으로 미니멀리즘을 구성한다. 물감과 색채 둘 모두를 거부하고 한번에 즉물성을 표현할 수 있는 새로운 재료를 도입하는 것이다. 캔버스에 금가루를 뿌리기도 하고 작은 돌 조각을 붙이기도 한다. 이 주택의 주인인 미니멀리즘 화가 박서보 역시 두껍게 칠한 물감을 긁어내어 골판지처럼 만드는 작업을 중요한 경향으로 보여준다.[1-14,1-15]

셋째는, 무채색의 극단을 추구한다. 이 경향은 물감이 지닌 유채색의 속성과, 캔버스가 지닌 표면 질감의 속성 모두를 거부하고 무채색, 특히 흑

1-16 퇴계서당

색과 백색이 주변 환경에 대해 갖는 완전 흡수와 완전 반사라는 극단적 속성을 미니멀리즘의 조건으로 활용한다. 크게 보면 앞의 첫 번째 경향인 모노크롬으로 분류될 수도 있겠지만 색채의 속성이라는 기준에서 보면 유채색 계열의 모노크롬과는 구별되어야 한다. 무채색의 모노크롬은 유채색이 지니는 모든 상념의 연상 관계에서 탈피하여 검은색이 지니는 극단적 흡수 성질 및 흰색이 지니는 극단적 반사 성질을 하나의 예술 세계에 대한 최소한의 예술적 조건으로 가정하는 경향이다. [1-16, 1-17]

박서보 주택은 두 번째와 세 번째를 합한 경우다. 이 건물은 중심 육면체를 검은색으로, 실내는 흰색의 두 단색만으로 칠해서 미니멀리즘 회화의 무채색 모노크롬을 차용했다. 또한 콘크리트로 세운 중심 육면체를 목재로 씌운 것은 표면 처리 기법을 도입한 것이다. 집주인 박서보의 골판지 작업을 차용한 것으로 보면 연관성은 더욱 확실해진다. 미술관은 건축가 개인의 작품인 동시에 화가들의 작품을 전시해야 한다는 독특한 특성

1-17 이현재, 박서보 주택

때문에 설계하기 까다로운 건물 유형이다. 조형적 개성이 강한 건축가가 설계한 미술관인 경우, 건물 자체의 작품성은 뛰어나지만 작품을 전시해야 하는 미술가들의 작품 경향과 어긋나는 경우가 이따금 발생한다.

반면 박서보 주택은 집주인의 작품 경향을 건물의 작품성에 응용해서 일치시킨 점에서 의미가 크다. 건물 자체가 곧 화가의 작품이 되게 하고 있다. 이는 회화의 기본 특성을 건축에 응용한 것으로, 회화다움을 기본 방향으로 잡은 것이다. 또한 콘크리트라는 건축 재료의 고유한 물성 대신 그 위에 덧칠한 목재와 검은색 물감이라는 표면 재료의 특성을 활용한 점에서 재료다움을 활용한 것이기도 하다. 하나의 예술 세계를 구성하는 요소를 회화다움과 재료다움으로 줄인 점에서 미니멀리즘의 조건을 만족시키고 있다.

동양적 공간과 현실적 포괄성 |

미니멀리즘은 극단적인 정형화 경향을 보이는데도 의외로 현대 예술에 대한 또 한쪽의 극단적인 시각인 허무주의를 배경으로 갖는다. 미니멀리즘이 최소 요소를 완결된 예술 세계라고 주장하는 데에서 일정한 허무맹랑한 역설을 느낄 수 있는데 이는 현대 예술에 대한 극단적 항변의 몸짓 같은 것일 수 있다. '이제 현대 예술에서 예술 고유의 영역은 이것밖에 남지 않았다' 라는 현대 예술의 피폐함을 고발하는 내용을 담고 있다. 미니멀리즘이 탄생해서 전성을 누린 1960~1970년대의 시대 상황에서 보면 이런 해석은 분명해진다.

미니멀리즘의 극단은 1950년대 중반에 시작되어 본격화된 팝아트의 레디메이드ready-made 경향에 대한 반발과 수용의 양면성을 갖는다. 팝아트의 레디메이드는 일단 구상 경향의 극단으로 볼 수 있는데 미니멀리즘은 여기에 대해 '더 이상 예술은 없다' 라며 또 다른 극단을 통해 대칭적 반대편에 선 것이다. 반대 해석도 가능하다. 두 사조 모두 단일 요소만으로 예술 세계를 정의한 점에서 사물다움의 개념을 공유한다고 볼 수 있다. 손끝 붓놀림 중심으로 진행되어온 서구 예술의 형식주의 전통에 반대해서 다다dada의 허무주의를 배경으로 갖는 점도 공통점이다.

이렇기 때문에 미니멀리즘의 극단적인 최소화 경향은 1970년대를 넘기면서 곧 막다른 골목에 직면하게 되었다. 하나의 완결된 예술 세계라며 제시했던 육면체 사각 공간은 인간의 확장 본능을 억제하는 폐쇄 공간으로 비난받게 되었다. 대안은 두 방향으로 나타났다. 하나는 관계적 공간이나 해체적 공간 같은 새로운 개념에 의해 사각 공간의 확장 가능성을 탐구하는 경향으로, 이는 양식 사조 차원에서 미니멀리즘을 통째로 뒤집는 것이다.

다른 하나는 미니멀리즘 내에서 돌파구를 모색하는 시도로 그 해답을 동양적 공간에서 찾는다. 동북아 전통 공간의 특징인 투명성이 구체적 내용이며 회화에서는 무채색 모노크롬으로, 건축에서는 중첩 공간으로 각각 나타났다. 박서보 주택은 건물 안팎에 무채색 모노크롬을 활용해서 이런 내용을 건축으로 표현한 경우다. 건축가 이현재는 막다른 골목에 이른 서구식 미니멀리즘을 연장할 수 있게 해주는 것이 다름 아닌 동양적 여백의 미라고 주장하며 박서보 주택에서 이것을 시도했다고 밝힌다.

결국 미니멀리즘도 서양식과 동양식으로 분화를 겪게 되는 것이다. 서양식 최소화 개념에 기초를 둔 미니멀리즘은 나르시시즘의 자기 집중에 빠져 자폐적 제한으로 귀결되고 말았다. 반면 동양의 공간 개념인 여백의 미학은 미니멀리즘을 확장 가능성에 의해 정의하는데 이는 모든 현실 세계의 이야기를 담아내는 포괄성으로 나타난다. 흔히 한옥의 공간 특징으로 얘기하는 '빛 작용에 의한 공간의 상호 관입'은 이것의 대표적인 예다. 이 건물도 출발은 노출 콘크리트에 빛을 섞어 공간 켜를 몇 겹으로 촘촘하게 만들어 전통 공간을 재현해내는 방향으로 잡았다. [1-18, 1-19, 1-20]

이 기법은 한국과 일본의 현대건축에서 하나의 큰 흐름을 차지하는 경향인데 이곳에서는 완전히 이 방향을 따르지 않고 세부 기법으로 무채색의 모노크롬을 사용했다. 이것은 회화 차원에서 동양 공간을 추구한 것으로 볼 수 있다. 작업실 입체를 감싸는 흑색의 모노크롬은 모든 것을 흡

1-18 관가정

수하고 침묵하는 동양의 수묵 정신에서 나온 것이며, 백색 모노크롬으로 처리한 작업실 실내 공간은 이렇게 흡수된 모든 사물성이 가장 자기다운 모습으로 활성화되어 존재하게 해준다. 매개는 극도로 단순해졌지만 사물의 본성은 무한대로 다양해질 수 있는 동양 정신을 구현한 것이다.

폐쇄된 사각형 입체가 물리적 제한에서 벗어나 관념적으로 확장하고 있다.[1-21,1-22] 모든 것을 흡수하여 가장 자기다운 모습으로 존재시켜주는 공간이 동양적 미니멀리즘의 새로운 가능성이다. 건물은 우리에게 아무 이야기도 해주지 않지만 우리를 끌어들여 담아내고 있다. 어떠한 선험적 전제 조건에서도 자유롭고 아무것도 강요하지 않으면서 무엇이든 담아낼 수 있는 확장된 미니멀리즘이다. 확장 가능성이란 해체적 공간 같은 물리적

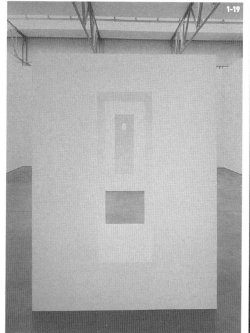

1-19 아니시 카푸어, 〈무제〉
1-20 이현재, 박서보 주택

형태의 파괴에 의해서뿐만 아니라 이 건물처럼 관념적 해석에 의해서도 얻어질 수 있기 때문이다.

　이것이 동양 정신의 백미인 여백의 미학이다. 여백은 가장 미니멀리즘다우면서 서양식 미니멀리즘의 한계를 극복할 동양적 미니멀리즘의 정수다. 모든 것을 비워 스스로 존재하게 하는 공간, 최소한의 존재 조건만을 가짐으로써 오히려 외부의 어떠한 편견에서도 자유로울 수 있는 공간, 존재적 상태를 확인시켜줌으로써 체험으로 감상해야만 하는 공간, 이런 것이 동양적 미니멀리즘 공간이다.

1-21 이현재, 박서보 주택
1-22 앤서니 곰리, 〈상자 속의 전사 Ⅲ〉

2.

밀일학교와
건축적
회화다움

2. 밀알학교와 건축적 회화다움

회화다움과 축조다움 |

때때로 건축가들은 자신의 작품이 한 편의 그림 같기를 원한다. 물론 여기서 그림이란 몬드리안Piet Mondrian의 구성 시리즈처럼 깔끔하고 정갈한 추상 세계를 의미하는 것이 보통이다. 실제로 이런 경향은 몬드리안의 고향인 플랑드르 지방의 회화 전통을 유전인자 속에 물려받은 네덜란드 건축가들에게서 특히 두드러진다. 이들은 모더니즘 시대에는 추상 아방가르드 건축을 이끈 주축이었으며 현대건축에서는 선배 세대의 이런 작업을 우려먹는 네오 모더니즘으로 한몫 톡톡히 챙기고 있다. 이들은 실로 회화다움이 짙은 건축을 잘 구사한다.

건축에서 '회화다움pictoriality' 이란 크게 두 가지 의미를 지닌다. 좁은 의미로는 데스틸De Stijl 건축처럼 건물의 모습을 그림의 한 장면과 똑같이 만들어내는 직설적 번안을 의미한다. 좁은 의미에서 '회화답다' 는 뜻이다. 확장된 의미로는 건축을 구성하는 기본 매개를 직접 이용해서 심미성을 결정, 표현하려는 예술적 의도로 정의할 수 있다. 그림을 그리듯 건물

2-1 ▪ 2-2 유걸, 밀알학교

을 디자인한다는 뜻으로 건물이 그림처럼 보인다는 것과 다르다. 이보다
좀 더 근본적인 문제와 연관이 있다. 붓의 터치, 물감의 종류, 색채 같은 회
화 매개에 의해서 그림의 특징이 일정 부분 결정되듯 건축에서도 기본적
인 건축 매개를 이용해서 마치 그리듯이 건물의 모습을 결정 짓자는 생각
이다. [2-1, 2-2]

　　이때 기본적인 건축 매개는 다름 아닌 재료의 고유한 쌓는 방식이나

마감 특징 같은 '축조다움tectonics' 이다. 이처럼 건축에서 '회화답다' 는 것은 '축조답다' 와 연관이 깊다. 이런 태도는 건축에서 가장 기본적이고 근원적인 것이다. 현대건축에서는 루이스 칸Louis Kahn이 대표적인 건축가이다. 칸의 건축은 언뜻 보면 그림처럼 보이지는 않지만 매우 축조답기 때문에 회화답다.[2-3, 2-4] 재료와 구법構法 등 기본 요소의 본성에 충실하다 보면 저절로 얻어지는 자신답고 자연스러운 특징이라는 뜻이다. 예를 들어 칸은 콘크리트라는 한 가지 매개의 축조다움에 집중했고 여기에 빛을 실어내니 참 보기 좋은 건축 세계가 그려졌고, 그래서 사람들은 이것을 '시학詩學, poetics' 이라는 매개 교환적inter-disciplinary인 미학 용어를 써서 칭찬했던 것이다. 이렇게 보면 칸의 건축은 매우 회화답기도 하다.

유걸의 작품인 밀알학교도 매우 회화다운 건물인데, 앞의 두 가지 정의를 합해놓은 정도쯤 된다. 한국 현대건축에서 추상 계열이 주류를 형성하고 있다고 하지만 대부분 산업 추상이지 회화 추상은 아니기 때문에 밀

2-3 루이스 칸, 밀 크리크 공동주거, 미국 필라델피아

2-4 유걸, 밀알학교

알학교는 한국 사회에서 새로운 경험임이 틀림없다. 이국적이기까지 한데 건축가가 오랫동안 미국에서 활동한 것을 보면 수긍이 간다. 회화다움과 축조다움은 근원적이고 보편적인 건축 주제임에도 그동안 한국 현대건축에서 충분히 탐구해오지 않았다. 각 재료와 공법이 지니는 고유한 특징 및 이것들의 쌓는 방식에서 많은 건축적 그림이 그려지고 아름다운 건축적 이야깃거리들을 주고받을 수 있음에도 말이다. 한국 현대건축가들은 2000년대 이전까지 재료와 공법의 조형적 가능성을 매우 한정해서 접근했다.

이 문제는 건물의 완성도와 직결되는 일종의 기본기와 같은 중요한 주제다. 2000년 이전까지 한국 건축가들을 무겁게 누르는 산업 추상의 엄숙주의 같은 것이 분명 있었다. 좋게 보면 근본주의지만 다른 각도에서 보면 상상력의 한계거나 작품성이 부족한 것일 수 있다. 2000년 이후 상상력의 족쇄가 풀리면서 한국 현대건축에서도 회화다움과 축조다움을 잘 구사하는 건축가들이 등장하고 있는데, 그 전 상황에서 보면 밀알학교는 이국적 신선함을 주기에 충분하다. 이 두 주제가 충실히 지켜지면서 완성도 높은 작품으로 나타나고 있다.

나는 이 건물을 보면서 작품에 대한 작가의 예술적 애착이라는, 건축가라면 누구나 갖는 당연한 전제 조건이면서도 이러저러한 한국적 상황으로 인해 지켜지기 힘들던 교훈적 내용을 떠올렸다. 무엇보다도 다양한 재료 사용이 눈길을 끈다. 기본 재료는 금속, 노출 콘크리트, 유리, 플라스틱 같은 산업 재료인데 금속과 유리에 종류와 가공 방법 등을 다양하게 구사함으로써 색다른 질감 효과와 분위기를 내고 있다.

벽, 기둥, 천장, 트러스truss, 계단, 복도, 난간과 같은 주요 구조 부재 사이의 접합을 마감재로 가리지 않고 가능한 한 노출시켜 볼거리로 제공하려는 의도가 분명하게 보인다. 건물을 구성하는 1차 요소를 쌓는 장면을 그대로 건축 표현 어휘로 활용한다. 캔버스 위에 굵고 가는 붓의 터치가 생생히 남아 있는 그림을 볼 때 느끼는 것과 같은 감상 효과다. 풋풋한 것일 수도 있는데 어쨌든 여러 측면에서 회화답다는 의미에 부합된다. 한 편의 그림을 보는 것과 같은 감상 효과를 제공한다. 재료와 공법 고유의 기본기에 충실하며 이것을 활용해서 회화다운 장면을 그려내니 이박자를 갖춘 셈이다. 매개의 솔직성이라는 건축만의, 가장 건축적인 그래서 가장 근원적인 기법을 잘 구사하고 있다. [2-5,2-6]

콘크리트는 콘크리트만의 쌓는 방법이 있고 금속과 유리 또한 각각의 고유한 접합 방식이 있다. 여러 재료의 다양한 축조 기법을 벽, 기둥, 천장,

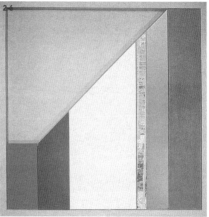

2-5 유걸, 밀알학교
2-6 헤라르도 루에다, 〈솜브라스 II〉

트러스, 계단, 복도, 난간과 같은 1차 요소에 적절히 배당한 후 이것들이 접합되고 어울리는 모습을 그대로 심미 어휘로 활용하고 있다. 다양한 건축 재료의 고유한 특성 및 구성 원리에 대해 교과서적인 관심과 진지한 애착을 꾸준히 유지시켜야만 빛을 발할 수 있는 기법이다. 밀알학교에서는 다양한 산업 재료의 축조다움으로 그린 한 편의 그림 같은 장면들이 사방에 파노라마처럼 펼쳐진다.

서양 양식의 직설적 혼용 문제 ㅣ

밀알학교에서는 예술적 통일성artistic unity의 건축 철학도 관찰된다. 건물을 디자인할 때 '외관-실내 장식-가구-공예 소품'에 이르는 전 과정을 건축가가 책임지고 공통의 디자인 모티브를 변형해가면서 세트 개념으로 디자인하는 것이다. 건축 외관과 실내에 동일한 마감재를 사용한 것을 비롯해 실내 창호, 계단 난간, 복도 난간, 조명 기구, 에어컨 박스, 심지어 식당 내 식기 반납대 등에 이르기까지 거의 모든 디자인 요소에 공통 모티브를 적절히 변형해 적용하고 있다.

가장 대표적인 공통의 디자인 모티브는 '수평선'이다. 여러 재료를 건축 부재와 디자인 요소에 적용해서 얻어지는 다양한 수평선이 예술적 통일성을 위한 공통적 형태 매개의 역할을 하고 있다. 수평선은 앞에 소개한 모든 다양한 요소들이 무질서로 흐르지 않도록 하나로 묶어주는 공통 끈의 역할도 한다. 그 결과 나타나는 밀알학교의 건축 세계는 참으로 다양하다. 2-7,2-8

양식 사조의 이름을 빌어 열거해보자면 금속 부재의 디테일에 나타나는 초보적 수준의 하이테크 건축, 길 모티브를 도입한 합리주의, 대표 색 배정

2-7 유걸, 밀알학교

2-8 유걸, 밀알학교

과 무채색 공간의 혼용에서 느껴지는 1920년대 추상 아방가르드 건축, 콘크리트의 접합부를 시각 요소로 적극 활용하는 구조주의 건축, 건물 정문 앞에 섰을 때 비행기 격납고 같은 느낌을 주는 컨테이너 건축, 칸의 축조다움 개념, 네덜란드 현대건축의 네오 모더니즘 등이 당장 떠오르는 이름이다.

이쯤 되면 이러한 다양한 모습이 과연 훌륭한 창작성의 결과인지 아니면 서양 현대건축의 여러 경향을 적절하게 모아놓은 것인지 한 번쯤 자문해볼 정도가 된다.[2-9, 2-10] 이 다양함은 밀알학교만의 장점임이 틀림없지만 양날의 칼 같아서 오히려 작품성을 의심하게 만드는 측면도 부정하기 힘들다. 서양 현대건축의 여러 양식을 직접 이식해놓은 것 이상의 의미를 찾기가 힘들다. 높은 완성도와 디테일까지 건축가가 챙기는 작업 능력 등 기본기와 관련해서 갖는 장점이 서양 양식의 직접적인 혼용으로 인해 반감되는 느낌이다.

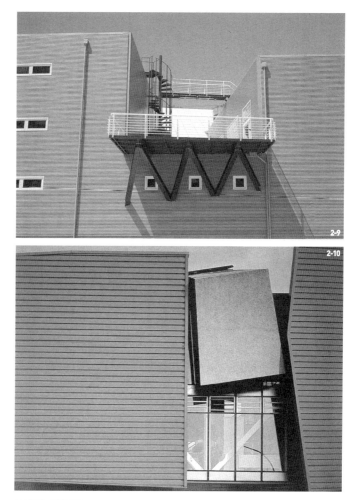

2-9 유걸, 밀알학교
2-10 쿱 힘멜브라우, 자이버스도르프 연구소, 오스트리아

칸이 기본기를 잘 구사하면서 그것의 구체적 심미성을 선례 양식의 혼용 모방이 아닌 자신만의 절제된 미학으로 몰아간 것과 대비되는 대목이다. 어쩌면 이 건물에서 느껴지는 신선함도 우리와 다른 낯선 이방인의 모습이 보이는 이질성에 가까울 뿐 서양 사회에서는 흔하게 접할 수 있는 진부한 모습일 수 있다. 좀 심하게 말하면 이 정도 건물은 서양에서는 중

앙 무대에 내놓기 힘든 진부한 모습이며 지역 건축가가 구사하는 '쓰기 편하고 무난한 건물' 정도의 수준일 수 있다.

공간 구성도 마찬가지다. 이 건물의 공간 골격인 '뻥 뚫린 갤러리형'은 땅 넓은 미국에서는 동네 쇼핑몰만 가도 쉽게 접할 수 있는 표준화된 공간 유형이다. 한국에서는 경제성의 제약 때문에 건축가들에게 이처럼 공간을 시원시원하게 구사할 기회가 주어지지 않았다. 밀알학교에 등장한 장쾌한 공간 구성은 주어지는 상황 논리에 따른 당연한 결과에 가까운 것으로 이해된다. 이것이 그동안 보지 못한 모습이라는 이유 하나만으로 작품성이 될 수는 없다.

장쾌한 로비 한쪽에 설치한 경사로도 마찬가지다. 복잡하게 얽힌 경사로의 사선 켜를 보고 많은 사람이 처음 보는 장면이라며 종교적 신비감까지 느꼈다고 하나 이것은 한동안 우리 사회에 장애인 경사로가 법적 의무 조항이 되어 있지 않아서 볼 기회가 없었기 때문에 느끼는 희소성일 뿐이다. 미국에서는 많은 공공건물에서 당연히 마주치는 모습이다.[2-11,2-12] 중앙 계단도 마찬가지다. 네오 데스틸 어휘로 처리해서 고급 양식 사조처럼 보이지만 미국의 어느 쇼핑몰에서나 쉽게 접할 수 있는 형식과 구성이다.[2-13,2-14]

곱게 처리한 밀알학교의 여러 건축적 장면이 매일 이 건물을 사용하는 장애 학생들과 선생님들에게 어떤 의미를 지니는지 곰곰이 따져보면 환희보다는 걱정이 앞서게 된다(이 건물은 자폐아를 위한 특수학교다). 이 건물이 지어지자마자 많은 건축인이 구경하러 와서 감탄하다 사진을 찍고 갔다지만 내가 만난 학교 관계자들은 그것을 자랑스럽게 생각하기보다는 더 큰 걱정으로 얼굴빛이 어두웠다. 앞에 나온 '수평선'이 자폐아들에게 위험할 수 있기 때문이다. 서양 양식의 혼용 모방이 특수학교의 기능과 어긋나게

2-11 샘플 1. 장애자용 경사로는 조형
　　요소가 될 수 있다. 미국의 한 주
　　차장에 있는 장애자용 경사로.
2-12 유걸, 밀알학교
2-13 샘플 2. 아케이드형 공간과 계단
　　조작에 의한 실내 구성. 로스앤젤
　　레스의 한 쇼핑센터에 있는 계단.
2-14 유걸, 밀알학교

된 경우다. 기능에만 집착해서 삭막한 건물이 되는 것도 바람직하지 않지만 모양만을 위해 특수 시설에 필요한 기본적인 기능을 만족시키지 못하는 것은 더 위험하다. 기능에만 치중한 건물은 삭막할지언정 위험하지는 않지만 특수 시설의 기능을 만족시키지 못하면 위험할 수 있기 때문이다.

공예다움과 기능의 다양성 |

이 문제는 '공예다움과 기능 사이의 관계' 라는 건축 주제로 풀어 설명할 수 있다. 축조다움을 이용해서 회화다운 분위기를 내려는 시도에서는 접합부의 디테일 처리가 매우 중요한 표현 매개가 된다. 현재 우리나라에서는 디테일에 대부분 표준화된 기성품을 사용하지만 이 건물처럼 몇 부분 정도는 건축가가 직접 디자인하기도 한다. 이 경우 '공예craft' 문제로 귀결된다. 기성품을 사용하더라도 건축가가 선택을 해야 하기 때문에 넓은 의미에서 공예의 범위에 속하게 된다. '축조다움을 이용한 회화다움의 표현' 이라는 조형 기법은 공예 문제와 연관이 깊게 된다.

일반론적으로 얘기하면 건축가가 공예의 예술성에 집착할 경우 통상적으로 기능과 어긋나는 문제를 낳기 쉬운데, 같은 문제가 밀알학교에서도 나타난다. 공예를 기능과 상충하는 것으로 보려는 시각은 기본적으로 모더니즘 건축의 산물이었다. 이때 기능은 동선의 효율 및 경제성을 의미했고 여기에 맞는 이상적인 건물 형태는 정합이 잘 맞고 꺾임이 적은 일직선이나 육면체였다. 이를 위해 디테일 처리는 간략할수록 좋았고 생략할 수 있는 부재는 가능한 한 생략했다. 기능은 결국 '축소reduction' 였고 공예의 흔적은 가장 먼저 지워져야 할 대상이었다. 모더니즘 건축의 실패 원인으로 지적되는 삭막함이란, 이처럼 기능을 위해 공예(그것이 디테일의 풍부함이든 장식이든 구상적 소품이든)를 추방한 데서 기인한다.

문제는 기능이 '최단거리에 의한 동선 이동'만이 아니라는 데 있다. 행태 기능이라는 것도 있고 건물 유형에 따른 기능도 있다. 기능을 다양하게 해석하면 공예와 반드시 상충하지 않을 수도 있다. 공예는 얼마든지 기능을 담을 수 있다. '형태는 기능을 따른다'라는 유명한 명제의 출처는 건축가 설리반Louis Sullivan이었지만 이것을 실제 현장에 가장 적극적으로 적용한 것은 산업디자인 분야였다. 모더니즘 건축의 실패는 기능이 지니는 다양한 내용을 한 가지로 단순화해 공예와 상충하는 것으로 작위적인 결론을 내린 데 있다. 실패에 대한 대안은 기능과 공예가 상호보완적으로 서로 담기고 담아낼 수 있는 건축 구성 체계를 제시하는 방향으로 전개되어야 한다. 그런데 밀알학교에서는 모더니즘의 극단과 정반대로 공예를 위해 기능이 희생되는 또 다른 극단이 일어나고 있다.

밀알학교에서도 효율적인 동선 처리로서의 기능은 잘 지켜지고 있다. 그러나 특수학교로서의 행태 기능은 공예의 예술성을 위해 많이 희생되고 있다. 장애아 교육에 오랜 경험을 쌓은 학교 관계자들은 사고 위험을 걱정하고 있었고 그 내용에 상당히 설득력이 있었다. 몇 가지 대표적 예를 들어보자. 자폐증으로 잘 알려진 정서장애 아동들은 아무 데나 기어오르려는 행태를 보인다. 그런데 밀알학교는 갤러리형으로 공간을 구성했기 때문에 복도와 계단에 유난히 많은 난간이 들어간다.2-15 갤러리형이 특수학교에 맞는 공간 유형인지부터 따져보았어야 한다는 뜻이다.

또한 수평선으로 구성되는 조형 질서를 지녀야 한다는 예술적 가정 때문에 난간에 여러 겹의 금속 막대를 수평으로 덧붙였다. 시각적으로 보기 좋은 공예 요소임은 틀림없지만 사다리 역할을 하기 때문에 정서장애

2-15 유걸, 밀알학교

아들이 기어올라 높은 곳에서 떨어지게 만들 수 있는 위험성을 안고 있다.
난간을 만들더라도 선 요소보다 면 요소로 처리했으면 위험이 덜했을 터
인데, 디자인의 큰 방향으로 가정한 회화다움에 선 요소가 더 맞아서 이렇
게 했을 수 있다. 공예를 위해 행태 기능이 희생된 경우이다.

　같은 문제가 재료 선택에서도 반복된다. 정서장애아들은 포근한 다
독거림을 가장 원할 것이다. 그런데 교실마다 벽과 천장을 모두 노출 콘크
리트로 처리해서 말할 때마다 메아리가 심하게 일었다. 이런 환경이 자폐
증 환자인 학생들에게 어떤 영향을 끼칠지는 자명하다. 확장하면 이 건물
전체를 뒤덮는 산업 재료보다 좀 더 따뜻하고 자연적인 표면 질감을 보이

는 재료로 큰 방향을 정했으면 하는 아쉬움이 남는다. 산업 재료는 모더니즘식 회화다움을 위해서는 필수 요소일 터인데 이는 특수학교에 필요한 '포근한 다독거림'이라는 행태 기능보다는 단순한 시각적 효과에 우선권을 준 것이다.

이외에도 많은 예들이 있지만 간단한 예 한 가지만 더 들어보자. 교실에 달린 세면대와 화장실은 사람이 그 속에 들어 있으면 문이 사람과 완전히 겹쳐지면서 걸릴 만큼 치수가 덜 조정되었다. 갤러리형 홀에는 장쾌한 공간이 남아도는데 본능적 욕구를 해결하는 기능에는 충분한 공간을 주지 않은 것이다. 건축가가 반드시 화장실 치수까지 신경 써야 하는 것은 아닐 수 있다. 화장실 문에 사람이 치인다고 이 건물에서 시도한 여러 가지 훌륭한 예술적 노력이 손상을 입지는 않는다. 그러나 이 건물은 공예다움을 큰 화두로 던졌다. 공예다움이란 이런 자잘한 행태 기능까지 건축가의 손으로 만져보겠다는 의도를 의미하는 것은 아닌가. 공예다움의 진정한 가치는 행태 기능을 담아낼 수 있을 때 얻어진다. 배가 한쪽으로 기울었을 때 균형을 잡는 방법은 짐을 배 중앙에 놓는 것이다. 반대편으로 옮겨봤자 반대편으로 기울 뿐이다.

형태다움 대 행태적 기능 |

같은 문제가 계속된다. 이 건물에서 차용하는 '길'이란 주제에서도 이 문제를 발견할 수 있다. 이 건물에서 가장 보기 좋은 장면으로 꼽히는 경사로에서 길이라는 모티브를 사용한다. 2-16, 2-17 경사로에 넓은 면적을 주고 형태적으로도 큰 공을 들였듯 경사로에 적용한 길이라는 모티브는 이 건물에

2-16 로버트 스미스슨, 〈지그재그 경사로〉
2-17 유걸, 밀알학교

서 중요한 조형 개념이다. 통상적으로 건축에서 길은 그 지역성, 유형적 대표성, 장소와 같이 사회 문화적 내용이 강한 메시지를 전달할 때 사용한다.

그런데 밀알학교에서 길은 형태 차원에 머물 뿐 사회문화적 고민과는 거리가 있어 보인다. 일차적으로 장애인용 경사로인데 이 학교가 신체장애자가 아닌 정서장애자용 건물이라는 점을 생각해볼 때 일단 할당한 면적이 오버액션으로 보인다. 일 년 내내 거의 사용되지 않고 텅 비어 있기 십상이다. 그러기에는 너무 많은 면적을 아깝게 낭비하고 있다. 엘리베이터까지 설치한 것을 보면 더 그렇다. 형태적으로 웅장할 수 있지만 '길'이라는 주제는 실제 걸으면서 발로 느껴야 제격이지 볼거리로 끝나면 뭔가 미진하다. 이곳 경사로에 사용한 갈림길 모티브가 좋은 예인데, 이 학교에서 누가 이 모티브를 즐기고 감상할지 의문이다.

　신비로운 분위기까지 만들며 나 있는 많은 길의 이미지는 목적이 희박한 단순 시각 요소나 형태 요소에 가깝다. 외부 공간을 실내에 연속시키려는 의도도 아니다. 정작 건물은 주변의 좋은 자연환경에 대해서 꽁꽁 닫혀 있다. 주변의 자연환경을 빼고 이 대지에서 길 모티브는 무슨 의미를 뜻하는가. 이 건물에서 길의 이미지는 행태적 상황이나 주변의 환경적 상황과 별개로 행해진 인공적 추상 선에 의한 땅 나누기일 뿐이다. 넓은 면적을 차지하고 앉아 많은 선을 남발하면서 땅을 나누어 길을 냈지만 아무런 존재 목적도 이야기해주지 못한 채 단순히 시각적 효과를 위한 공예 요소로 차용한 것처럼 느껴진다. 이런 내용은 앞에서 언급하다 만, 입구 로비의 오른쪽에 겹겹이 중첩된 경사로에서 가장 명확히 드러난다. 이 부분은 밀알학교의 첫인상을 결정짓는 강력한 조형 요소 가운데 하나다.

　건축가는 이 경사로에 대해 구릉의 둔덕을 절토切土한 후 보기 흉한 옹벽으로 세우는 대신 보기 좋게 차용된 처리 방법이라고 설명한다. 그렇지만 주변의 자연에 대해 걸어 잠그고 무의미한 사선을 남발하는 이 부분은 외진히 행태 기능을 해치는 단순 공예 요소일 뿐이다.[2-18] 누가 한 층을 올라가기 위해 수십 미터를 걷겠는가. 종교 건물도 아니고 장

2-18 유걸, 밀알학교

2-19 제니퍼 바틀릿, 〈정원에서 #116〉
2-20 유걸, 밀알학교

애아 학교인데 말이다. 이 대지 상황에, 이 건물의 기능 유형에, 이 건물에

서 던져진 화두에 이러한 길의 이미지가 무슨 의미를 보이겠는가.

이보다는 주변의 자연을 끌어들여 여러 단으로 형성한 실내 정원 같

은 적절한 영역으로 나누어 정서장애아들을 심적으로 도닥거려줄 수 있는

행태적 공예 요소로 접근했으면 어떨까 하는 아쉬움이 남는다.[2-19,2-20] 영역 중간에 포근한 이미지의 조각물을 두면 금상첨화일 것이다. 이런 아쉬움은 교실들이 북쪽 경사지를 파고 앉아서 햇빛을 전혀 받지 못하게 된 데서 배가되었다. 건축적 축조다움을 이용해서 한 편의 그림 같은 건축 세계를 그려보려는 의도는 행태적 기능조차 담아내지 못한 채 차가운 추상 공예에 의한 건축가의 솜씨 뽐내기로 끝나버리고 만 것 같아 보인다. 좀 심하게 말하면 산업 폭력주의의 느낌마저 든다.

밀알학교에서 느껴지는 건축가의 철저한 작가 정신은 물론 건물에 대한 평가와는 별도로 지금의 한국 건축계에 던져지는 소중한 교훈일 수 있다. 처음 세운 건축적 가치의 순도 유지를 위해 건축가가 기울인 노력이 구석구석에서 피부로 느껴졌다. 건축가의 위상, 작품성, 카리스마 등을 지키기 위해 고심한 흔적도 느껴졌다. 그러나 다른 한편, 이러한 작가 정신은 상업적 목적이나 공권력의 횡포 같은 건축 외적인 부당한 압력에 반대하여 지켜질 때 의미 있는 것이 아닌가.

한국의 건축 현실에 비추어볼 때 밀알학교에서 건축가는 재료 사용이나 공간 활용과 같은 경제적 측면에서 보기 드문 많은 자유를 누린 것으로 보인다. 그리고 장애아 교육시설이라는 특수성에 따른 행태적 기능상의 요구가 제시되었고 이것이 건축가의 예술적 의도와 상충되었다. 이런 요구는 작가 정신을 지켜내기 위해 맞서 싸울 대상이 아니라 껴안아 작품 소재로 활용할 대상은 아니었을까. 특히 이 건물의 화두는 그림같이 아름다운 건축 세계를 보여주려던 공예다움이었다. 공예다움이란 생활과 체험의 가치에 자신을 동화시켜 이것을 건축 어휘로 표현하겠다는 의도를 의미하는 게 아닌가. 방법과 양태만 바뀌었을 뿐 공예와 기능 사이의 불균형 문제는 모더니즘 건축에서나 포스트모더니즘 건축에서나 똑같이 반복되고 있다. 표현 어휘는 시대가 바뀌면 당연히 바뀌는 패션 정도의 가치밖에 가지지 못한다. 그보다는 인간에 대한 기본 자세부터 바뀌어야 하는 것은 아닌지.

3.

심곡부활성당과
알의
상징성

3. 심곡부활성당과 알의 상징성

원시 거석 구조 |

산업혁명이 무르익으면서 인식의 확장과 기술의 발달이라는 절묘한 보완 요소를 양손에 쥔 현대 신문명기의 초창기부터 인류는 단일 요소로 건물을 구성하려는 새로운 시도를 시작했다. 이것은 물론 인문학적 상징체계에 의존하던 그 이전의 구상 세계를 더 이상 인정할 수 없다는 모더니즘 혁명의 시작을 알리는 단초 현상이었다. 이런 탈脫구상의 시도를 이끈 구체적 전략은 추상 개념을 이용한 '기본 기하 형태의 차용'이었다.

괴테는 이미 1777년에 구 하나만으로 제단을 만들어서 사람의 인식 세계, 나아가 이것이 표출된 결과물인 우리 주위의 조형 세계가 단일 기하 형태들로 구성된 것임에 나름없음을 천명했고 슈토크마이어Karl Stockmeyer는 다시 이것을 받아 괴테에 헌정하는 신전을 역시 알 형태로 제시했다.[3-1,] [3-2] 혁명기 건축Revolutionary Architecture과 블레이크William Blake로 대표되는 18세기 말에서 19세기 초의 유럽 조형예술은 인간의 신비한 인식 세계를 단일 기하 형태를 포함하는 근원적 조형 어휘로 표현하려는 시도의 첫 번째

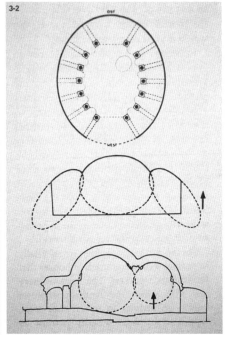

3-1 괴테, 〈아가테 티크의 제단〉, 독일, 바이마르
3-2 카를 슈토크마이어, 〈제1 괴테아눔〉

절정기였다.

한편 인류는 이미 고대 문명에서 단일 구조물을 통해 우주 저편의 정
신세계와 내통했던 선험을 가지고 있었다. 사막과 계곡의 거친 자연 속에
세운 단일 형태의 거대 석조물은 단순한 물리체 이상의 영적 통신수단이
었다. 그리고 18세기 말에 시도한 위와 같은 기하 운동은 고대 문명이 남
겨놓은 거석문화를 가장 중요한 모델로 차용하는 원시주의Primitivism 형태
로 나타났다.3-3, 3-4, 3-5

기술과 과학으로 정의되는 신문명에 대한 선례先例로 고대 문명의 거
석문화를 차용한 아이러니는 인류의 미래가 역사적 연대기의 앞뒤라는 수
치만으로 결정될 개념이 아니라는 사실을 의미한다. 신문명의 초창기에

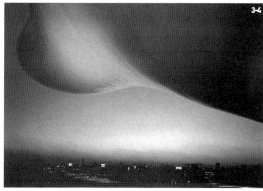

3-3 에티엔 루이 불레, 〈뉴턴 기념비〉
3-4 필립 스탁, 불꽃, 도쿄
3-5 건축문화, 심곡부활성당

이미 일단의 선각자는 기술과 과학만으로는 설명되지 않는 인간의 근원적인 내면세계에 대한 문제를 미래 세계의 프로그램 속에 포함시켜놓은 것이다. 이것은 모더니즘 문명이 남긴 찬란한 업적 가운데 하나인 '인식 세계의 확장'을 구체화해주는 첫 번째 거보巨步를 의미했다. 그런데 이런 거보를 구체적으로 표현하는 매개에서 인류는 반대되는 두 방향을 택했다. 하나는 1851년 런던 대박람회의 대전시장인 수정궁처럼 첨단 재료와 공법으로 지은 최신식 건물이었고, 다른 하나는 고대 문명의 거석 구조를 리바이벌시켜 사용하는 것이었다.

고대 문명의 단일 거석은 창조자의 세계를 가슴으로 받아들이는 근원적 본능이 생생히 살아 있던 그 시대만의 의사소통 체계였다. 하늘 세계의 운행 체계 그리고 삶과 죽음의 문제에 대한 본능적 인식이라는, 우리에게는 없는 그네들만의 강력한 무기는 거대한 돌덩어리를 영적 통신수단으로 바꾸어놓을 수 있던 비밀의 열쇠였다. 인간의 영적 세계에 대한 건축적 정의를 고대 문명의 단일 거석에 담긴 비밀에서 찾으려는 신문명 초창기의 시도는 인류 문명사의 전개 과정에서 중요한 전환점을 이루는 사건이었다.

인간의 영적 세계는 이제 더 이상 현실 세계의 불완전한 인문학적 해석이 아닌, 태고의 기억을 자극하는 일순간의 연상 작용으로 정의되었는데, 이것 역시 모더니즘의 업적인 '확장된 인식 세계'의 하나였다. '확장된 인식 세계'에는 인간의 보이지 않는 마음을 과학적 방법으로 객관화해내는 작업만 있는 것이 아니라 그 반대로 근원적 본능이나 원시적 초월성으로 일거에 정의해버리는 작업도 있던 것이다.[3-6,3-7,3-8] 그리고 이것을 표현하는 건축 구성 체계 역시 현실 세계에서의 자잘한 기

3-6 오딜롱 르동, 〈순교자의 머리〉

3-7 한스 루크하르트, 〈조형적 환상〉
3-8 건축문화, 심곡부활성당

술적 계산을 뛰어넘은 초월적 이미지로 정의되었다. 신문명이 지적해낸 전통의 한계 중에는 현실 세계에서의 인문학적 해석과 기술적 계산이 지닌 불완전성이 중요한 내용으로 들어 있던 것이다.

기술로 일어선 신문명이 기술이 해주지 못하는 무엇이 있음을 깨닫고 그 해답을 원시적 초월 문명에 기댄다는 것은 분명 아이러니였지만 그만큼 극적인 것이었다. 예술가나 건축가에게는 특히 그랬다. 그래서 탄생한 것이 원시주의였다. 원시주의는 인류 역사의 어느 시대에서나 첨단 문명이 등장하면 제일 먼저 기대고 찾은 항시적 현상이었다. 새로운 과학적 사실을 발견하고 새로운 기계를 발명할 때마다 비례해서 커져가는 인간의 불안감을 해소해주는 주술 기능까지 추가로 셈하면 원시주의의 정당성과 효능은 근대적 각성이나 연대기적 순서 등의 미시적 잣대를 초월한 거시적 문화 현상의 무게를 지니는 것이었다.

원, 구, 알 |

원과 구는 신문명 초기의 원시주의 운동에서 가장 중요한 기하 형태로 주목받기 시작했다. 본디 원과 구는 정사각형보다 한 수 위의 완전 도형으로 이미 인류 문명 초창기부터 인간의 정신세계를 담아내는 제1의 형태 매개 역할을 해왔다. 시작과 끝의 구분이 없고 단 한 번의 중단과 꺾임이 없으며 중심에서 모든 변이 동일한 거리에 있는 원은 삶과 죽음 사이의 경계를 초월한 완벽한 이상향을 상징했다. 고대 문명에서는 기술이 부족해서 완전한 구 형태의 구조물을 세우지 못했다. 그 대신 내어 쌓기corbel, 돔dome, 볼트vault 등의 차선 기술을 사용해서 구의 속 부분을 둥근 천장의 이미지로 구축했다. 둥근 천장을 밑에서 받쳐주거나 담아내는 전체 형태는 원통형이 가장 많았는데 이는 내외부 사이의 형태상의 불일치라는 한계를 의미하기도 했다.

신문명의 시작과 함께 기술력을 손에 넣은 인류는 비로소 내외부 모두 완벽하게 일치하는 구를 세울 수 있게 되었다. 원시 거석에 담긴 이상향의 꿈을 구체화하기 시작한 것이다. 이미 프랑스대혁명 때부터 혁명기 건축가들은 구에 집착했다. 앞에 나온 불레가 대표적인 예로, 이들에게 구는 신문명 진입기에 터져나온 여러 존재론적 고민을 표현하는 상징체계를 의미했다. 구는 곧 땅과 하늘과 천체를 상징했으니 구를 세움으로써 이런 범세계적 신앙 체계에의 믿음을 군건히 할 수 있었다.

예를 들어 구는 우주의 새로운 질서를 발견한 뉴턴에게 헌정하는 기념비로 계획되었으며 이는 다시 뉴턴이 발견한 무한대의 우주와 그 속에서 반짝이는 별들을 담아내는 무경계의 확장 세계를 의미했다.[3-3] 이렇기 때문에 구는 평등이 지배하는 이상향을 상징하는 혁명 이데올로기와 동격이었다. 건축으로 좁혀보면 고전 전통이 가해온 온갖 관습과 규범을 일거에 부정하고 자연을 직접 스승으로 모시게 된 혁명적 사건의 핵심 공신이었다. 이런 혁명다움은 모두 원시주의 이상향의 최고봉이라는 구의 초기 조건이 있었기에 가능한 것들이었다.

19세기 후반부에 르동Odilon Redon은 구를 순교자의 머리로 표현하는 예술적 주장을 통해 기계문명이 몰고 올 인간 존재에 대한 불안 심리를 표현했다.[3-6] 이때부터 구는 좀 더 직접적인 종교적 상징성을 띠며 이 세상의 물질세계와는 다른 차원의 초월적 세계를 담아내기 시작했다. 구에 대한 이런 인식은 독일의 표현주의 건축에서 더욱 발전했다. 표현주의 건축에서는 회교(이슬람교), 알파인Alpine 세계, 수정체, 동굴 같은 여러 비기독교적 종교 세계를 표현해내는 매개 가운데 하나로 구의 이미지를 차용했다.

표현주의 건축까지는 땅 위에 구를 받치는 기단을 두었으나, 1920년대 러시아 구축주의 건축에서는 더 발전해 기단마저 없애며 진짜 구에 한발 더 가까워졌다. 체르니코프Iakov Chernikov와 레오니도프Ivan Leonidov는 지구 이미지로 표현된 대형 구를 유리로 만든 후 밑에서 받치는 기단을 없앤 대신 몇 개의 강선만으로 달아매는 구조를 제시해서 중력의 한계를 극복하려는 기술 의지를 구에 실어냈다.[3-9] 같은 방식으로 육면체를 달아맸

3-9 이반 레오니도프, 〈레닌 인스티튜트〉

3-10
1964~1965 뉴욕 세계박람회의 단일구

다면 상징적 파격이나 예술적 혁명이 아주 미약했겠지만 구라서 그 충격
은 대단했다.

　제2차 세계대전 이후 현대 구조 기술의 발전과 함께 구는 훨씬 자유
로운 조형물로 지어지기 시작했다. 여러 차례의 세계 박람회는 미 제국주
의를 중심으로 삼는 범세계주의를 과시하는 장이었는데, 여기서 구는 지
구의 모습으로 번안되며 팍스 아메리카나 이데올로기를 설득하는 중요한
수단으로 쓰였다.3-10 몇 개의 가느다란 부재만으로 지지되는 웅장한 지구
의 모습은 전후 초강대국 미국의 기술력과 국력을 뽐내기에 충분했다. 한
마디로 전 지구가 마치 지구본처럼 소품화되어 미국의 손아귀에 들어가게
되었음을 선언하는 상징적 포고였다.

　1960년대 이후의 팝 문화 시대에 접어들면서 구는 타원형으로 변형되

3-11

3-11 월리스 해리슨, 알/뉴욕 주 알바니의 사우스 몰
3-12 건축문화, 심곡부활성당

3-12

기 시작했는데 제일 많이 유추된 것이 '알'이었다. 모더니즘의 정점을 넘어선 문화 다원주의 시대에는 이제 더 이상 완벽한 구나 이상향 같은 강한 상징성이 필요하지 않게 되었다. 그 대신 구는 옆으로 눕거나 위로 곧추선 알의 모습으로 변형되며 다양한 다원주의 문화를 담아내는 융통성 있는 팝 오브제로 발전했다. 사리넨Eero Saarinen은 표면을 온통 회사 로고로 덮은 알 모양의 구조물에 야간 조명 조작을 가하여 뉴미디어 시대를 개척해가는 첨단 회사라는 이미지를 나타냈다. 해리슨Wallace Harrison은 길이 방향으로 반이 잘린 우스꽝스러운 모습의 알을 노출 콘크리트로 표현했다. 3-11,3-12

3-13 다카사키 마사하루, 수정체 빛 빌딩, 도쿄
3-14 렘 콜하스, 바다 터미널, 벨기에 지브루기
3-15 건축문화, 심곡부활성당

    폴리Martin Pawley는 알이 지니는 생명력의 상징성에 '그린'이라는 자생적 환경 개념을 적용해서 곧추선 알 모양으로 그린 빌딩을 제시했다. 콜하스Rem Koolhaas는 도심에서 벌어지는 현대 도시의 '혼잡 문화Culture of Congestion'를 담아내는 용기로서의 대형 건물에 알 모양을 차용했다. 이외

에도 다카사키^{高崎正治}나 안도^{安藤忠雄} 같은 일본 건축가들도 각각 1987년과 1988년에 이러저러한 목적으로 똑바로 서거나 옆으로 누운 알 모양의 건물 개념을 선보였다. **3-13, 3-14, 3-15**

심곡부활성당과 알의 상징성 |

심곡부활성당은 건축문화의 작품으로 우리나라에서는 드문 알의 형태로 건물 전체를 구성했다. 그 내용은 지금까지 소개한 알의 상징성의 연장선상에서 이해될 수 있다. 부활절에 달걀을 나눠 먹는 데서 알 수 있듯이 기독교에서 알은 생명과 부활을 상징한다. 조형적으로 알의 이미지는 기본적으로 구의 완결성에 기초를 두지만 그와 동시에 구와 같은 강한 플라톤적^{Platonic} 절대성은 갖지 않는다. 알은 이보다는 친밀한 일상성의 이미지를 갖는다. 심곡부활성당에서는 알이 지니는 종교적 의미와 일상성이라는 두 가지 상징성을 통해 이 시대의 교회 공간이 추구해야 할 새로운 전형을 제시하려 한다.

심곡부활성당은 알이 지니는 기독교적 상징성에서 종교적 권위를 빌리려 하거나 알의 형태가 제공하는 타원형 실내에서 극적인 종교 세계의 이미지를 얻어내려 한 점 등에서 전통적인 교회 처리 경향의 연장에 서 있다. 알은 '부활을 상징하는 매체로서 그리스도 교회의 핵심을 가리키고' 있다. 알은 쉽게 깨져버리는 현실 세계 속의 일상사와 조금도 다름없지만 그런 가운데에서도 단세포의 씨앗을 품어 결국은 완전한 유기체를 탄생시키는 생명의 극기를 상징한다. 이런 점에서 어지러운 현실 속에서 신의 섭리를 놓치지 않고 좇아 영광의 세계를 탄생시키자는 기독교의 교리를 압축적으로 담아내는 강한 상징 매개다. 지구 위의 모든 생명체가 하나의 알에서 시작되듯이 알은 생명을 포괄하는 근원적 초기 조건을 상징한다.

이런 점에서 알은 태고의 기억을 자극하는 구의 연상 작용과 동일한 건축적 기능을 한다. 첨탑과 뾰족아치, 붉은 벽돌이 기독교를 상징하듯 알역시 똑같이 기독교를 상징한다. 그러나 알은 원시적 초월성을 보인다는 점에서 첨탑이나 뾰족아치와는 다른 상징체계를 형성한다. 차이는 근원혹은 원초의 유무다. 첨탑이나 뾰족아치는 인간의 손으로 교회를 짓는 과정에서 생긴, 즉 기독교 교리와는 상관없이 건축이라는 지상의 발생 근원을 갖는 2차 매개다. 반면 알은 교회라는 기독교의 건축 유형이 형성되기이전부터 교리에서 '우리의 유한한 삶을 다시 온전하게 만들고 영원히 다시 변화시킬 수 있는(부활의) 힘'을 상징하는 1차 매개로 제시된다.

심곡부활성당은 알이라는 근원적 완성 형태를 차용해서 2차 매개라는 현실 세계에서의 자잘한 상징체계를 일거에 뛰어넘는다. 일반 종교론으로 확장하면 고대 문명에서 단일 거석과 같은 영적 통신수단의 역할을지향한다. 혹은 생명을 향한 경외를 바탕으로 자연신 개념과도 맞닿는다. 창조자의 섭리를 가슴으로 받아들일 준비가 되어 있는 독실한 신자라면알이 지니는 근원적 초월성 역시 받아들여 느낄 수 있을 것이다.

완성된 유기체 형태를 그대로 건물의 조형 모티브로 차용해서 생명에대한 존경심을 자극하려는 경향도 족보가 있는데, 표현주의 건축에서 적극적으로 시도된 바 있다. 특히 슈타이너Rudolf Steiner나 휜스털린Hermann Finsterlin이 탐구한 아메바형의 단세포 유기 형태인 '아뫼보이드Amöboids'는생명의 근원에 대한 강한 연상 작용을 통해 밀교적 신비주의를 표현해내고 있다.[3-16] 완성된 단위의 유기 형태는 동굴, 수정체 등과 함께 종파를 초월하여 인간 마음속에 내재해 있는 태고의 창조를 향한 신화적 기억을 자

3-16 헤르만 휜스털린, 건축계획안

극함으로써 생명을 향한 욕구라는 기본적 종교심을 불러일으키는 기능을
수행한다.

심곡부활성당에서는 또한 알의 형태에서 교회 건축의 전통적 조건인
신비한 실내 공간을 추구한다. 성당의 실내 공간은 곧 알의 타원형 내부가
되며, '벽과 천장의 구분이 없는 …… 그 크기와 깊이는 천창에서 들어오
는 심원한 빛에 의하여 사람들에게 감지될 것이다.' 타원의 조형적 특성
은 죽음과 부활의 신비감을 상징할 수 있다. 기둥과 보를 엮어 수많은 이
음새로 이루어지는 가구식架構式 구조가 인간의 계산과 목적이 담긴 땅 위
의 한계 요소라면, 이음새 하나 없이 하나의 완결된 조형 형태를 제시하는
타원의 실내 모습은 죽음의 한계를 극복한 부활의 신비를 상징하는 것일
수 있다.^{3-17, 3-18} 이런 점에서 구와 알은 완전 도형의 연장선에 있다. 우주라
는 무한 크기의 사변적 존재에서 도심 내 저잣거리의 일상사까지 모든 것
을 담아낸 구와 알은 심곡부활성당에서 타원으로 모습을 바꿔 '또 다른 창
조를 잉태하는 하느님의 계획과 법칙' 이라는 지상에서의 마지막 조건을
담아내기에 이르렀다.

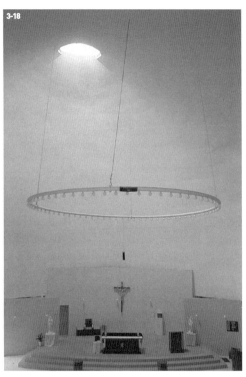

3-17 안도 다다오, 베네통 리서치 센터, 이탈리
아 트레비소
3-18 건축문화, 심곡부활성당

심곡부활성당의 디테일 처리는 알의 이미지를 조형적으로 보강해주
는 방향으로 초점이 맞추어져 있다. 건물 표면을 잘게 부순 타일 모자이크
로 마감해서 깨진 알껍데기처럼 보이게 했다. 이런 처리는 물론 가우디
Antonio Gaudí가 대표적인데 건축가도 가우디에서 이런 방향을 빌려왔다고
했다.[3-19, 3-20] 알의 깨진 모습은 실내에서도 느껴진다. 매끄러운 곡면 정상
부에 뚫린 천창은 알을 깨기 위해 쳐서 만든 구멍이다. 천창에서 내려오는
빛은 마치 알 속에서 생명으로 탄생해서 밖으로 나가기를 기다리는 노른
자에 주어지는 부활의 자양분처럼 느껴진다.

알 모양의 건물 본체를 밑에서 감싸는 주변부에 나타나는 여러 종류
의 직선 형태들은 '알을 품고 있는 어미 닭 주위의 지푸라기 단으로 엮은

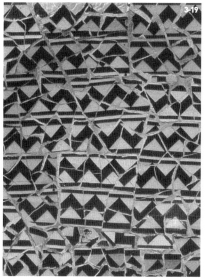

3-19 가우디, 구엘공원, 스페인 바르셀로나
3-20 건축문화, 심곡부활성당

둥지'를 나타낸다. 실내에서 두 번 돌아 2층으로 올라가게 되어 있는 좁고 낮은 계단은 폐쇄성 때문에 이곳이 알 속이라는 느낌을 더해준다.³⁻²¹ 알 껍데기에 해당되는 두꺼운 콘크리트 벽 사이사이를 뚫고 나 있는 스테인드글라스는 르코르뷔지에Le Corbusier의 롱샹 Ronchamp 성당을 연상시키기도 하지만 동시에 알을 깨고 바깥으로 나가려는 병아리가

3-21 건축문화, 심곡부활성당

3-22 르코르뷔지에, 롱샹 교회, 프
랑스 오트손
3-23 건축문화, 심곡부활성당

깨진 껍데기 사이로 맞이하는 최초의 바깥세상의 빛을 상징하는 것처럼
보인다. **3-22, 3-23**

한편 건축가는 알이 지니는 이와 같은 강한 상징성이 위압으로 느껴
지지 않게 하기 위해 일상성의 주제를 혼용하고 있음을 밝히고 있다. 구나
알이 자칫 위압적으로 보이는 이유는 정형적 완결성이 강한 대칭 형태이
기 때문이다. 이를 피하기 위해 비대칭으로 처리해서 알을 친밀한 곡선의
이미지로 바꾸었다. 이런 곡선은 부천의 물리적 맥락인 낮은 구릉의 윤곽
일 수도 있고 젖무덤 같은 또 다른 상징 형태일 수도 있다. 혹은 주변의 주
택가와 친해지려고 내미는 겸손한 자기 소개의 손짓 같은 것일 수도 있다.

건축가는 비대칭 형태에 대해 '갓 알에서 깨어난 병아리의 몸짓을 동적으로 표현'함으로써, "정적인 건축 형태를 '살아 있음'의 상징으로" 나타내기 위한 것이라고 밝히고 있다. 이외에도 알 속으로 들어가는 출입구를 교회 건물에서는 흔하지 않은 휴먼 스케일로 처리한 점도 같은 의미로 이해될 수 있다.

초월 세계 대 현세적 공동체 |

심곡부활성당은 명확한 초기 개념에서 시작하여 디테일 처리에 이르기까지 상징성이 강한 접근 방법을 보여준다. 특히 건축가는 오랜 기간 계속된 교회 건축을 둘러싸고 여러 가지 건축 외적인 어려움이 많았음을 강하게 암시하고 있으며 고생만 하다 완공을 보지 못하고 돌아가신 주임신부님과의 기억 등 일반인은 모르는 뒷얘기도 많은 것 같았다. 이 교회를 통해 건축가가 고민하고 있는 교회 공간의 새로운 성격 정의 문제는 우리 시대의 중요한 건축적 주제임이 틀림없다.

건축가는 이 교회가 더 이상 종교인들만의 폐쇄된 공간이 아니라 사회 속 공동체로서 일상적 생활공간이 되기를 바란다고 했다. 1980년대 이후 탈권위주의 시대에서 종교 건물을 포함한 여러 대형 공공건물에 요구되는 평등성은 현대건축에서 양식 사조별 경향을 초월한 새로운 주제가 되고 있다. 사회성이 강하며 건축에서는 중요한 이데올로기의 의미를 갖는 주제다. 이런 점에서 심곡부활성당에서 고민한 이와 같은 내용은 한국 현대건축에서 중요한 의미를 지닌다. 그러나 이 교회에서 건축가의 그러한 의도가 충분히 실현되었는지에 대한 의문이 남는다는 사실 또한 부정할 수 없다.

무엇보다도 알이라는 상징성이 강한 완결 형태를 차용해서 여전히 교회 공간을 하나의 극적이고 신비스러운 공간으로 표현하려는 기본 가정을 드러내고 있다. 신비주의가 반드시 폐쇄적이고 반(反)대중적일 필요는 없지만 종교적 배타성과 초월적 선민의식을 일정 부분 바탕에 두는 것 또한 사실이다. 이런 사실은 건축가가 이 건물을 설명하는 데 사용하는 "신전의 분위기", "신비를 사람들에게 엿보이게", "사망의 골짜기와도 같이 …… 깊은 라이트 웰light well" 등의 문구에서 쉽게 읽어낼 수 있다. **3-24, 3-25**

설명은 계속된다. "…… 극적인 공간을 보여주는 것은 적어도 국외자에게는 필요할지 모르지만 무엇보다 중요한 것은 공동체 중심의 신앙이 꽃 피어날 수 있는 교회를 지향한다"고 밝히고 있다. 극적인 공간을 대중적으로 활용하면서 주변 현세와 함께 어울리는 공동체를 만들고 싶다는 뜻인 것 같다. 그러나 기독교 공간이 공동체로 기능하기 위해서는 편하고 친숙

3-24 건축문화, 심곡부활성당

한 것이 좋다. 극적인 신비주
의는 옷깃을 여미게는 만들
지언정 공동체를 위한 기독
교 공간으로는 어려움이 많
다. 경외심을 유발해서 거리
감이 만들어지기 때문이다.

　실제로 이 성당에 가보
면 편하게 함께 어울릴 분위
기는 느껴지지 않는다. 공동
체 공간으로 쓰일 수 있는 구
체적인 건축 장치도 이렇다
할 것이 없다. 물론 공동체
활동을 위한 공간은 있다. 하

3-25 건축문화, 심곡부활성당

지만 이런 방은 어느 교회에나 있는 것이다. 그럼에도 한국 현대 사회에서
거의 모든 교회가 공동체의 기능을 점차 잃어가고 있다. 주 6일은 텅텅 비
어 있고 주일에만 자기들끼리 모여 불신자를 저주하며 배타적 선민 잔치
를 벌인다. 가톨릭 성당이 개신교회보다는 많이 낫다고 하지만 교회 밖에
서 보면 별 차이가 없어 보인다. 면적이 문제가 아니라 운영 프로그램이
문제이며 그런 프로그램에는 '건축 장치'도 중요한 부분을 차지한다. 건
축 장치란 사람들이 편하게 모여 함께 어울리고 싶은 마음이 들게 만드는
유인 장치를 의미한다.

　이외에 눈에 띄는 내용은 심곡부활성당에서는 초월적 종교 세계와 현
세적 현실 세계를 끊임없이 구별하고 있다는 점이다. 알과 알 주변부의 처
리가 제일 두드러진다. '곡선 대 직선', '무채색 대 유채색', '불투명한 입

체 대 투명한 유리', '세라믹 파편 대 균질 면' 등의 여러 대비 구도를 사용해서 알 속은 신비한 종교 세계이며 그 주변은 혼란스러운 현실 세계임을 분명히 나타내고 있다. 이런 의도는 알 주변에 파놓은 라이트 웰이 사망의 골짜기를 상징하며 이 사망의 골짜기를 지나야만 부활을 상징하는 알 속으로 들어가게 된다는 건축가의 작품 설명에서도 드러난다.

교회 전체로 보더라도 주변 주택가의 사생활 보호를 위해 설치한 둔탁한 담 때문에 이 교회는 특정인만을 위한 배타적 공간으로 느껴진다. 알 주위로 나 있는 램프ramp는 주변 현실에서 이런 배타적 공간으로 진입하는 특별한 길로 느껴진다. 이분법을 가정한 구도다. 이처럼 심곡부활성당에서는 알과 알 주변부, 그리고 교회 전체와 교회 주변부 사이에 두 겹의 '종교 세계와 현실 세계 사이의 구분'이 일어나고 있다. 이는 교회를 폐쇄된 종교 세계를 부수고 세상으로 열려 나아가는 공동체 개념으로 파악하려는 의도와 어긋난다.

초월적 신비 세계로 나타나기 쉬운 종교 공간을 사회 내 공동체 공간으로 바꾸겠다는 것은 구체적 일상사를 담아내는 생활공간을 종교 어휘로 번안해 표현해야 하는 고난도의 건축적 처리를 의미한다. 그런데 심곡부활성당에서는 그런 건축 장치가 눈에 띄지 않고 밋밋한 외부 공간 속에 답답하고 무언가 어울리지 않는 여러 조형 어휘들이 뒤죽박죽 섞인 느낌을 받는다. 이 문제에 대해 건축가는 "경제적 이유로 다른 선택의 여지가 없었다(마감 공사 시 주임신부님의 사망으로 인하여)"라고 답하고 있다.

공동체 공간을 구성하는 건축 장치가 부족하다는 사실은 이 교회에서 매일 생활하시는 분들의 이야기에서도 나타나고 있다. 마당이 너무나 밋밋할 뿐만 아니라 비정형 건물 윤곽 때문에 주변의 마당 공간이 조각나서 쓸 만한 면적이 없다는 것이다. 한국의 지역적 전통상 마당은 건축 공간을 공동체 공간으로 만들어주는 중요한 장치다. 이것은 경제적 문제라기보다는 기본적인 건축관의 문제에 가깝다. 이렇다 보니 주변 주택가의 사생활 보호라는 좋은 목적을 위해 설치된 담도 본래의 좋은 명분을 잃고 교회를 주변 공동체에서 분리시키는 폐쇄된 단절 어휘로 느껴질 뿐이다.

이런 상황은 알 주변부 처리에서도 나타난다. 알 주변부를 뒤덮은 복잡한 직선과 면은 건축가의 의도대로 알을 품은 지푸라기 단으로 느껴지기보다는 이 건물이 지어질 당시 유행하던 점선면의 어휘를 반복, 차용한 것에 가깝다. 주변부 처리 때문에 알이라는 핵심 요소의 이미지가 오히려 분산되는 역효과가 느껴지기까지 한다. 알과 주변부 사이에서 끊임없이 느껴지는 갈등 구도 때문에 이 성당은 여전히 비현실적 초월 세계로 남고 싶어 하는 것 같아 보인다.

공동체 공간이 되기 위해서는 일상생활의 행태를 담아낼 구상적 생활 공간이 필요한데 이것은 마련하지 않은 채 추상 어휘를 이용한 건조한 상징 해석만이 난무한다. 상징에 대중주의 모티브를 도입해서 동네 주민이나 일반인에 친근하게 다가가려는 전략인 것 같지만 이는 반대로 교회의 기본 속성에 반하는 일이다. 이런 상징은 종교 세계를 현실 세계 사이에 이어주는 역할을 하기보다는 테마파크나 팝 건축pop architecture의 주제에 가깝다.

마지막으로 이 교회를 매일 사용하는 사람들이 불평하는 몇 가지 불편 사항은 건축가의 예술적 의도와 사용자 쪽에서의 기능이라는 두 가지 요소가 한꺼번에 만족되기가 어렵다는 사실을 다시 한 번 확인시켜준다. 무엇보다도 사면이 온통 막힌 곧추선 알 모양으로 건물을 만들다 보니 실내가 말할 수 없이 덥다 했다. 저층부에 난 많은 창도 열리지 않는 고정 창이라서 이런 불만을 가중시켰다. 천장이 높은 건물은 대개 여름에 시원하고 창만 잘 뚫리면 통풍도 잘 된다던데 여기는 왜 이렇게 더운지 모르겠다고 했다.

스테인드글라스로 곱게 화장한 창은 그 화장한 얼굴을 뽐내기 위해 열리지 않도록 고정되어 있다. 그나마 한두 군데 열려도 그 바깥으로 알을 품는 둥지를 상징하기 위해 세운 겹벽이 가로막아 시원한 바람이 들어오지 못한다. 1980년대 이후의 현대건축에서 공동체라는 주제는 지역 전통 및 열 환경의 건강도와 밀접하게 연관된 데에서 알 수 있듯이 실내 열 환경 문제는 한 건물이 공동체 개념으로 정의되기 위해 중요한 요소다. 이렇게 보았을 때 심곡부활성당에서는 신비스러운 초월 세계라는 극적 상징성을 위해 공동체적 요건이 희생되고 있는 것으로 이해될 수 있다. 그런데도 건축가는 이 교회가 공동체라고 주장하고 있다.

불일치는 라이트 웰에서도 찾을 수 있다. 「시편」에 나오는 사망의 골짜기를 상징하는 라이트 웰은 지나치게 깊이 파여 안전사고의 위험에 노출되어 있다. 안전사고는 공동체 공간의 형성을 저해하는 요소다. 심곡부활성당은 종교적 상징성의 경연장에 가깝지 현세를 포근하게 받아들여 종교적으로 동화시키는 공동체로서의 건축 장치는 잘 마련된 것 같지 않다. 곱게 화장한 스테인드글라스도, 둥지를 상징하는 겹벽도 모두 누구를 위한 것일까. 롱샹 교회 속도 이렇게 더울까. 아니 그보다도 진짜 알 속은 심곡부활성당의 알 속만큼 더울까. 동네 사람들이 손에 부채나 하나씩 들고 원두막으로 편히 마실 가듯 들어와, 역시 편한 자세로 더위나 피하며 널부러져 놀다 가는 우리네 공동체의 전통적인 모습은 교회라는 숭고한 공간과는 절대 어울리지 못하는 것일까.

4.

샘터화랑과
프레임
부수기

4. 샘터화랑과 프레임 부수기

도시 맥락의 무게 |

건물은 주변 상황에 영향을 끼치기도 하지만 동시에 주변 상황에서 지배를 받는다. 건축 디자인에 대한 집단화된 법칙들이 잘 정리되기 시작한 15세기부터 주변 상황을 읽는 능력은 좋은 건물을 설계하기 위한 조건 가운데 하나로 여겨져왔다. 이때 주변 상황을 읽는 능력이란 건물이 앉는 '대지site 분석'에 국한된 제한적 내용을 의미했다. 개개의 상황에 따라 각각 다르게 나타나는 특수 해법을 찾는 작업이었다. 이 시기에는 아직 도시 전체를 총체적 스케일로 경영할 만한 단계에 이르지 못했기 때문에 주변 상황이 건물에 미치는 영향에 대한 일반 해법이라는 개념은 형성되지 않았다. 이런 상황은 모더니즘 건축 때까지 계속되었다. 모더니즘 건축이 이전 재래 건축과의 완전 단절을 추구하는 혁명임을 천명했지만 사실 '주변 상황이 건물에 미치는 영향에 대한 고민'이라는 관점에서 보면 크게 달라진 것은 없었다.

모더니즘 건축에서 비로소 도시 전체를 총체적 스케일로 경영하는 일이 가능해졌고 따라서 주변 상황이 건물에 미치는 영향에 대한 해법 차원의 고민이 있어야 했지만 그렇지 못했다. 제시되는 내용도 그저 도시 전체가 초고층 건물로 빽빽이 채워지고 그 사이를 근대식 교통수단이 비집고 다니는 다이내믹한 미래 도시의 모습 정도였다. 모더니즘 건축의 실패라는 것도 알고 보면 개개 건물의 실패라기보다는 도시 스케일에서 디자인 철학의 결여에 따른 실패 쪽에 가까운 것이었다. 건물들은 각자 고고한 독립 개체로만 정의되었지 주변과 어울리려는 시도는 스스로의 가치를 떨어트리는 것으로 보여 거부되었다. 지금 봐도 분명히 아름다운 미스 반데어로에Ludwig Mies Van Der Rohe의 건물도 그 건물이 들어앉은 블록과 주변 상황(도시 전체일 수도 있다)과의 관계에 대한 문제에서만큼은 철학이 결여된 무기력한 모습으로 멀뚱히 서 있을 뿐이다.

수십 년의 모더니즘 도시 경영을 겪고 난 후에 시작된 현대건축의 가장 큰 특징 가운데 하나는 바로 주변의 도시 상황에 대한 진단 및 처방에서 건축의 디자인 방향을 찾아내려는 시도다. 건물이 주변 상황을 결정하던 이전의 정보 흐름 방향과 반대되는 새로운 시도였다. 현대건축가치고 도시 상황에 대해 한마디라도 하지 않으면 시대 고민이 결여된 것으로 평가되는 현상이 하나의 유행처럼 자리 잡은 것도 사실이다. '맥락'이라는 개념인데 맥락의 무게는 과거 모더니즘 시절 기능이 차지했던 무게만큼 막중해졌다.4-1,4-2

이런 현상의 시작은 1950~1960년대 영국, 네덜란드, 이탈리아에까지 올려 잡을 수 있으며 그 후 유럽과 미국 및 제3세계권에서는 각각의 처한 상황에 맞게 맥락주의, 합리주의, 대형 실내 공간 운동, 장소론, 지역주의, 콜라주 시티Collage City 등 여러 종류의 도시 건축 운동을 창출해서 전개해 오고 있다. 말 그대로 도시와 건축을 긴밀하게 연결된 한몸으로 보고 공통

4-1 크리스토포로 다 렌디나라, 〈마을 풍경〉
4-2 최두남, 샘터화랑

의 디자인 요소를 찾아 물리적 차원에서 인문적 차원에 이르는 가능한 한 모든 차원에서 둘 사이의 연속과 일체를 추구하는 운동이다. 도시 스케일을 구성하는 일정 수 이상의 블록 단위를 건축의 관점에서 조명함으로써 건축의 기본 개념을 도시 상황의 문제와의 관계 속에서 정의하려는 운동이다.[4-3, 4-4]

도시 건축 운동의 공통된 특징은 건물을 단일 오브제로 보던 모더니즘 건축에 반대하며 도시 외부 공간의 연속으로 보려는 경향이다. 모더니즘 건축에서 건물이 주변 상황과 맺는 관계는 동선 흐름 같은 기능적 요소에 한정되었다. 다른 건물과의 조형적 어울림이나 도시 외부 공간과의 장

4-3 알도 로시, 〈과학적 무대를 위한 장면〉
4-4 최두남, 샘터화랑

소적 관계 같은 미학적, 인문학적 디자인 요소들에 대해서는 무척 무관심한 채 고고한 단일 오브제의 모습으로 우뚝 서 있어왔다. 뒤늦게 조경 면적 확보와 조형물 설치 같은 법적 의무 조치도 만들어봤지만 이것은 자기 대지 내에서나 마지못해 지켜졌을 뿐 대지 경계선을 넘어선 주변 상황과의 관계까지 고려한 디자인으로 발전하지는 못했다.

도심 외부 공간은 여전히 사람을 안고 감쌀 조그마한 주머니 공간 하나 두지 못한 채 중성 기능만을 제공하는 드넓고 황량한 현대판 사막처럼 되어간다. 이런 현상은 사실 건축가의 잘못이 아닐 수도 있다. 도심 개발이 절대적으로 부동산 가치에 따라 결정되는 자본주의 체제에서 이런 문제는 건축가의 능력을 벗어난 것일 수 있다. 자그마한 변화가 감지되기도 하지만 근본적으로 이런 문제는 자본주의 다음 단계의 새로운 문명 체계가 도래하지 않는 한 나아지지 못할 것이다.

그러나 스케일을 조금 줄여보면, 이런 가운데서도 건물을 통해 주변의 도시 외부 공간까지 함께 결정하려는 시도가 완전히 불가능한 것만은 아니며 실제로 그런 건축 운동이 꾸준히 있어왔다. 건물 신축이 엄격히 제한받는 유럽의 고도古都들을 배경으로 유럽 건축가들은 비교적 활발하게 여러 종류의 도시 건축 운동을 일찍부터 이끌어왔다. 경우에 따라서는 재래 요소의 도입 같은 장소론 개념의 건축 운동이 제시되기도 했다. 더 극단적으로는 산업혁명 이전의 전통 도시로 돌아가자는 과거회귀 운동도 일어났다. 이런 운동은 자본주의 체제에서의 가치 우선순위를 부정하는 다소 과격한 사회운동의 성격을 띠기도 한다. 또 다른 경향으로는 자본주의 체제하의 도심 현실을 인정하는 가운데 자신의 블록을 하나의 작은 도시로 파악하여 건물 내에 독립적인 도심 외부 공간을 섞어서 가지려는 시도를 들 수 있다.

대지 경계선 허물기와 내·외부 구획 허물기 |

샘터화랑은 위의 마지막 도시 건축 개념을 기본 특징으로 갖는다. 최두남의 작품으로, 그는 1970~1980년대에 모더니즘식 확장을 겪은 서울의 도시 주변 상황에 대한 해석에서 다음의 두 가지 기본 방향을 추출한다.

첫째, 건물을 블록 내의 완결된 공간 단위로 보려는 시각이다. 가능한 한 블록의 전체 윤곽을 건물로 감싸는 특이한 형태로 나타난다. 용적률과 외부 조경 등의 문제는 이렇게 만들어진 건물 윤곽 내부에 마련되는 크고 작은 안마당으로 해결한다. 이웃 블록과의 관계 설정이 점점 어려워져 가는 현대 도시의 현실을 인정하는 가운데 적절한 외부 공간을 가지려는 고민에서 출발한다. 주변 조건에 대해서 자기 블록을 독립성이 확보된 완결된 공간 단위로 두른 후 그 안에 외부 공간을 두려는 전략인 것이다.[4-2]

이런 접근은 일차적으로 건물이 자신에 주어진 블록을 완전히 거머쥐는 방식으로 완결된 영역을 확보하려는 목표를 갖는다. 그 이상의 성과도 있다. 현대 도시 내에서 건물 단위나 블록 단위가 개성 없이 진열된 대량 생산품으로 전락해가는 현상에 대한 치유책으로 이해될 수 있다. 대지 경계선을 꽉 채워 두른 담 속을 작품성 있게 잘 꾸민다는 전제 아래서다. 그리고 도시 전체의 모습은 이렇게 각자의 개성과 영역을 확보한 각 블록들의 집합으로 구성된다. 이런 점에서 샘터화랑은 '콜라주 시티' 론과 일정 개념을 공유한다고 볼 수 있다.

둘째, 블록별로 완결된 공간 단위가 주변 환경에 대해서 닫힌 공간이 되지 않게 하기 위해서 도시 외부 공간과의 흐름을 완전히 끊지 않고 일정 부분 이어두려는 처리다. 주어진 블록을 건물이 다스려 영역으로 만들려는 시도는 자칫 주변과의 단절로 귀결되기 쉬운데, 이것은 주변 외부 공간

4-5 ■ 4-6
최두남, 샘터화랑

과의 건축적 관계를 설정하지 못한 모더니즘 건축의 실패와 똑같은 또 하나의 독단일 뿐이다. 샘터화랑은 이렇게 되지 않기 위해 내외부 공간 사이의 구별을 없애면서 블록 내에 적절한 외부 공간을 두어 주변 환경과 자연스러운 연속성을 확보하고 있다. [4-5, 4-6]

　　이런 접근은 한국 현대건축에서는 1990년대 이후 몇몇 건축가들이 '공간 맥락주의' 개념으로 시도한 새로운 경향으로, 압축 근대화의 폐해가 크게 남은 서울이라는 도시 상황에서 큰 의미를 지닌다. 아무도 고려하지 않던 건물의 영역과 주변 도시 상황과의 관계를 조형과 공간 등 다양한

차원에서 연속시키려는 점에서 그렇다. 영역 내부를 자신만의 건축 어휘로 꾸민다면 외부에 대해 또 한 번의 단절을 가져온 것에 불과하겠지만 샘터화랑에서는 도시 외부 어휘를 사용함으로써 이런 위험을 피하고 도시 상황에 대해 외부 지향적으로 적극 대처한다. **4-7, 4-8**

4-7 렘 콜하스, 〈로테르담의 도시 풍경〉
4-8 최두남, 샘터화랑

공간에서 광장으로 ㅣ

구체적인 예를 들면, 벽체와 입체를 조작해서 공간의 외부 공간의 켜를 복
층으로 만든 다음 그 속에 계단, 길, 공터(혹은 작은 광장), 대문, 담, 가로수, 가
로등 같은 도시 외부 요소를 이용해서 또 하나의 작은 도시 외부 공간을 만
들어놓는다.[49] 안마당과 주변 외부 공간이 조형적, 공간적으로 닮았기 때
문에 내 영역은 단절이 아니라 연속으로 귀결된다. 현대 도시에서는 나와
주변의 관계가 제로섬이 될 수밖에 없는데, 이런 상황에서 블록 단위가 가
질 수 있는 건축 공간의 최적치에 대해 하나의 대안을 제시하고 있다.[4-4,4-10]

　샘터화랑의 공간 분절이나 크고 작은 디자인 요소들은 이와 같은 두
가지 기본 방향을 주어진 조건에 맞게 풀어가는 과정에서 결정된 건축가
의 주관적 영역에 속한다. 샘터화랑에는 주택가와 상업 지역이 혼재하는
대지 조건, 주택과 화랑을 함께 가져야 하는 프로그램 조건, 모퉁이 땅이라
는 또 다른 대지 조건까지 세 가지 조건이 주어져 있다. 이런 조건에 위의

4-9 최두남, 샘터화랑

4-10 최두남, 샘터화랑

두 가지 기본 방향을 맞추어가는 과정에서 네 면의 입면 이미지, 주변에 대한 연속과 단절의 위치, 외부 공간 요소들의 배치, 외부 공간과 내부 공간의 관계 같은 주요 사항들이 결정되고 있다. 화랑이 들어가는 1~4층과 주택에 해당하는 5~7층을 다른 스케일로 처리해서 수직 구성상의 변화도 시도한다.

　샘터화랑의 실내도 지금까지 소개한 외부 공간 개념의 연장선에서 이해될 수 있다. 실내는 외부 공간보다 훨씬 단조롭다. 외부 공간에서 한껏 기대한 바에 비해 실내는 평범한 구성으로 실망감이 느껴지기도 한다. 그러나 샘터화랑의 매력은 내외부 공간 사이의 인위적 구별을 없애고 두 공간의 혼재 개념으로 건물을 구성한 점에 있다. 대지 경계선에 발을 들여놓은 순간부터 외부 공간인지 내부 공간인지 구별하기 어려운 외부 공간들이 연속으로 이어진다. 이런 느낌은 건물 내부에 들어와서도 계속되어 이번에는 내부 공간 사이사이로 조금 전에 본 외부 공간의 장면들이 보인다.[4-11, 4-12] 이곳이 내부 공간인지 외부 공간인지 구별하기 힘들어진다. 내외부를 명확히 구분하던 전통적인 공간 구성에서 탈피하여 내부 공간 같은 외부 공간과 외부 공간 같은 내부 공간이 파노라마처럼 연속적으로 이어진다. 내부 공간과 외부 공간을 구획 짓던 전통적인 프레임이 허물어지는 것이다.

4-11 ■ 4-12
최두남, 샘터화랑

샘터화랑에서 시도한 새로운 공간 개념은 모더니즘을 겪고 난 후 여러 조형예술 분야에서 공통으로 나타나는 '캔버스의 프레임 깨기' 경향과 동일한 것으로 이해될 수 있다. 회화나 조각에서는 모더니즘 시기부터 단편적으로 시도되기 시작했으며 모더니즘 이후 하나의 큰 흐름으로 자리 잡았다. 고정된 평면 형태 요소를 담던 2차원 공간인 캔버스에서 뛰쳐나와 일단의 예술가들은 손짓, 몸짓이나 시간의 흐름 같은 '액션action'을 담는 3차원의 '광장arena' 개념으로 그림을 정의하려 했다.⁴⁻¹³

아르프Hans Arp의 고백에서 드러나듯, "이 유리창 틀을 통해 흘러가는 구름을 보았을 때 예술가라면 어떻게 그 창틀에 갇힌 한 장면만을 그려놓고 만족할 수 있었겠는가."⁴⁻¹⁴,⁴⁻¹⁵ 회화에서 이런 시도에 해당되는 내용이

4-13 〈넘버 32〉를 그리고 있는 잭슨 폴락

건축에서는 실내외 공간을 구획하는 프레임을 깨려는 시도로 나타났다. 공간 문제가 실내에 한정되었을 때는 사람의 행태도 여기에 맞게 고정된 오브제로 굳어졌지만 실내외 공간을 구획하는 관습의 프레임이 철거되면서 공간은 액션과 이벤트를 담는 광장으로 발전하게 되었다.[4-16] 샘터화랑은 이처럼 '공간에서 광장으로' 변해가는 현대건축의 흐름을 엿볼 수 있는 점에서 분명 일정한 중요성을 갖는다.

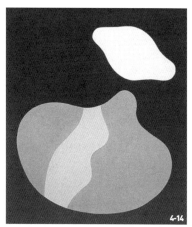

4-14 한스 아르프, 〈무제〉
4-15 최두남, 샘터화랑

4-14

4-15

4-16
엔조 쿠키, 〈무제〉

맥락과 기능 맞추기 |

이상이 샘터화랑이 갖는 건축적 의미다. 이런 공간 개념은 분명 새로운 것임이 틀림없고 현대 도시의 상황을 진단해서 찾아낸 점에서 충분한 논리적 타당성도 갖고 있다. 다른 한편, 이것을 건축물이라는 물리적 구조물, 특히 화랑이라는 실제 건물로 짓는 과정에서 한두 가지 아쉬운 점이 느껴지기도 한다. 먼저 건물의 규모나 외관 모습과 비교해볼 때 실내가 매우 자잘한 공간들로 조각나 있다는 점이다.[4-17, 4-18] 물론 이 건물은 분산적 공간을 기본 구도로 갖는다. 그러나 건물 전체의 구성은 분산적 공간들을 해체 같은 반反질서로 흐트러뜨리는 게 아니라 조화로운 완결 단위로 모으려는 의도를 분명히 드러낸다. 이탈리아 합리주의 계열의 질서 개념을 따르는 것이다.

　이런 구성에서는 큰 공간과 작은 공간이 적절히 균형을 이루어야 하고 이것들을 잡아주는 중심이 필요하다. 그렇지 않으면 분산적 공간은 자

4-17 ■ 4-18 최두남, 샘터화랑

칫 산만한 부스러기로 흐트러질 뿐 육면체 윤곽 속에 짜임새 있게 농축될 수 없게 된다. 샘터화랑이 이런 위험에 빠진 느낌이다. 비슷한 예를 매너리즘 건축의 교훈에서 쉽게 찾을 수 있다. 매너리즘의 현란한 탈^脫규칙이 산만한 방종이 아닌 그럴듯한 예술 이야기로 느껴질 수 있는 이유는 항상 일정량의 정확한 어휘를 배경으로 삼기 때문이다. 샘터화랑에는 분산적 공간 개념을 제어하여 구성해주는 명쾌한 배경이 부족한 것 같아 보인다. 실내는 평범하면서도 답답하고, 미로 같으면서도 공간적 응축은 쇠진해 있는 아쉬움이 느껴진다.

화랑이라는 기능의 관점에서 보면 더 그렇다. 그림을 걸기 위해서는 일정 면적 이상의 공간이 필요하며 이것을 감상하기 위해서는 더욱 그렇다. 샘터화랑의 자잘한 공간에는 큰 그림을 걸 수 없다. 감상에 필요한 거리가 나오지 않기 때문이다. 벽면 전체를 덮는 큰 그림을 코 앞에서 봐야 하는 격이다. 더 근본적으로는 공간을 잘게 부숴놨기 때문에 큰 그림을 걸 만한 벽면 자체가 없는 건물이 되어버렸다. 이것은 화랑으로서는 치명적인 문제이다. 그리고 실제로 건축주도 이와 비슷한 불평을 가지고 있었다. 천장 높이도 마찬가지다. 지하실의 큰 공간 하나를 빼놓고 2층과 4층 사이의 중심부에는 걸려 있는 크기에 적합한 감상 거리와 천장 높이를 확보한 방이 없어 보였다. 그나마 하나 있는 큰 공간도 상하좌우 여섯 군데로 통로가 나 있어서 공간감은 깨져버린 상태였다. 어떤 방은 천장도 낮고 공간도 작은데 큰 문을 달아놓아서 스케일의 불일치도 일어난다. 이런 불일치는 산만한 느낌을 다시 배가시킨다.

종합하면, 샘터화랑에서 시도한 내외 구별을 없애려는 공간 개념은 분명 새로운 개념임이 틀림없으나 이것을 화랑이라는 실제 기능에 적용하는 데에는 실패한 것처럼 보인다. 실제 현장에 투입되기 전 단계의 이론이나 아이디어도 중요하지만 최종 관건은 이것을 구체적 개별 조건에 잘 맞게 다듬어 적용하는 데에 달려 있다. 도시 건축 운동의 가장 큰 매력은 크고 작은 다양한 종류의 공간들이 다이내믹하게 얽혀 만들어내는 스릴감을 만들어내는 데 있다. 우리가 건물 밖 도시 속에서 느끼는 그런 스릴감과 다르지 않다. 그러면서도 이런 공간 구성이 하나의 건물로 모아지기 위해서는 어쩔 수 없이 일정 크기의 윤곽 속에 치밀하게 계산해서 담아내야 한다. 그 나름대로 최소한도의 공간 질서를 필요로 한다. 샘터화랑은 이런 짜임새가 부족한 느낌이다.

5.

공공 공간의
동선과 공간의
평등 문제

5. 공공 공간의 동선과 공간의 평등 문제

후기산업사회와 탈억압 구도 |

건축물을 감상하고 평가하는 기준은 여러 가지이다. 건물의 외관이나 형태와 관련된 시지각적 감상 효과와 양식의 예술사적 의미 등이 전통적인 기준이다. 미술이나 건축 모두에서 이 두 기준은 가장 기본적이고 유용한 감상 방향이다. 그런데 1960년대 이후 전 세계적으로 대중 상업 문화의 시대가 시작되면서 이와 같은 전통적인 관점으로는 해석하기 힘든 새로운 건축 현상이 많이 일어나고 있다. '팝아트 예술관' 정도로 통칭할 수 있는데, 이 시대의 문화 주역인 중산 대중을 대표하거나 대중과 직접 연관 있는 건축 모델을 찾으려는 시도다. 미술의 팝아트에 해당되는 주제도 있지만 건축에만 있는 내용도 많은데 '대형 공공건물 실내 공간의 평등성'이라는 주제도 그 가운데 하나다.

　1960년대에 자본주의의 절정을 가장 먼저 맞이한 서구 선진국들은 토목 구조물 중심의 도시 인프라 시설 건설을 마친 후 1970년대부터 여러 종류의 문화 인프라 시설을 세우고 있다. 우리나라도 경제적 여유가 생기기 시작한 1980년대 중반경부터 여기에 합류했다. 공연장, 박물관, 미술관, 도서관, 상업 시설 등으로 대표되는 문화 인프라 시설에는 대형 실내 공간이 생기게 마련이다. 이런 시설의 등장이 시대 상황을 대표하는 하나의 공통된 현상을 이루기 시작하면서 건축가에게는 여기에 들어가는 실내 공간의 공공적 성격에 대해 자신의 철학과 입장을 밝혀야 하는 또 하나의 어려운 과제가 새로이 추가되었다.

1970년대를 기점으로 시작된 후기산업사회post-industrial age의 시대 상황 혹은 보편적 가치를 어떻게 실내 공공 공간에 투영해내는가 하는 문제였다. 그 내용은 여럿일 수 있는데, 크게 보면 이전의 성기 산업사회high-industrial age 때 사회 대중을 옭아맨 여러 가지 중앙통제장치에서 해방되려는 의지로 요약될 수 있다.

산업자본주의를 한 축으로 삼아 시작된 모더니즘 문명은 왕권 체제의 속박에서의 해방을 보편적 시대 가치로 추구했지만, 결과적으로 종류만 다를 뿐 자본의 논리라는 또 하나의 중앙통제장치를 낳고 말았다. 이런 내용은 이모저모로 건축에도 투영되어 우리가 흔히 이야기하는 '실패한 모더니즘의 절대 공간'을 양산하게 되었다.**5-1,5-2** 1970년대부터 본격화된 후기산업사회의 새로운 조류는 모더니즘의 절대 공간 아래 자행된 건축적 통제장치에서 해방을 추구하는 경향으로 나타나고 있다. 포스트모더니즘은 이 흐름을 양식사적 관점에서 부르는 명칭이며, 이 시기부터 본격화된 '사각형 절대 공간 부수기' 경향은 이 흐름을 물리적 형태나 공간의 관점에서 관찰한 결과다. 건축가에게 요구되는 '문화 공공 공간의 평등성을 건축적으로 정의'해내는 작업은 이것을 사회·문화적 관점에서 관찰한 결과다.

한국 사회에서도 1980년대 중반 이후 부분적으로 후기산업사회의 징

5-1 지그프리트 노이엔하우젠, 〈새장에 갇힌 사람〉
5-2 김중업, 삼일 빌딩

조들이 나타나기 시작하며 이에 맞추어 건축적 논의도 점차 다양해지고
있다. 우리도 많은 수의 대형 문화시설을 갖게 되었고 여기에 들어가는 실
내 공공 공간의 성격을 후기산업사회의 보편적 사회현상인 '중앙통제장
치에서의 해방'이라는 관점에서 한 번쯤 살펴볼 때가 되었다. 이 주제는
건축으로 환산하면 '상대주의 공간과 동선 몰이'라는 주제가 된다. 사회
적 가치와 연관시키면 '문화 공공 공간의 평등성'이라는 주제가 하나 더
파생된다. 세 주제가 하나의 우산 아래 모일 수 있다. 이런 배경 아래 1990
년대에 건축계의 관심을 끈 전시관람 시설인 국립현대미술관, 전쟁기념
관, 통일전망대의 실내 공간을 위의 세 주제와 연관시켜 살펴보고자 한다.
이 시설 모두 세 주제를 적용하기에 제일 적합한 대형 공공 전시관람 시설
들이다.

결정론적 절대 공간과 동선 몰이의 문제 |

동선 몰이라는 개념은 제2차 세계대전 이후부터 1960년대까지 절정에 달한 산업자본주의 문명의 건축적 산물이다. 이 시기에는 효율적 산업 생산을 위한 여러 가지 중앙통제장치가 사회를 구성하는 가장 기본적인 구조 체계였다. 컨베이어 벨트가 상징하는 포디즘Fordism이 가장 대표적인 예로, 각 사회 단위는 포디즘의 강제 순환 방식을 기본 모델로 삼아 각자의 상황과 조건에 맞는 중앙 통제 체계를 개발해서 운용했다. 물론 목적은 최대 효율이었다. 1970년대부터 집중적인 비판의 대상이 되기 시작한 모더니즘의 절대 공간 역시 산업자본주의식 통제 체제와 기본 개념을 공유하는 시대의 산물이다.

건축에서 절대 공간은 여러 방식으로 나타났다. 건물의 높이가 곧 재화 가치로 환산되는 현대 도시 속의 수직 욕망과 이것들 사이에 양산되는 버려진 중성 공간은 인간을 옥죄는 경제적 통제 체제가 건축적 형태로 변질된 대표적 경우다. 모든 공간은 층수와 호수 같은 숫자라는 절대 체제로 일괄 정리된다. 포디즘 생산 방식에서 컨베이어 벨트가 멈추거나 뒤로 움직이거나 혹은 서로 얽히는 일은 곧 그 생산 체계의 존재 이유가 상실됨을 의미하듯이 숫자로 정리되는 모더니즘 절대 공간 역시 일렬로 순서가 정해져 구성되어야 했다.

일직선 복도와 일렬로 가지런한 방, 그리고 최단 이동 거리로 대표되는 기능주의 건축도 마찬가지다. 사용자의 동선은 컨베이어 벨트를 설치하듯 건축가에 의해 사전에 치밀하게 계획되고 결정지어져 버렸다. 중앙 통제실에서 컨베이어 벨트의 운행 과정을 한눈에 파악할 수 있듯이 건축가는 도면에 선 몇 개를 긋는 것으로 사용자의 동선 몰이를 마음대로 결정할 수 있게 되었다. 컨베이어 시스템에서는 노동 인력이 한 명만 빠져도 생산 과정 전체가 작동되지 않기 때문에 몸이 아파도 결석이 용납되지 않듯이 절대 공간의 동선 몰이에서는 노약자든 장애인이든 모두 건축가가 미리 결정해준 '여정'을 따라 움직여야만 한다.

그러나 이런 동선 몰이가 무슨 의미를 갖는 것일까. 컨베이어 시스템이야 텔레비전이라도 한 대 더 만들어내어 100억 달러 수출 목표를 앞당겨 달성하는 '민족적 사명'이라는 명분이라도 있지만 절대 공간의 동선 몰이에는 무슨 건축적 명분이 있는가. 성기 자본주의 시대에는 질서와 효율이 의미이자 명분이자 목적이었다. 가지런히 일렬로 늘어선 질서 자체가 미덕으로 간주되던 시대였는데 더 캐들어가면 이런 질서가 노동 효율을 보장해서 더 많은 부를 생산하고 축적할 수 있게 해주기 때문이었다. 화장실 가는 데 걸리는 시간조차 몇 초라도 아껴서 부지런히 일하는 것만이 사회와 민족이 사는 유일한 길이라는 신앙이 지배하던 시기였다.

모더니즘 절대 공간은 이것을 낳은 기본적 건축 생각과 그 결과 생겨난 물리적 형태의 두 가지 측면에서 이해해야 한다. 일직선 복도와 균질 공간은 이 가운데 물리적 형태라는 결과물에 해당된다. 이보다 근본적인 문제는 모더니즘 절대 공간을 낳은 '건축적 결정론Architectural Determinism'이라는 기본적인 건축 생각이다. 건축가 쪽에서 건축물의, 좁게는 건축 공간의 구성과 특징을 마음대로 결정해 사용자에게 강요할 수 있다는 건축 생각이다.

이런 논리가 발전하면 건축가가 건물을 통해 대중을 계몽하고 지배할 수 있다는 엘리트주의의 전형으로 나아간다. 건물의 기능과 목적에 따라 다양하게 나타나야 할 인간의 욕망보다 건축 프로그램이 먼저 결정된다. 결정은 기능적 효율성이라는 시대적 당위성을 갖기 때문에 사용자는 감성적 편차와 상관없이 이것을 따라야 할 의무를 진다. 건축가는 어떤 방식으로든지 사용자의 행태와 이동을 마음먹은 대로 통제하며 자신이 짜놓은 공간 경험을 강요할 권리를 얻는다. 권리는 대부분 건축가의 숭고한 예술 세계와 동격이 된다. 건축적 결정론이 '공간의 효율과 명쾌함'이라는 명분을 추구하는 과정에서 만들어진 물리적 결과물이 일직선 복도와 균질 공간이었다.

파노라마식 동선 몰이 |

시대가 바뀌면서 언제부터인지 건축가들은 '재미있는 공간을 창출'해야 한다는 절대적 사명감을 갖기 시작했다. 일직선 복도와 균질 공간으로 대표되는 모더니즘 절대 공간에 대한 비판이 본격적으로 일면서 '재미있는 공간이 연속으로 이어지는 파노라마 연출'은 많은 건축가의 주요 탐구 과제가 되어왔다. 한때 '시대의 맹아'로 각광받던 모더니즘의 절대 공간과 균질 공간은 후기산업사회에 들어오면서 단조로운 구성 때문에 비판 대상으로 전락했다. 그 대안으로 '재미있는 공간의 파노라마'가 주인공으로 등장하게 된 것이다.

이런 새로운 시도는 쉽지만은 않다. 물리적 결과물인 공간 형태만 재미있게 꾸미는 일은 쉽다. 조금만 조형 감각이 있으면 쉽게 할 수 있으며 더욱이 요즘처럼 컴퓨터를 활용하면 아주 쉬운 일이 되어버렸다. 시대 유행이란 것도 있어서 너도 나도 이 방향으로 쏠리고 나면 쉽고 어렵고를 떠나 당연지사로 재미있는 공간 형태를 꾸미게 된다. 문제는 이렇게 가다 보면 정작 공간 구조 자체 및 그 속에서 일어나는 동선은 과거와 달라진 것이 없고 껍데기만 자극적으로 변한다는 점이다. 특히 우리나라에서 이런 경향이 심해서 많은 건축가들이 건축의 본질을 공간이라고 얘기하면서도 정작 공간 구도는 1920년대 서양 아방가르드 건축가들이 완성한 모델을 반복 모방한 채 인문학자와 건축 이론가들이 힘들여 만들어낸 후기산업사회의 이런저런 건축 이론이나 담론만 끌어다 붙인다.

그 이유는 모더니즘 절대 공간을 낳은 건축적 결정론이라는 건축 생각 자체를 대체하는 대안에 대해 충분히 알지 못한 채 물리적 결과물인 공간 형태만 바꾸려 했던 데에 있다. 그 결과 나타난 것이 연속 공간의 경험을 강요하는 동선 몰이라는 또 다른 형태의 절대주의 공간이다.[5-3] 여전히 성기 산업사회의 포디즘식 중앙 통제 체제의 작동 원리와 동일하다. 모더니즘 절대 공간에 대한 후기 산업사회의 새로운 대안은 '선택', '임의성', '우연' 등의 상대주의 공간인데 우리나라에서는 내가 이 글을 처음 쓴 1990년대 후반이든 다시 고쳐 쓴 2011년이든 이것을 제대로 이해하고 구현한 건축가가 한 명도 없다.

이런 결과가 나오게 된 건축가들의 생각의 흐름을 간단히 짚어보면 이렇다. 첫째, '재미있는 공간의 파노라마'의 의미를 상대주의

5-3 승효상, 최가철물점 쇳대박물관

개념으로 이해하지 못한 채 '재미있는'에만 집착한다. 둘째, 여기에 건축가 특유의 엘리트 의식이 더해져 자신이 창출한 '재미있는 건축 세계'를 사람들이 가능한 한 많이 감상해야 한다는 생각이 스며든다. 셋째, 결국 '건축적 결정론'에서 빠져나오지 못한 채 '파노라마'를 여전히 모더니즘 절대 공간식의 동선 몰이로 처리해버리게 된다. 결국 모더니즘 절대 공간과의 차이가 공간 껍질이 단조로운지 조금 재미있는지의 여부일 뿐 공간 구도 자체는 크게 달라진 것이 없게 되는 것이다.[5-4]

'재미있는 공간의 파노라마'를 끼고 일어나는 동선 몰이는 오히려 더 위험할 수 있다. 모더니즘 절대 공간에서 동선 몰이는 효율만 추구하기 때문에 사람들은 이동할 때 가능한 한 빨리, 그냥 획 지나가면 되었다. 건축가들은 공간 골격에서 특별히 보여줄 것이 없으니 중간 이동 과정에 대해 크게 신경 쓰지 않았다. 그러나 '재미있는 공간의 파노라마'에서는 보여주고 싶은 것, 아니 꼭 보여줘야만 한다고 생각하는, 자기 작품의 생명이

5-4 승효상, 동숭동 문화공간

걸려 있는 장면이 많기 때문에 건축가들은 사람을 공간 속에서 끌고 다니며 오래 머물게 하는 장치를 만들려 한다. 이런 생각은 컨베이어 벨트의 강제 순환 개념이 과장, 강조된 것에 해당된다. 컨베이어 벨트에서 벗어나기 위해 시작된 새로운 시도에 대해 건축가들이 본질을 깨닫지 못하고 표피만 이해한 결과 오히려 컨베이어 벨트의 구도가 강화되는 역설의 악순환이 벌어지는 것이다.

컨베이어 벨트는 중간에 구멍이 하나라도 생기면 작동이 중단되며 생산품이 전혀 만들어질 수 없듯이 동선 몰이의 공간 구성에서는 건축가가 미리 짜놓은 연속 공간을 처음부터 끝까지, 중간에 단 하나도 빠뜨리지 않고 강제로 감상하고 찬사를 보내야 할 의무가 주어진다. 건축가들이 건물을 자신의 솜씨를 뽐내는 경연장이라고 생각하기 때문에 더욱 그렇다. 이런 발상은 불특정 다수의 사용자를 위한 공공건물에 생겨나기 쉬우며 공간이 연속적 흐름으로 이어지는 전시관람 시설에서 특히 더 그렇다.

관계적 공간과 미로의 문제 |

1980년대 이후에는 동선 몰이 주제를 전시관람 시설이라는 건축 공간에 한정하지 않고 후기산업사회를 대표하는 공간 특성인 '탈脫포디즘'의 개념과 연계시켜 다루는 것이 추세다. 더 확장하면 공공 공간의 평등성 같은 사회적 주제나 상대주의 같은 사상 주제와도 맞닿는다. 탈포디즘은 말 그대로 포디즘의 컨베이어 시스템에서 벗어나려는 새로운 문화 의지 혹은 전략이다. 건축에서는 모더니즘의 절대 공간에서 벗어나려는 여러 종류의 상대주의 공간으로 나타난다. 사용자 위에 군림하려던 건축적 결정론을 대체해서 사용자에게 선택권을 주는 새로운 건축 생각 및 구성 모델을 찾아내려는 노력이다. 이것을 다시 사회적으로 환원하면 공공 공간의 평등성을 획득하려는 시대정신을 반영한 것이 된다.

상대주의 공간의 핵심은 관계적 공간relational space이다. '관계'라는 말속에 이미 상대주의 개념이 들어 있듯, 더 이상 사전에 건축가가 결정한 동선 몰이를 강요하지 않는 공간이다. 공간을 이루는 데 필요한 최소한의 물리적 골격과 건축 장치만 짠 뒤 공간의 감상과 동선은 사용자의 의도에 맡긴다.[5-5] 단, 이때 물리적 골격과 건축 장치 사이에 다양하게 대응될 수 있는 관계의 수를 많이 만들어놓아야 한다. 동선은 여러 개가 된다. 동선을 구성하는 부재가 복도 하나에서 계단, 경사로, 브리지, 게이트 등으로 다양해지며 이것들이 서로 얽히면서 다양한 '관계'를 만들어낸다.

동선의 갈래도 당연히 여럿으로 갈라진다. 모였다 나뉘고 나뉘었다 모이는데 그 방식이 혼란스럽지 않되 결코 규칙을 강요하지 않아서 동선 몰이에서 완전히 벗어난다. 사용자는 건축가가 만들어놓은 몇 가지 건축

5-5 루치아노 파브로, 〈반 유리 반투명 공간〉

5-6 데비스 그레부, 〈그의 띠의 속박과 사랑에 빠진 상태에서 배우는 것은 조금씩 죽는 것이다〉

적 장치 사이의 관계적 법칙에서 다양한 공간 경험을 즐길 수 있다. 그 관계를 짜는 것은 사용자 자신이다. 건축가는 다양한 관계를 짤 수 있는 물리적 가능성만 제공하고 손을 뗀다. 사용자는 그것을 직접 짜는 권리뿐 아니라 그렇게 짠 몇 개의 동선 가운데 하나를 택할 선택의 권리도 갖는다. 나머지 동선들은 머릿속에 여분으로 남겨두고 다음 번에는 다른 동선을 선택한다. 공간 구성에 대해 이렇게 다양한 인지 지도를 그릴 수 있을 때 사람들은 건물로부터 정서적 안정을 보장받을 수 있다. 목표는 효율이 아니라 경험과 즐김이다. 5-6

사용자의 감성 기질과 성장 배경 등 각자의 주관적 기준이 온전히 존중된다. 제각기 원하는 대로 관계적 법칙을 짜고 스스로 해석해서 공간 체험을 즐기면 된다. 모든 사용자가 건축가의 의도대로 동선 몰이를 당하며 건축가가 제시하는 순서대로, 건축가가 마련한 모든 공간을 경험해야 한 다는 당위성은 이제 '탈권위와 분산'이라는 1970년대 이후의 보편적 사회 가치와는 맞지 않는 과거의 권위적 발상으로 남게 되었다. 건축가가 기획 한 공간 연출만이 최상의 작품이며 모든 사용자는 그것을 감상해야 할 의 무를 갖는다는 바람은 건축가의 지나친 자만이 되었다.

물론 이런 변화 자체도 상대적이다. 모더니즘의 열매를 충분히 구축 하지 못한 과거 언젠가에는 분명히 천재 건축가가 걸작을 내놓기를 학수 고대하기도 했다. 감탄할 준비를 단단히 한 채 명품이 나올 때마다 때로는 건축가가 의도하고 기대한 것 이상으로 대중이 박수 치고 숭배하기도 했

5-7 콩스탕, 〈계단이 있는 미로〉

다. 하지만 시대는 너무나 급하게 변해버렸다. 이제 배우지 못한 촌부 관람객에게조차 건축가 쪽에서의 지도 편달이 필요하다는 발상이 매우 위험한 건축적 횡포인 세상이 되었다. 어차피 공간 경험이란 각자의 주관적 문제이지 한 가지 순서와 모델을 강요하는 학습은 아닌 시대가 되었다.

　　관계적 공간을 대표하는 구성 모델로 '미로'를 들 수 있다.[5-7] 모더니즘 절대 공간이 유발한 '건축 환경의 삭막함'에 대비되는 극단적인 복합 공간 모델이다. 앞에 나온 '재미있는 공간의 연속에 의한 파노라마 연출'도 미로에 포함될 수 있다. 좀 더 세밀한 구별도 필요한데, 파노라마가 한국 건축가들이 이해하는 식의 또 다른 동선 몰이라면 이는 절대적 미로에 속하는 것으로 미로의 본질에서 벗어난다. 동선 몰이를 당할 거라면 숫제 기능주의식의 단순한 일직선 복도가 덜 피로하기 때문이다. 중간에 선택의 갈림길 없는 꼬불꼬불한 한 방향 미로에서 동선 몰이를 당하는 것은 최악이다.

전시관람 공간과 상대적 미로 |

탈포디즘에 해당되는 미로는 상대적 미로 혹은 관계적 미로다. 미로의 참뜻을 살려 상대주의 공간을 대표하는 구성 모델은 상대적 미로다. 대형 전시관람 시설은 공공 공간의 평등성이라는 사회적 주제가 제일 잘 드러나는 기능 유형이기 때문에 미로 개념을 적용하기에도 제일 적합하다. 이론처럼 쉽지는 않다. 관람객의 동선만 있는 것이 아니며 학예사와 전시물의 동선도 함께 생각해야 하고, 미로를 너무 실험적으로 적용할 경우 혼란해질 수 있는데 이는 전시관람 시설에서 동선 몰이보다 나쁠 수 있다.

　이런 추가 변수를 함께 고려한다는 전제라면 일직선 동선 몰이나 절대적 미로보다는 관계적 공간과 상대적 미로로 동선을 짜는 것이 당연히 낫다. 이를 증명하는 연구 결과도 있다. 건축가가 관람 순서를 처음부터 정해놓고 동선 몰이를 강요할 경우 오히려 관람의 효율성이 오히려 떨어진다는 것이다. 이는 초중고생의 학습과 관련된 정통 교육학에서는 물론이고 성인들이 책을 읽고 전시를 관람하는 등 인간이 정보를 받아들여서 소화하는 일반적인 문제로 환산해보더라도 같은 결과다. 의외의 결과에 우리는 주목해야 한다. 한 방향으로 끊임없이 나타나는 화살표를 쫓는 동선 몰이를 만들어놓고 관람객이 유익하게 관람하며 많은 것을 보고 배워나갈 것이라는 생각은 건축적 결정론의 전형적 예다. 이제 의무교육기관인 초·중·고등학교에서조차 이런 교육의 위험성과 비효율성이 상식이 되어버렸는데, 아무런 의무 없이 오로지 자발적 유람을 나온 미술관과 박물관 내 일반 관람객의 전시 동선은 더 말할 필요도 없다.

　학습도 이럴진대 감상은 더 그렇다. 전시 공간 관람은 학습이나 훈련이 아니라 감상이다. 감상은 보고 즐기는 지극히 주관적 행위다. 전시를 보면서 무엇을 느끼고 어떤 영감을 얻을지는 아무도 모른다. 전시관람은 지식 암기가 아니다. 지식 암기는 책상 앞에 앉아 책에 쓰인 문자를 보고 하면 된다. 전시관람은 문자를 읽고 암기하는 것이 아니라 물건을 보고 느끼고 감상하는 것이다. 전시관람 공간은 직관을 자유롭게 발현시키고 인식을 확장하는 신비로운 체험을 하는 곳이다. 백 명이면 백 가지로 다른 체험이 나타날 수밖에 없다. 전시 공간의 상식은 '모든 사람들은 모든 곳으로 움직인다(Everybody goes everywhere)'이다.

　주관적 행위에는 주변 공간의 성격이 중요한 요소로 작용한다. 관람 동선을 처음부터 끝까지 지정하고 화살표까지 동원해서 몰고 다니는 절대

5-8 I. M. 페이, 미국 국립미술관 동관, 워싱턴

적 미로는 관람의 관점에서는 오히려 가장 비효율적인 공간 모델이 될 수
있다. 절대적 미로는 물리적 형태의 관점으로 보자면 모더니즘 절대 공간
의 단조로움을 극복한 것처럼 보이지만 이것은 표피적 현상일 뿐이다. 공
간의 인지나 경험에서는 오히려 다양성을 제거하고 선험적 절서를 강요하
는 단선 공간일 뿐이다. 절대적 미로는 자폐라는 부정적 결과로 귀결되기
쉽다.

　　반면 관계적 공간이 만드는 상대적 미로는 관람 행위에 최대한의 주
관성을 확보해줘서 관람의 효율을 높인다.[5-8] 이때 주관성이 혼란으로 흐
르지 않게 하기 위한 최소한의 동선 효율은 당연히 필수다. 이것이 전시관
람 공간과 관련해서 세계 현대건축에 나타난 큰 흐름이다. 사회적 용어로
환원하면 '상대주의에 의한 공공 공간의 평등성' 이란 주제가 되는데 넓게

5-9 한스 홀라인, 프랑
크프루트 현대미술
관, 프랑크푸르트

보면 포스트모더니즘의 하부 주제이고 좁혀 보면 포스트모더니즘 이후 세계 문명의 주요 화두인 상대주의가 공간에 적용된 주제다. 이제 관람객들은 전시 공간 안에서 자신의 동선에 관해 최소한의 선택권을 갖게 되었다.5-9 상대주의는 건축 공간에만 국한된 것은 아니다. 1970년대 이후 조형예술 전반에 걸쳐 부활하기 시작한 신주관주의라는 공통된 현상의 일환이기도 하다. 우리는 존 로크John Locke 이후 제2 단계의 새로운 상대주의 시대에 살고 있는 것이다.

진정한 의미의 '공공 공간의 평등성'은 관계적 공간에 의해서만 확보될 수 있다. 입장료만 지불하면 누구나 들어올 수 있다고 해서 공간의 평등성이 확보되는 것이 아니다. 그곳에 들어온 후 공간을 경험하고 동선을 이동하는 데 관람객의 자율이 박탈된 채 건축가가 원하는 대로 동선 몰이를 강요받는다면 이것은 전형적인 불평등 공간이다. 입장료만 지불하면 누구나 들어올 수 있는 차원의 평등이 19세기 개념이라면 현대건축에서는 탈권위에 의한 분산화가 새로운 평등 개념으로 등장했다. 앞에 나온 상대주의, 탈포디즘, 관계적 공간, 상대적 미로 등은 이것의 구체적 내용이다.

국립현대미술관,
전쟁기념관,
통일전망대

6. 국립현대미술관, 전쟁기념관, 통일전망대

국립현대미술관 | 유형 조합의 가능성과 한계

전시관람 시설은 기능이 비교적 단순하고 동선이 차지하는 비중이 크기 때문에 동선 처리 방식에 따라 몇 가지 대표적 유형으로 나눌 수 있다. 전시관람 시설이 귀족들의 개인 공간에서 대중을 위한 공공 공간으로 바뀌기 시작한 19세기 이래로 갤러리형(가장 많은 유형), 나선형(뉴욕 구겐하임), 원형(로마 판테온), 컨테이너형(파리 퐁피두센터) 등이 대표적 예다. 대형 전시관람 시설은 처음 등장한 19세기부터 이런 기본 유형의 조합으로 설계하는 것이 통례로 되어 있다. 국립현대미술관, 전쟁기념관, 통일전망대 세 건물도 마찬가지다.

국립현대미술관은 김태수의 작품으로, 한국의 전통 성곽을 기본 모티브로 삼아 짠 육면체 안에 몇 가지 공간 유형을 병렬시켰다.**6-1,6-5,6-8** 나선형 공간을 중심으로 양 옆에 갤러리형 공간과 원형 공간의 세 공간 유형이 일렬로 배치되면서 전시 공간의 중심축을 형성한다. 건물에 들어오면 제일 처음 멀티비전이 전시된 나선형 공간을 만나게 되며 왼쪽의 원형이나 오

6-1
김태수,
국립현대미술관

른쪽의 갤러리형 가운데 한쪽을 택하면서 관람 동선이 시작된다.[6-5] 나선형 공간 주위로 벽체 처리와 공간 조작을 통해 변화 있는 장면을 연출하고 있지만 큰 혼란 없이 좌우의 전시 공간으로 진입할 수 있다. 중앙의 나선형 공간과 왼쪽의 원형 공간을 이어주는 통로는 휴식 공간으로 처리되었는데 햇빛이 잘 들어 따사로운 분위기를 느낄 수 있으며 바깥의 옥외 전시가 눈에 들어와 쉬면서 조각 작품을 감상할 수 있다.[6-2, 6-3]

　이 건물에는 상대적 미로의 공간 개념이 전혀 나타나지 않는다. 그 반대로 몇 개의 기본 공간 유형을 병렬시켜서 관람 동선의 명확성에 중점을 둔 것 같다. 동선을 이해하는 기본 개념에서 결정론적 동선 몰이는 배제하고 있다. 관람객의 주관성을 존중한 상대적 동선 공간을 만들려는 노력이 느껴진다. 기본 공간 유형들 사이의 접속부에 몇 가지 건축적 장치만을 해 두고 그 외의 모든 동선 결정은 관람객 스스로 알아서 하도록 되어 있다. 얼마든지 이 공간에서 저 공간으로 뛰어넘을 수 있으며 되돌아 뒤로 가는 것이 부담스럽지 않게 느껴진다. 중간에 아무 때라도 쉽게 밖으로 나올 수도 있다.

6-2 ■ 6-3 김태수, 국립현대미술관

관람객은 입장권에 나온 평면도를 보고 스스로 관람 동선의 순서를 정할 수 있다. 정해진 순서대로 동선 몰이를 당해 건축가가 연출한 공간 작품의 감상을 강요당하는 일은 일어나지 않는다. 오히려 각자가 원하는 동선 프로그램을 연출하는 경험을 즐기게 된다. 동선 몰이를 당할 때보다

오히려 더 효율적인 관람 동선을 서비스 받을 수 있으며 이것은 곧 더욱 재미있는 공간 경험으로 이어진다.

실내의 공간 개념은 외부 공간에도 동일하게 적용된다. 성벽 모티브를 이용해서 거칠게 처리한 돌벽 주위에 호수, 다리, 야외 조각 공간 등을 배치했다. 실내에서처럼 겹벽이라는 기본적인 건축 장치만을 사용해서 외부 공간의 모티브들을 적절히 묶어서 동선 효율과 공간 경험의 다양함을 확보하고 있다. 관람객은 건물 입구로 진입하면서 좌우에 있는 외부 공간을 선택적으로 즐길 수 있다. 외부 공간은 실내 공간 사이사이에 구성 요소로 사용한다. 갤러리형 공간의 오른쪽 끝, 중앙 나선형 공간에서 왼쪽 원형 공간을 이어주는 통로의 휴식 공간, 2층 도넛형의 원형 공간, 1층 소강당과 사무실을 이어주는 복도 등에서 관람객은 창 밖에 만들어진 여러 종류의 외부 공간을 접하게 되는데 이것은 실내 공간의 다양한 경험을 배가시켜주는 역할을 한다.

이처럼 국립현대미술관은 몇 가지 기본 공간 유형을 상대적 공간 개념에 따라 구성해서 사용자에게 일정한 선택권을 확보해준다. 현대건축에서는 이것이 공공 공간의 평등성이다. 다른 한편, 지역다운 가치라는 관점에서 보면 논란의 여지가 남는다. 건물의 전체 윤곽은 우리의 전통 성곽 구조물에서 빌려온 것으로 보이는데 실내를 구성하는 기하형 공간 단위는 서구의 선례들에서 직접 차용한 것이다. 뉴욕 구겐하임 미술관을 그대로 모방했고 이 건물 직전에 완공되어 세계적으로 큰 관심을 끈 스털링James Stirling의 슈투트가르트 미술관Stuttgart Gallery과도 많이 닮았다. 6-4, 6-5, 6-6, 6-7

갤러리형도 마찬가지다. 서양에서는 19세기 이래 너무 진부해져서 아이엠 페이I. M. Pei의 미국 국립미술관 동익랑National Gallery of Art, Eastwing에서 보듯 창작성을 추구하는 건축가들은 더 이상 사용하지 않는 유형이다.

6-4 뉴욕 구겐하임미술관을 배경으로 한 제니 홀저의 설치 미술
6-5 김태수, 국립현대미술관
6-6 제임스 스털링, 슈투트가르트 미술관
6-7 김태수, 국립현대미술관

유럽이나 미국의 대도시에 가면 도시마다 19세기에 지어진 갤러리형 박물관이나 미술관이 한두 곳은 있다. 그것도 이 건물과 무척 닮은 모습으로 말이다. 무엇보다 공간이 커지고 따라서 동선의 길이가 길어지는 단점이 있다.[6-8] 이런 웅장한 공간은 19세기 제국주의 때 과시욕의 산물인 점이 크기 때문에 많은 현대건축가들이 기피한다. 동선이 필요 이상으로 길어질 뿐 아니라 그 과정에서 일정한 동선 몰이도 일어난다. 일직선 동선 몰이는 아니지만 예를 들어 한쪽 갤러리에서 다른 쪽 갤러리로 한 번에 이동하지 못하고 일정한 동선 몰이를 거쳐야 이동할 수 있다.[6-9] 이런 유형을 너무 무기력하고 습관적으로 반복한 것으로 보인다. 이렇게 보면 이 건물에서 구현한 것처럼 보이는 평등 공간도 그 완성도나 수준이 많이 떨어진 것이 된

6-8 ■ 6-9 김태수, 국립현대미술관

6-10 김태수, 국립현대미술관

다. 서양 전시 공간의 대표 유형 세 가지를 가져다가 일렬로 늘어놓은 것
말고 건축가가 새로 창작한 것은 없어 보인다. 진정한 평등 공간과는 분명
히 큰 괴리가 있다.

　더욱이 이 건물이 한 나라를 대표하는 국립현대미술관이라는 점을 감
안하면 양식 사조의 저작권이나 건축가의 독창성은 건물의 생명과도 같은
것이다. 이 건물에 혼재되어 나타나는 전통 모티브, 서구의 공간 유형, 직
접적 모방 선례, 국제주의 양식의 유리 격자 등을 보면 지역다운 가치라는
중요한 기준에 대하여 명확한 자기 생각을 갖지 못한 것으로 보인다.**6-10** 공
간 개념과 양식 사조 모두에서 큰 방향을 명확하게 제시하지 못하고 이미
있던 것을 혼합하는 수준에 미물고 만 것이다.

전쟁기념관 | 절대적 미로와 동선 몰이

전쟁기념관은 이성관과 곽홍길의 작품으로 실내 공간 구성이 국립현대미술관과 많이 비슷하다. 원형과 갤러리형 같은 몇 가지 기하형 공간 단위의 조합으로 건물 전체를 구성했다. 그러나 동선의 기본 개념이나 공간 개념에서 두 건물은 완전히 다르다. 국립현대미술관이 기하형 공간 단위의 배열에 최소한의 선택권을 줘서 상대적 공간 개념을 조금이나마 적용한 데 반해 전쟁기념관은 동선 몰이로 시작해서 동선 몰이로 끝나고 있다. 건축적 결정론의 절정을 보여주는 예다.

관람객은 출입구를 들어서면서 제일 먼저 만나는 중앙의 로톤다 원형 홀에서 시작해서 '선형 공간-원형 공간-계단-선형 공간-원형 공간' 의 순서를 강제로 돌아야만 한다. 여기에 '호국추모실-선사시대실-살수대첩실' 이라는 테마를 붙여 전시물과 실내 처리를 특색 있게 꾸몄다.[6-11, 6-12, 6-13] 전형적인 절대주의 동선 몰이다. 이런 과정을 거친 후 서 있는 지점은 처음 시작점인 중앙 로톤다 홀의 바로 아래층이다. 음악이나 소설의 도입부 혹은 코스 요리의 애피타이저에 해당되는데 건축가가 심혈을 기울여 일렬로 순서를 짰으며 각종 볼거리를 집어넣어 자랑하고 싶은 부분으로 만들었다. 여러 종류의 신비한 느낌을 연속적으로 만들어낸 이 부분의 공간 처리 자체가 잘 되었다는 점은 부정할 수 없다.

문제는 아무리 재미있는 공간이 이어진다고 해도 전시관람 시설의 실내에서 이렇게 긴 공간의 이동을 관람객에게 강요할 수 있는가 하는 점이다. 이보다는 재미있는 공간들의 존재를 암시하고 이곳으로 동선을 유인할 수 있는 최소한의 건축적 장치만을 설치한 후 나머지는 관람객의 선택에 맡기는 편이 나았을 것이라는 생각이 든다. 왜 '호국추모실-선사시대

6-11 ▬ 6-13 이성관 · 곽홍길, 전쟁기념관

실-살수대첩실'의 셋 모두를 반드시 위 순서대로 다 봐야만 하는 것일까. 다 보고 싶은 사람은 다 보되, 하나나 둘만 보고 싶은 사람들도 그렇게 할 권리가 있지 않을까. 선택의 권리라는 것이다. 그러기 위해서는 공간 구도부터 일직선으로 짜서는 안 되고 관람객이 선택할 수 있는 구도로 짜야 하는데 여기서는 층까지 옮겨가며 상당히 긴 거리를 한 방향으로만 내몰고 있다.

도입부치곤 꽤 길고 거창하기까지 한 여정을 강제로 돌고 나면 아래 층의 원형 공간에 도착한다. 본 관람은 이제 시작이다. 이곳에서 비로소 한쪽 옆의 갤러리형 공간으로 진입이 허용되는데 정작 동선 몰이는 이제부터 본격적으로 시작된다. 이곳에서 연속으로 이어진 수십 개의 전시 공간을 따라 관람객은 한 번의 이탈도 허용되지 않은 채 언제 끝날지 모르는 피곤한 강제 관람을 시작해야 한다. 갤러리형이나 원형 같은 다양한 공간을 중간에 마주치긴 하지만 이런 공간들은 전시와는 관계없는 독립 공간으로 무표정하게 버려져 있다. **6-14, 6-15**

이 건물에 들어온 사람들은 모든 전시물을 처음부터 끝까지 하나도 빠짐없이 보아야 한다. 이동 방향을 안내하는 수십 개의 화살표를 쫓아가다 보면 이것이 안내인지 명령인지, 지금 내가 보는 것이 관람인지 강제 학습인지 구별하기 힘들게 된다. 중간에 공간을 뛰어넘는다거나 되돌아 나간다거나 하는 것은 사실상 불가능하다. 도처에 화살표가 감시병처럼 눈을 번뜩이고 있어서 공간을 뛰어넘는 행위가 마치 큰 도둑질이나 되는 것 같은 공포 분위기가 사방에 깔려 있다. **6-16**

들어온 곳과 나가는 곳이 다르기 때문에 나가는 곳을 찾기 위해서는 전시 공간을 다 보거나 아니면 주위를 둘러싼 수십 개의 화살표 가운데 출구 안내 표지를 찾아내야 한다. 건축가만의 탓도 아니다. 기념관 당국 쪽

6-14 ■ 6-16 이성관 · 곽홍길, 전쟁기념관

에서의 동선 기획도 가세했다. 공간의 물리적 구성 자체에서는 융통성을 기대해볼 만한데 온통 철조망 같은 차단물로 동선 이동을 절단한 채 화살표에 의한 동선 몰이만이 벌어진다. 화살표 지시대로 움직이지 않고 한발이라도 이탈하면 지뢰가 터지거나 총알이라도 날아올 성싶은 분위기다. 전시물 가운데 상당수가 햇빛을 받아도 괜찮은 것인데 정작 빛이 잘 드는 공간은 버려진 채 전시물들이 폐쇄된 사각 공간 속에 들어가 있다.

평등 공간과 차별 공간 |

이런 동선 몰이는 건축가의 의도와 상관없이 기념관 측이 일방적으로 결정한 것일 수 있다. 동선 몰이는 공간의 물리적 구성 자체보다는 사후 관리 때문에 일어나는 것으로 보인다. 그러나 여전히 갤러리형을 버리지 못하고 사용한 점과 여기에 도입부의 심한 동선 몰이를 접목한 점 등을 볼 때 물리적 구조 자체에도 일정한 동선 몰이 의도가 내재된 것으로 판단할 수 있다. 도입부까지 생각하면 더욱 그렇다. 처음부터 관람 동선이 정해지고 관람객에게 이것을 강요하려는 생각이 바탕에 깔린 것 같은 느낌을 지울 수가 없다.

　동선 몰이는 관람의 혼란을 피하기 위해 모든 순서를 지정해준 친절로 이해할 수 있지만 이러한 발상 자체가 권위적 생각에서 나온 것일 수도 있다. 왜냐하면 이곳에 오는 모든 사람이 엄격한 역사적 순서에 따라 그 많은 전시물을 다 보아야 할 이유는 아무리 생각해보아도 없기 때문이다. 여유롭게 쉬면서 이 부분 조금 보고 다시 조금 쉬다가 오늘은 그만 집에 갔다가 다음에 다시 와서 다른 부분만 조금 더 보는 것이 가장 상식적인

6-17 이성관 · 곽홍길, 전쟁기념관

관람 행태이다. 이곳도 결국은 시민의 나들이를 위한 공공 문화 공간일 뿐이지 국립묘지도 아니고 안보 학습장은 더더욱 아니다. 수많은 공간을 오르락내리락하며 쫓아가다 보면 건축가의 처음 의도와 달리 공간 인지도는 현저히 떨어지며 피로는 배가된다.

관람 행위는 독서와 달리 전시물 하나만의 문제가 아니라 주변 공간과의 복합적 관계 속에 이루어지기 때문에 피로를 유발하는 낮은 공간 인지도는 관람 행위 자체에도 중대한 영향을 끼치게 된다. 자발적 선택에 의한 주관적 감상이 아닌 강요된 학습이기 때문에 이 건물의 동선 몰이는 처음의 친절한 의도와는 반대로 오히려 관람을 방해하는 결과로 나타난다.

컴컴한 전시 공간 속에서 내가 지금 어디 있는지 공간 인지가 전혀 불가능한 이 건물의 동선 몰이는 포디즘 생산 방식의 컨베이어 벨트와 같은 절대적 미로의 전형적 예에 해당된다.**6-17** 전시관람은 쉽게 피로해지는 행

6-18 이성관·곽홍길, 전쟁기념관

위라서 건강한 이십 대 젊은이라도 이처럼 긴 동선 내내 신경을 곤두세우고 쫓겨다니다 보면 쉽게 지치게 된다. 하물며 어린이, 노인, 유모차를 끌고 온 아기 엄마라면 이 건물에 들어와서 무엇을 어떻게 해야 할지 모르는 채 당혹감에 빠지기 쉽다. 이 건물의 실내 구성은 모든 것을 시간 순서에 따라 다 보여주어야 한다는 결정론적 전제 조건 때문에 공공 공간의 평등성을 상실한 경우에 해당된다. 이 건물은 일부 건강한 젊은이만을 위한 공간일 뿐, 그 외의 사람들에게는 차별이 가해지고 있다. 이 공간은 육체적 건강에 따라 차별이 자행되는 공간이다.

외부 공간 처리는 실내보다 훨씬 유연하다. 첫인상은 다소 딱딱한 것이 사실이다. 도로에서 울타리를 지나 안쪽으로 들어서면 삭막하고 심심하기 그지없는 커다란 빈 공간이 덩그러니 놓여 있다. 그 뒤로 함대의 대포 같은 모습을 한 시퍼런 출입구 차양만이 이쪽을 노려본다.**6-18** 처음에는

6-19 리처드 롱, 〈바다 돌 원〉
6-20 이성관 · 곽홍길, 전쟁기념관

유쾌한 기분이 느껴지지 않는 것이 사실이다. 그저 "나는 전쟁기념관이
다"라는 큰 외침만이 메아리치는 느낌이다. 흐린 날이나 겨울철에는 이런
느낌이 더욱 강하게 든다.

그러나 이곳저곳을 천천히 거닐다 보면 부정적인 느낌이 많이 사라지
게 된다. 특히 중앙 광장의 바닥 문양과 광장 옆으로 호수를 향해 경사진
땅에 사용된 대지 미술earth art 모티브는 건축가가 처리하기에 벅찰 수밖에
없는 넓은 빈 땅을 꾸미기에 석설한 방법 가운데 하나로 판단된다.**6-19, 6-20**
이 건물의 외부 공간은 황량한 첫인상과 엄격한 대칭 구성 때문에 인간을
짓누르려는 권위주의적 공간으로 비판받은 적도 있지만 나는 오히려 반대
로 생각하고 싶다.

어차피 건물의 규모와 외부 공간의 크기는 건축가에게 처음부터 정해

져 주어지는 것이기 때문에 이 정도의 넓은 외부 공간을 처리한 방법으로는 무난하다는 생각이 든다. 이렇게 넓은 공간을 휴먼 스케일의 요소로 잘게 나누었다면 다른 문제점이 지적되었을 수도 있다. 특히 여기에 도입된 대지 예술의 의미를 알고 천천히 감상해본다면 황량한 공간이 친숙한 공간으로 바뀔 수도 있다. 우리는 땅과 바닥을 감상하는 법을 잊고 산 지 오래라서 모든 것을 수평 눈높이의 범위 안에 들어오는 현상만으로 파악하는 버릇이 있는 것 같다.

통일전망대 | 성곽 모티브가 몰고 온 동선 몰이

통일전망대는 전시 시설이 아니기 때문에 앞의 두 건물과는 기본 개념이 다르다. 하지만 관람이 일어나는 다중 공공 공간이란 점에서 동선 몰이라는 주제를 적용할 수 있으며 두 건물과 좋은 비교 대상이 될 수 있다. 정육면체 비례에 가까운 출입구 홀과 두 개의 원형 공간(전망대와 전시실)으로 구성되지만 앞의 두 건물처럼 기하 형태로 공간을 짰다는 느낌이 강하게 들지는 않는다. 그보다는 성곽 모티브를 차용하면서 도입한 동선 처리가 주요 특징인데 여기에서 동선 몰이와 지역성이라는 두 가지 주제가 파생된다.

이 건물은 자유로를 따라 접근하면서 보면 멀리 왼쪽의 나지막한 산허리에 모습을 드러내는데 산을 타고앉은(혹은 산을 파고들어 자리 잡은) 성곽을 연상시킨다. 이 건물의 상징성이나 산에 걸터앉은 모습으로 볼 때 성곽 모티브를 차용한 아이디어는 적절해 보인다. 측면 벽체부가 다소 둔탁하고 유리 격자로 된 전망대 입체가 성곽이라는 전체 윤곽과 부조화를 이루는 것으로 느껴지기도 하지만 넓은 시야가 필요한 전망대의 기능을 생각해보면 그 나름대로 타당하다 하겠다.

성곽 모티브를 차용했기 때문에 서구 선례의 모방에서 자유로울 수 있는 큰 이점이 있다. 앞의 두 건물과 다른 중요한 차이점이며 지역성의 관점에서 볼 때 바람직한 것으로 받아들일 수 있다. 그러나 다른 한편, 이 건물에서는 앞의 두 건물에서보다 더 심한 동선 몰이가 나타난다. 더욱이 이것이 바로 성곽이라는 우리의 전통 모티브에서 파생되었다는 점이 문제다.

지역다운 가치는 그것을 사용했다는 사실만으로 항상 타당한 것은 아니다. '지역성'은 상징성이나 민족성처럼 문화적 편향이 강한 주제이기 때문에 어떤 목적 아래서 어떻게 사용할 것인지를 특별히 세심하게 고려해야 한다. 예를 들어 후기산업사회에서 지역성의 주제를 문화 하부 시설인 공공 공간에 사용할 때에는 모더니즘의 결정론적 절대 공간에 대한 대안으로 제시해야만 타당성을 얻는다. 그런데 이 건물에서는 성곽 모티브가 절대적 미로라는 절대 공간의 한 형태로 나타나며 심한 동선 몰이가 일어난다. 이럴 경우 지역주의 모티브는 자칫 민족주의의 부정적인 방향인 국수주의가 될 위험성을 지닌다.

동선은 봉화대가 어우러진 아담한 원형 앞마당에서 시작해서 또 하나의 아담한 기하학적 공간인 출입구 홀로 이어진다. 출입구 홀에는 해돋이를 연상시키는 벽화를 비롯한 여러 전통 모티브를 부담 없는 장식 어휘로 활용해서 좋은 기분을 안겨준다. [6-21, 6-22] 문제는 전망대로 가기 위해 출입구 홀을 떠나면서 시작된다. 관람객 규모에 비해 지나치게 작은 비상구 같은 계단에서 시작되는 동선은 복도와 작은 홀, 에스컬레이터와 연결 통로를 거쳐 전망대에 도착한다.

건축적으로 큰 의미가 느껴지지 않는 무덤덤한 긴 동선이 전망대에 이르기 위해 오로지 한 방향으로 몇 번을 꺾으며 강요되고 있다. [6-23] 특히

6-21 ▪ 6-22 김영웅, 통일전망대

에스컬레이터에 한번 오르면 엘리베이터를 타고 내려오지 않는 한 뒤돌아 나오는 것은 불가능하게 처리되어 있다.**6-24** 전망대를 향한 동선이 앞만 보고 한 방향으로 정해져야 한다는 공간 개념은 건축가의 지나친 결정론적

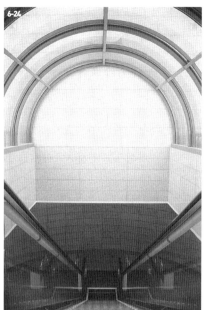

6-23 ■ 6-24 김영웅, 통일전망대

가정이다.

전망대에 올랐다고 해서 동선 몰이가 끝난 것이 아니다. 이곳에서 외부 공간을 통해 밖으로 나올 경우 관람객은 '내부–외부–내부–외부–내부'로 이어지는 꼬불꼬불한 길을 지루하게 지나야 한다. 물론 이 과정에서 성곽 모티브에서 따온 재미있는 공간 처리가 일어나는 것이 사실이지만, 문제는 건축가가 이런 자신의 공간 연출을 한 방향으로 동선 몰이를 하며 절대적 미로 형식으로 강요할 권리를 지니는가 하는 점이다. 더욱이 실제 전통 성곽보다 동선 몰이가 더 심해진 점은 지역주의 모티브를 사용한 당위성을 훼손한다.

전쟁기념관에서 역사적 전시물을 하나도 빠짐없이 다 보라고 강요당하던 동선 몰이가 이곳 통일전망대에서는 추운 겨울이든 더운 여름이든,

비가 오나 눈이 오나, 거센 바람을 맞으며 내부와 외부를 들락거리는 동선 몰이로 나타나고 있다. 전쟁기념관의 동선 몰이가 실내 구성 자체만의 문제라기보다는 전시 방식에서 기인한 측면도 많은 데 반해 통일전망대에서는 물리적 구조 자체가 동선 몰이를 가정하며 구성되어 있다. 전쟁과 통일이라는 주제는 아직도 우리에게 엄숙하고 경직된 주제인 것 같다.

건축가들이 건축적 프로그램에 의해 사회를 이끌고 계몽할 수 있다는 결정론적 엘리트주의가 반드시 나쁜 것은 아니었다. 이런 가정 아래 벌어진 엘리트 건축가들의 활동에 대해 사회는 지난 수십 년간 많은 기대를 품어왔다. 건축가들이 모더니즘 사회 건설에 중요한 역할을 한 것 또한 사실이었다. 그러나 문제는 결정론적 시각이 절대주의에 빠져 후기산업사회의 사회 변화를 수용하지 못하게 되었다는 데 있다. 특히 대형 문화시설물은 사회 변화에 가장 민감하면서 그와 동시에 국가적 공공성이 강하다는 양면적 특성 때문에 건축가들에게 매우 까다로운 건물 유형으로 여겨지고 있다. 앞으로 우리도 점점 많은 문화 하부 시설을 갖게 될 것이다. 불특정 다수의 대중을 수용하게 될 이런 시설의 실내 공간이 후기산업시대의 다양성을 포용할 수 있는 유연한 모습으로 나타났으면 하는 바람이다.

대중문화 시대의
즉흥적 환경과
장난감 건축

7. 대중문화 시대의 즉흥적 환경과 장난감 건축

고급 건축 대 대중 건축 |

건축은 예술인가. 건축이 예술이라면 창작자뿐 아니라 감상자도 함께 있어야 한다. 그렇다면 건축물의 감상자는 누구인가. 그리고 건축가들은 어떠한 감상자에게 수준을 맞추어 건물을 설계하며 어떤 종류의 사람들이 자신의 건물을 감상하기를 원하는가. 아니 그보다 건축가들은 과연 감상자라는 문제에 대해서 한 번쯤이라도 생각해본 적이 있는가.

두 개의 건물이 있다고 가정해보자. 하나는 노출 콘크리트를 사용했고 치밀하게 계산된 기하 형태로 구성되었다. 그런데 동네 사람들이 오가며 이 집은 왜 짓다 말았느냐며 언제 공사가 끝나느냐고 묻는다. 그리고 무슨 집이 이렇게 어렵느냐고 한마디 덧붙인다. 삭막하다는 사람도 있다. 건축가들은 수준 낮은 동네 사람들의 눈높이에 신경을 써야만 하는가. 아니면 무시하고 자신만의 숭고한 예술 세계에만 집중해도 괜찮은가.

또 하나는 유치한 원색으로 울긋불긋 칠해져 있고 장난감 블록 같은 형태를 하고 있다. 그런데 동네 사람들이 오가며 재미있는 집이라고 눈길을 두세 번씩이나 준다. 이런 반응이 건축가들에게는 자랑거리인가 아니면 수치인가. 동네 사람들의 반응도 건축가들에게 예술성에 대한 하나의 판단 기준이 될 수 있는가. 아니면 무시해버릴 사항인가.

이 두 종류의 건물 사이에는 가치 우열이 있는 것일까. 지금까지는 전자의 건물이 후자의 건물보다 훌륭한 작품으로 평가되어왔다. 너무나 당연한 진리로 여겨졌다. 모든 건축가들이 어떻게 하면 좀 더 수준 높은 예술성으로 빛나는 건물을 지을 수 있을까 고민했다. 여기에서 '수준 높음'이란 알게 모르게 '어려움'을 의미했다. 길거리를 오가는 대중의 반응은 중요한 관심거리가 될 수 없었다. 그보다 근본적인 문제는 건축가들 스스로의 자기만족의 문제였다. 조금 넓히면 전문가 그룹 사이의 평가가 관건이었다. 훌륭한 건축가란 가장 수준 높은 건물을 설계하는 일등 건축가를 의미했다. 건축은 같은 조형예술가들 사이에서도 가장 어렵고 흉내 내기 힘든 고급 예술high art의 진수로 지내왔다. 너무나 어려워서 아무도 이해하지 못하는 신비한 신화 세계를 창조하여 '건축가 중의 건축가'가 되는 것이 모든 건축가들이 품는 꿈이었다.

이런 고급 예술 중심의 가치관은 적어도 1960년대까지는 모든 예술 분야를 이끌던 가장 기본적인 전제 조건이었다. 예술은 그것을 감상하고 그 가치를 이해할 능력과 자격을 갖춘 소수 엘리트 계층의 전유물이었다. 모더니즘 중에는 여러 가지 혁명적 발상을 내건 예술운동이 많았지만 고급 예술적 가치관을 부정하려는 예술운동은 없었다고 보는 것이 옳을 것이다. 가끔씩 중산 대중 계층을 주요 타깃으로 한 예술운동이 있긴 했지만 그 내용은 대중을 계몽하겠다는 우월적 발상이 주조를 이루었다. 대중을 위한 서비스 개념의 예술관은 1960년대 이전에는 아직 완전하게 형성되지 못했다.

그나마 19세기 말의 포스터 운동이나 도시가로 운동 정도에서 대중적 예술관이 초기 형태로 잠깐 제시되었을 뿐이다. 대중 계층이 여러 문화 주역으로 등장하지 못하던 1960년대 이전의 사회구조에서 이런 상황은 어쩌면 당연했을 수 있다. 이때까지만 해도 문화나 예술은 엘리트 계층이 주도하고 있었다. 문제는 얼마나 혁명적인 발상을 하느냐였지 감상 대상에 대한 고민이 아직 시작되지 않던 때였다. 이 시기의 시대정신에는 아직 '대중에 대한 예술적 서비스'라는 항목은 들어 있지 않았다.

모더니즘 엘리트주의의 실패 |

건축이 시대정신을 표현한다는 사실은 많은 건축가들이 동의하는 명제 가운데 하나가 되어버렸지만 사실 '시대정신의 표현'이라는 개념은 매우 다양하게 해석될 수 있는 복잡다단한 내용을 갖는다. 특히 어떠한 정신이 한 시대를 대표하는가를 정의하는 대표성의 기준 문제에 이르게 되면 통일된 의견을 만들어내기란 불가능해 보인다. 이런 가운데 1960년대 이후 세계 건축계에서는 이 시대의 시대정신을 새롭게 정의하려는 큰 움직임이 시작되면서 두 가지 중요한 질문을 던졌다.

하나는, 모더니즘의 본질에 대한 의심을 품은 질문이었다. '모더니즘이 제시한 새로운 예술 세계가 과연 그만큼 새로운 것이었는가' 하는 의문이었으며 이를 계기로 모더니즘과의 본격적 단절을 선언했다. 성기 모더니즘 시기를 거치며 등장한 모더니즘 예술의 결정판들이 외형상으로는 이전 세계와 완전히 다른 새로운 모습을 하고 있었지만 그 이면에 숨은 생각은 아직도 고전주의 예술관의 강한 질곡 속에 머물고 있다는 사실이 간파

되기 시작한 것이다.

물론 명확한 인식 아래 고전주의의 사고 과정을 차용한 소수 모더니스트들도 있었다. 이들과 달리 고전주의와의 단절을 주장한 예술가들에게서조차 여전히 고전주의의 한계가 발견되었을 때 그것은 자기모순이라는 치명적인 예술적 오류로 받아들여질 수밖에 없었다. 이런 자기모순은 "모더니즘이 실패했다"라는 주장의 중요한 근거가 되었다. 1920~1930년대에 태어나 제2차 세계대전 이후에 성인기를 맞이한 일단의 예술가는 모더니즘의 혁명이 아직도 미완성 상태에 놓여 있음을 자연스럽게 느끼기시작했다.

다른 하나는, '그 대안으로 건축이 표현할 새로운 시대정신은 무엇이어야 하는가'라는 질문으로 1950년대 영국의 신야수주의New Brutalism에서시작해서 1960년대부터 본격적으로 탐구되기 시작했다. 1960년대 들어 모더니즘의 한계에 대한 진단이 나오기 시작하면서 그 타개책을 놓고 세계건축계의 흐름은 크게 세 방향으로 진행되고 있다.

첫째, 모더니즘 세대의 미완성 혁명을 이어받아 계속 진행시키려는경향이다. 건축을 대도시 내 조형 환경에서의 중력 및 스케일과 관련된 공학적 문제로 파악하려던 미스 반데어로에의 후예들이나 육면체 내의 공간문제로 파악하려던 르코르뷔지에Le Corbusier의 후예 같은 후기 모더니스트나 네오 모더니스트가 이를 대표한다.

둘째, 모더니즘도 결국에는 전통의 무게에서 완전히 자유로울 수 없음을 선언하며 전통의 틀 안에서 모더니즘에 대한 새로운 방향을 찾으려는 경향으로 로시Aldo Rossi, 크리에 형제Leon & Robert Krier, 웅거스Oswald M. Ungers 등이 이끌던 합리적 복고주의와 맥락적 지역주의가 대표적이다.

셋째, 모더니즘을 옥죄던 고전주의의 마지막 한계를 부수고 모더니즘이 놓친 새로운 자유정신을 찾아 제시하려는 경향이다. 이것이 앞에 소개한 "이 시대를 대표하는 진정한 시대정신은 무엇인가"라는 질문을 던지며 한계에 이른 모더니즘을 대체하려는 새로운 건축 운동이었다.

더 이상의 혁명은 없을 것 같던 모더니즘마저도 낡은 구두처럼 벗어던지게 만든 1960년대의 새로운 시대 상황은 다름 아닌 '대중성'의 문제였다. 1950년대까지 자본주의 완성의 역사役事를 담당한 중산 대중 계층은 대중문화popular culture라는 자기들만의 문화 단위를 형성하며 1960년대 들어 문화예술계의 중요한 주역으로 등장하게 되었다. 대다수 중산 대중의 일상생활은 이제 정치·사회·경제적으로 영향력이 가장 큰 결정 요소 가운데 하나로 자리 잡게 되었고 여기에서 파생된 대중문화는 따라서 매우 큰 현실론의 명분을 지니게 되었다.

시대정신이라는 것을 보편성의 기준에서 정의할 경우 대중문화는 1960년대 이후의 현대 사회에서 가장 중요한 시대정신 요소가 된 것이다. 모더니즘을 고전주의의 한계 내에 머물게 한 가장 기본적인 요인은 대중성이 결여된 엘리트주의였다. 대중성을 대표적 시대정신으로 정의한 진영에서 보면 이런 한계는 통상적으로 모더니즘의 대표적인 문제로 인식되는 '삭막한 기능주의나 '물질주의'보다 더 큰 문제였다. 이제 예술과 건축은 대중문화의 가치를 표현해내야 하는 시대적 의무를 추가로 지게 되었다. '팝아트'로 통칭되는 여러 예술운동과 포스트모더니즘 건축의 한 축을 이루는 벤추리Robert Venturi 계열의 대중 건축 운동은 이런 배경에서 나온 시대 상황의 산물이었다.

물론 벤추리의 건축은 실내 공간과 동떨어진 지나친 표피주의, 이론과 작품의 괴리, 후기 자본주의의 상업적 횡포에 봉사한 점 등으로 비판의 대상이 되고 있기도 하다. 그러나 건축에서 대중주의 논의를 촉발하고 그런 쪽으로 일정한 이론을 형성한 점에서는 모더니즘에 전적으로 결여되어 있던 부족분을 채운 것으로 평가될 수도 있다.

대중 건축 운동과 즉흥적 감상 |

이렇게 시작한 대중 건축 운동은 보기에 따라서는 매우 다양한 형태로 나타난 것이 사실이었지만 그 기본 개념은 '진정한 자유정신의 표현'으로 요약할 수 있다. '진정한'이라 함은 물론 이전까지의 모더니즘 건축이 아직도 여러 가지 제한 요소에 얽매여 있었다는 비판적 의미를 함축하고 있다. 대중 건축 운동가들이 파악한 제한 요소는 엘리트주의, 지성주의, 엄숙주의seriousism, 콘포미즘conformism, 준봉주의 등이었다. 모더니즘에 가해지는 이런 비판은 단순히 시간이 지나면 당연히 등장하는 세대교체론은 아니었다.

그보다는 엘리트 모더니스트들과는 전혀 다른 건축 프로그램을 원하는 중산 대중 계층이 문화의 주역으로 등장하면서 생겨난 현실적 당위론의 문제에 더 가까웠다. 세계 각국은 10~20년씩의 시차를 두고 대중문화 시대로 진입하는 과정에서 장발, 히피, 펑크, 노출 패션, 포크 문화 등과 같은 반항적인 문화 현상을 공통적으로 경험했다. 도덕적 관점에서 보자면 이런 현상은 부정적 의미밖에 없는 세대 간 갈등으로 비쳐질 것이다. 그러나 많은 구성원 사이에 공통적으로 나타나는 집단적 사회현상은 항상 그 안에 메시지를 지니게 마련이다. 그리고 그 메시지는 다름 아닌 모더니즘의 엄격한 규율에서 벗어나고픈 현대적 자유의지의 표출이었던 것이다. 스스로 극단적인 혁명 운동임을 자처하고 시작했던 모더니즘 운동도 이제 어느새 반혁명counter-revolution이라는 또 하나의 혁명 대상이 되어버리고 말았다.

'자유 혁명' 정도로 명명되는 1960년대의 폭발적 저항 운동은 시대적 의미와 파급효과가 매우 큰 대표적 시대 상황이 되었다. 이 정도의 큰 시대 현상은 당연히 예술운동을 낳게 되어 있고 실제로 팝아트로 통칭되는 수많은 다양한 대중주의 예술운동이 혁명적으로 등장했다. 건축도 마찬가지여서 1960년대 이후 서양에서는 혁명적 문화 운동이 던진 메시지를 건축적으로 해석하는 여러 작업이 등장했고 대중문화 시대에 상응하는 파격적 일탈이 하나의 흐름을 이어오고 있다.

지성적 해석에 기초를 둔 엘리트 모더니즘 건축을 어려워하는 일반 대중에 제시된 새로운 가치는 '즉흥적 감성'이라는 시각적, 심리적 가치였다. 건축도 이제는 한 사회 단위를 구성하는 다수의 대중이 쉽게 읽고 즐거움을 느낄 수 있게 해주는 밝은 원색과 재미있는 형태를 보여줄 의무를 지게 되었다. 이것은 건축에도 시각적 서비스에 의한 즉흥적 즐거움의 기능이 추가되었음을 의미했다. 즉흥적 감상 하나만으로도 충분히 독립적 가치를 얻는 시기가 온 것이다.

대중문화 시대를 가장 먼저 맞이한 서구 영어권 국가에서 시도한 대중 건축 운동은 단순히 색이나 형태, 장식을 이용한 눈요기 놀이만은 아니었다. 1960년대에 진행되기 시작한 현대 사회의 새로운 구성 질서에 맞는 새로운 건축 가치와 체계를 세우려는 시도였다. 1960년대 이후 현대 사회는 대중매체 시대, 후기산업사회, 소비 상업 사회, 제2의 물결, 제3 기계시대, 제3 산업혁명 기계 분업 시대 등과 같은 다양한 상황으로 변화되어가고 있다. 대중 건축 운동은 이런 새로운 삶의 방식에 맞는 '대표 건축'을 찾는 작업이었다. 왜냐하면 건축이 한 시대의 가장 보편적 삶의 방식을 표출해야 한다는 사실은 건축개론 교과서에도 실리는 상식이기 때문이다.

대중 건축 운동은 표면상으로는 새로운 시대의 건축적 가치로 즉흥적 감성을 추구한 운동이었지만 이것에 대한 근거를 세우는 이론화 작업에서는 우리가 생각하는 것보다 훨씬 다양하고 심각한 내용을 담고 있었다. 인문학의 지평을 넓힌 점도 중요하다. 이때까지 인문학은 글과 사변, 책 중심으로 진행되어왔는데 1960년대 대중 건축 운동을 거치며 이미지를 포함하는 시지각 분야로 확장되었다. 보드리야르Jean Baudrillard는 일상 환경에서 이런 변화의 흐름을 새로운 인문학 이론으로 정리한 대표적인 학자이며, 벤추리는 이것을 건축에 적용한 대표적인 건축가였다. 대중주의 건축가들은 건축에 다중 매체의 처리 기법을 끌어들여 복합적 시각 작용을 꾀함으로써 궁극적으로는 이것이 거꾸로 의식의 확장을 가져올 수 있다는 이론을 전개했다. 그리고 이런 새로운 경험의 주역을 자신들을 둘러싼 제한된 서클의 엘리트 계층이 아닌 일반 대중으로 확산시켰다.

한국 현대건축과 대중 건축 운동의 한계 |

문제는 우리나라였다. 한국 사회에서도 1960년대 이후 대중문화가 하나의 큰 문화 흐름으로 이어져오고 있다. 이 정도 큰 덩어리를 형성하는 문화 현상이라면 건축에서도 당연히 이를 반영하는 운동이 있어야 한다. '건축이 시대정신을 표현해야 한다'는 사실은 대부분의 건축가들이 알고 있고 주장하는 강령이기 때문이다. 그런데 유독 우리나라에서는 건축가의 엘리트 의식이 공고해서 이런 시도가 거의 나타나지 않는다. 시대정신을 표현하긴 하되 유독 대중성은 애써 외면하는 풍토가 굳게 자리 잡고 있다. 차가운 산업 재료에 크게 의존하는, 단순하면서 엄숙한 추상주의 하나만 수십 년째 건축계의 주류 자리를 독식하고 있다.

이런 현상에 대한 건축가들의 항변은 '작품성' 혹은 '예술성'이다. 대중을 위한 건물은 예술작품이 될 수 없다는 생각이 공고하다. 한국의 현대건축계는 고급 예술의 한계를 지키려는 성향이 강하다. 사회 일반에서 대중문화의 전파 속도에 비해 이것에 상응하는 건축 운동은 적은 숫자의 건축가가 매우 조심스럽게 시도하는 정도이다. 여기서 '조심스럽게'라는 말은, 그런 대중주의 건축이 자칫 주류 건축가들에게서 비웃음과 비판의 대상이 될까 봐 눈치를 본다는 뜻이다. 대부분의 주요 건축가는 건축과 대중문화가 전혀 상관이 없다고 생각한다. 도대체 대중의 통속적인 이야깃거리에 왜 건축이 간여해야 하느냐고 반문한다.

한국 현대건축에도 대중의 즉흥적 감성을 건축적 가치로 추구하는 건물들이 아주 없지는 않아서 조금씩 등장하기 시작했다.**7-1,7-2,7-3** 그 존재 이

7-1 톰 웨슬번, 〈위대한 아메리칸 누드, no. 98〉
7-2 삼우설계, 중곡동 어린이집

7-3 허정도, 샛별 초등학교

유는 매우 당연하다. 모든 건물이 울긋불긋한 원색으로 치장되어서는 안

되는 것과 똑같은 논리로 모든 건축가가 르코르뷔지에의 후예일 필요는

없다. 한 사회 단위의 조형 환경에는 그 사회를 둘러싸고 진행되는 문화적

고민이 다양하게 표출되어야 한다. 과연 우리 사회에는 조형 환경에 대해

르코르뷔지에식의 고민만이 있어야 하는가. 이것은 곧 우리의 문화적 고

민도 추상 아방가르드 계열 한 가지만 있다는 것과 같은 뜻인데 말이다.

고급 건축을 지향하는 엘리트가 볼 때 우습고 유치한 '저잣거리 대중

의 즉흥적 감성'은 건축적 고민의 대상이 될 자격이 없는가. 울긋불긋한

원색으로 치장한 건물은 곡마단 수준의 일회적 유흥거리밖에 못 되는가.

대중주의로 친숙하게 설계한 건물은 해학, 패러디, 유머, 놀이, 욕망, 색채,

형태, 상징, 이미지 등 수없이 다양한 감성적, 심리적, 조형적, 사회적 기능

을 가질 수 있는데 이런 기능은 소중한 것이 아닌가. [7-4, 7-5, 7-6]

우리는 무채색의 차가운 산업주의 건물을 설계하는 건축가가 울긋불

7-4 킹콩 프로덕션, 마다레나 바
7-5 허정도, 샛별 초등학교
7-6 허정도, 시피정등 주민회관 및 어린이집

굿한 색을 사용하는 건축가보다 능력 있고 중요한 건축가로 평가되는 구
도에 묵시적으로 동의하지는 않는가. 건축이 시대 상황을 초월한 지선至善
의 가치를 추구할 수도 있는 것과 똑같은 논리로 건축가는 자기가 살고 있

는 시대 상황에 대해 제 생각을 밝히고 이것에서 자신의 건축을 정의할 수도 있어야 한다. 한 사회의 건축이 발달하고 시대 변화에 대해 탄력적으로 대응할 수 있기 위해서는 이 두 가지 건축 가치가 상호 보완, 경쟁, 견제 속에서 함께 진행되어야 한다.

한국 건축에서 대중 건축 운동은 크게 나타나지는 않아서 서양처럼 하나의 사조나 흐름을 형성하지 못한다. 아직 우리 건축계는 엄숙한 공간 세계를 지선의 가치로 추구하며 알게 모르게 이 기준에 따라 건축가의 수준을 정하는 구도가 굳건히 형성되어 있다. 자유로운 다중 매체의 실험을 추구해야 하는 대중 건축 운동이 매우 조심스럽고 제한적으로 나타나며 때로는 머뭇거림으로까지 느껴진다.

이런 가운데 나는 주로 어린이 시설에서 대중 건축의 가능성을 찾아낼 수 있었다. '장난감 건축' 정도로 부를 수 있는 공통된 흐름이 관찰되며 대중 건축 운동의 핵심인 즉흥적 가치도 표현하고 있었다. 물론 어린이 시설은 사용 대상이 처음부터 한정되어 있고 건물 모습도 여기에 맞추어 결정되기 때문에 이런 건물에 나타난 특이한 형태를 대중 건축이라고 단정 짓는 것은 무리일 수 있다. 역으로 이야기하면 우리 건축계의 관습적 기준에서 일탈한 이런 '우스꽝스러운' 형태를 자유롭게 쓸 수 있던 것도 아마 이 건물들이 어린이 시설이기 때문이었을 것이다.

그러나 그와 동시에 이런 건물이 그 앞을 오가는 보행자에 대해 일정 부분 대중 건축의 메시지 전달 기능을 하는 것 또한 부인할 수 없는 사실이다. 제대로 된 대중 건축 운동이 없는 현실에서 이런 건물이 중요한 역할을 하며 대중 건축 운동에 대한 나름대로의 통일된 경향을 형성한 점도 무시할 수 없다. 더욱이 대중예술 운동가 중에는 뒤뷔페Jean Dubuffet처럼 어린이 그림에 담긴 즉흥성을 전통적인 고급 예술관에 대한 대안적 가치로

7-7 에드와르도 파올로치, 〈The Bishop of Kuban〉
7-8 삼우설계, 중곡동 어린이집
7-9 허정도, 사파정 주민회관 및 어린이집

추구한 사람도 있었다. 우리나라에서 자생적으로 발생한 대중 건축 운동은 어린이 시설에 나타난 장난감 건축 정도가 거의 전부였다. 그나마도 1990년대 한때 유행하다 2000년대 이후에는 다시 잦아들었다. 이런 배경 위에 중곡동 어린이집, 상봉 어린이집, 사파정동 주민회관 및 어린이집, 샛별 초등학교에 나타난 대중 건축의 의미를 살펴보고자 한다.[7-7, 7-8, 7-9]

8.

중곡동 어린이집, 상봉 어린이집,
사파정동 주민회관 및 어린이집,
샛별 초등학교

8.중곡동 어린이집, 상봉 어린이집, 사파정동 주민회관 및 어린이집, 샛별 초등학교

장난감 형태의 현실성^{reality} 문제 |

네 건물의 공통점은 반反엄숙주의와 반反추상이다. 아직 본격적인 장난감 건축과 구상은 나타나지 않은 것으로 볼 수 있으나 큰 방향을 이쪽으로 잡은 것은 확실하다. 중곡동 어린이집에서는 온전한 장난감 형태를 사용하지는 않지만 가로변 창 모양이나 벽의 무지개 문양 등에서 분명한 반엄숙주의의 의도를 읽을 수 있다. 이런 의도는 상봉 어린이집에서 별 모양의 창과 로켓 모양의 출입구 같은 특정 형태를 차용하는 단계로 발전한다. **8-1,8-2** 그러나 이 두 건물의 전체적인 윤곽은 여전히 육면체 박스의 틀에서 벗어나지 못했다. 이런 상태에서 장난감 형태를 부분적으로 차용하는 것은 미숙한 봉합으로 느껴져서 아쉬움이 남는다.

　　허정도의 두 작품인 사파정동 주민회관 및 어린이집과 샛별 초등학교에서는 건물 전체의 구성에 장난감 블록 형태를 사용하면서 건축가의 의도를 좀 더 다듬은 형식으로 표현한다. 이 두 건물에서는 원통형, 삼각형, 사각형, 나무 모양, 격자, 곡선형 같은 장난감 블록 형태가 적절한 균형과

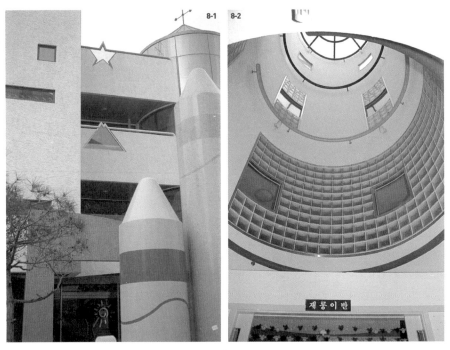

8-1 삼우설계, 상봉 어린이집
8-2 삼우설계, 중곡동 어린이집

조화를 이루며 지붕, 출입구, 기둥, 데크deck, 창, 보 등 건물의 기본 부재와 기능에 알맞게 할당되어 있다.**8-3** 물탱크같이 자칫 보기 흉한 장애물이 될 수 있는 시설을 격자 구조나 원통형으로 포장해서 장난감 형태 사용에 적극적임을 확실하게 보여준다.**8-4** 파스텔 칼라의 색채 조합은 장난감 형태의 역동적 형태에 활력을 더해주면서 동시에 차분하고 안정적인 분위기로 중화하는 양면적 작용을 한다. 장난감 형태를 건축 어휘로 사용하는 경향 자체에 동의할 수 있다면 이 두 건물에서 즉흥적 감상의 즐거움을 쉽게 느낄 수 있다.

네 건물에 나타난 이런 특징은 적극적인 기성 사물ready-made object의 차용 단계와는 아직 거리가 있지만 대중문화 시대의 현실성reality을 새롭게

8-3 허정도, 사파정동
주민회관
8-4 허정도, 사파정동
어린이집

정의하는 중요한 건축적 의미를 지닌다. 모더니즘 이전의 전통 건축에서
는 기념비적monumental 건축이 이상적 현실성을 대표했다. 모더니즘 건축
은 이것에 반대하며 기능적 즉물성, 구조적 솔직성, 큐비즘 공간 등으로 구
성되는 건축 체계를 새로운 이상적 현실로 추구했다. 모더니즘 건축 세계
는 순결주의purism나 미니멀리즘minimalism을 기본 조형관으로 삼으면서 산
업 부재가 구축하는 순수 형태shape를 구체적 결과로 제시했다.

모더니즘에서 건물은 건축가의 날카로운 이성으로 사전에 치밀하게
계산하고 극단적으로 정리한 형태로 나타났다. 차가운 직선과 극기적인

무채색으로 구성되는 깨끗하고 단순한 순결 공간만이 건축가의 머릿속에서 펼쳐지는 무한의 우주 세계를 담아낼 수 있었다. 모든 것은 한 치의 오차도 없이 건축가의 의도대로 제자리에 있어야 했으며 이것의 가치를 이해하기 위해서는 데카르트나 르코르뷔지에 정도와는 매우 친숙해져야 했다. 건축가의 숭고한 예술 세계를 이해하지 못하면 그것은 무식한 대중의 탓이었다. 과장하자면 '돼지 목에 진주 목걸이'의 논리가 엘리트 건축가와 대중 사이의 거리를 합리화해주는 진리의 무게를 지니던 시절도 이때였다. 엘리트 건축가의 이성적 프로그램과 대중의 감성적 수용 사이에 존재하는 커다란 오차가 곧바로 건축가의 수준 높은 예술성에 대한 보증 수표 역할을 하던 시기도 이때였다.

그러나 1960년대 이후 중산 대중 계층이 가장 큰 사회적 영향력을 행사하는 대중문화 시대가 열리면서 모더니즘 건축의 어려운 수준은 큰 부담으로 작용하기 시작했다. 건축가와 대중 사이의 수준 차이를 더 이상 고급 예술을 확인해주는 자랑스러운 표창이 아니라 개념과 시지각 세계 사이의 불일치라는 미학적 결점으로 파악하는 일단의 예술가가 등장했다. 건물을 설계한 본인과 그 주변의 몇몇 친구만이 이해할 수 있는 모더니즘의 고급 건축은 감상 대상자를 처음부터 극소수의 엘리트 계층으로 한정한 점에서 스스로를 문화적 유폐 속에 가둔 결과가 되어버렸다.

대중의 감상 메커니즘에 맞는 새로운 건축 모델이 요구되면서 모더니즘의 순결주의는 결벽증의 부담으로 느껴지기 시작했다. 이제 더 이상 치밀하게 계산된 모더니즘의 신비로운 공간 세계만 가지고서는 도저히 설명되지 않는 새로운 사회 가치가 한편에서 분명한 모습을 드러내고 있었다. 이런 모든 변화는 물론 한 시대를 대표하는 건축 가치에 대한 기준이 '고급 지성'에서 '다중에 의한 보편성'으로 바뀌었음을 의미하는 것이다.

이렇게 시작한 대중 건축 운동은 주변에서 쉽게 볼 수 있는 일상생활과 동일한 모습의 건축 세계가 대중문화 시대의 대표성을 갖는다는 논리를 폈다. 이제 건물을 결정하는 형태는 모더니즘의 순수 추상 형태shape에서 다시 구상 형태figure로 바뀌면서 현실성을 결정하는 기준도 바뀌게 되었다. 예술의 정의를 '감상자 개개인의 심적 감흥의 만족'이라고 했을 때 전통적인 고급 예술은 극소수 예술가들끼리의 모방과 답습, 매너리즘으로 가득 찬 비현실적 세계일 뿐이라는 논리도 제시되었다. 현실성의 기준이 예술 세계에서 실제 세계로 바뀐 것이다.

신주관주의와 놀이 기능 |

더 근본적인 변화는 예술의 정의를 지성적 해석에서 '심리-물질학psycho-materialogy'으로 바꾸어놓은 주관주의의 부활이었다. 존 로크가 제시한 개개인의 주관적 편차를 '불필요한 나머지'로 단정 지으며 세상의 질서를 공식과 명제에 의한 논리 구조로 정의하려던 객관주의는 어느새 그 스스로가 정형화된 규칙의 편견 속에 갇혀버리게 되있다. 대중문화 시대에 시작된 제2의 주관주의 혹은 신新주관주의는 개개인의 주관적인 심리 편차에 예술성의 가치 기준을 맡김으로써 이런 편견의 한계를 깨려는 '심리-물질학'의 형태로 전개되었다.

어린이 그림이나 장난감 형태는 주관주의 예술의 극단적인 경우로 이해할 수 있다. 항상 정리되고 재단된 상태로 나타나는 어른 세계에서는 찾아볼 수 없는 즉흥적 본능이 주도하는 독특한 예술 세계이기 때문이다. 모든 것이 포장되고 각색되어 항상 질서 정연한 모습으로 나타나는 어른들의 고급 예술 세계만이 우리 현실을 구성하는 전부는 아닐 것이다. 어른들의 고급 예술 세계가 만들어지기 위해서는 억제되고 변형되고 재단되어야만 하는 수많은 또 다른 저편 세계가 있게 마련이다. 그 세계는 본능이나 욕망일 수도 있고 평범한 일상일 수도 있다. 내 마음 속 주관 세계나 즉흥적 감성도 좋은 예가 될 수 있다.

이제 저편 세계를 피하고 억누르기만 할 것이 아니라 예술적 관심의 대상으로 편입시켜야 하는 때가 온 것이다. 1890년대 상징주의에서 첫 번째 시도가 있었지만 20세기 들어 아방가르드 운동에 의해 밀려난 적이 있다. 주관 세계와 즉흥적 감성은 혼란만 불러일으키며 위험하고 부정확하고 실체가 없다는 것이 이유였다. 그 아방가르드 운동이 결국 제2차 세계대전의 대학살이라는 가장 극단적인 혼란으로 귀결되면서 아방가르드 운동을 지탱한 객관주의는 대소멸을 맞이한다. 20세기 후반부의 현대 예술이 이에 대한 대안 운동과 함께 새롭게 열리게 되었다.

어린이 그림과 장난감 형태는 이렇게 열린 예술 세계를 이루는 대표적 예로 화려하게 등장했다. 누가 이런 것들이 모더니즘이라는 거대 문명을 대체할 대안적 가치를 가지며 새 시대를 대표하고 이끌어갈 것이라고 상상이나 했겠는가. 확장하면 범부의 모습, 구체적으로 범부가 그린 울퉁불퉁하고 서툰 그림 같은 화풍이 대안으로 제시되었다. 근거는 간단하다. 조형예술도 길 가는 사람과 농담을 주고받을 수 있는 것이다.

뒤뷔페, 팅겔리Jean Tinguely, 헤링Hugo Häring, 거스턴Philip Guston, 마리스칼Javier Mariscal 등이 어린이 그림이 갖는 조형적 가능성을 꿰뚫어본 대표적인 예술가들이다. 재고 따지고 다듬을 필요 없이 본능을 즉흥적으로 표현할 수 있다는 것을 가장 강력한 무기로 본 것이다. 이것은 곧 고급 예술의 편견을 깨는 대안적 가치를 갖는 것이다. 만화 모티브를 사용하는 리히텐

슈타인$^{Roy\ Lichtenstein}$이나 낙서 모티브를 사용하는 그라피티^{graffiti} 작가들도 같은 계열로 분류할 수 있다.

어린이 그림과 장난감 형태가 갖는 본능의 즉흥성은 다른 관점에서 보면 감정의 솔직성 및 놀이 기능이 된다. 어른들은 일상에서 본능적 감성을 억제하고 가식의 예절에 묶여 살기 때문에 주기적으로 본능을 발산할 치열한 놀이를 벌이게 된다. 많은 경우 비도덕적 유흥으로 변질되어 나타난다. 이는 두 번의 거짓말이다. 어린이 그림과 장난감 형태는 가식의 예절을 처음부터 부정하기 때문에 그 자체가 독립적 놀이 기능을 갖는다. [8-5], [8-6, 8-7] 어린이 그림을 건물로 옮겨 놓은 장난감 건축도 마찬가지다. 고급 예

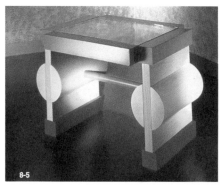

8-5 에토레 소트사스, 〈엔드 테이블〉
8-6 허정도, 샛별 초등학교
8-7 삼우설계, 중곡동 어린이집

8-5

8-6

8-7

술이 제공할 수 없는 기능이다.

색과 가로 서비스 |

즉흥적 조형 환경을 구성하는 데 빼놓을 수 없는 중요한 매개로 색을 들수 있다. 색은 모든 문화 단위에서 성적 기능[sex]과 동일시되는 데에서도 알수 있듯이 본능적 욕구를 분출하는 기능을 갖는다. 극기 순결주의를 이상적 건축 모델로 추구하던 모더니즘에서 색은 제1의 금기 대상이었다. 심한 경우에는 재료가 지니는 자연색마저 금기시했다. 재료 사용에 심한 제약으로 작용해서 유채색 재료에서 조금이라도 화려한 자연색을 보이는 재료는 사용하면 안 되었고 무채색의 산업 재료만이 바람직한 재료였다.

엄숙한 무채색과 빛만이 건축가에게 허용된 자연 매개였다. 나머지는 모두 건축가의 머리와 손에서 나와야 했다. 하물며 건물 벽에 원색을 덧칠한다는 것은 상상도 못할 일이었다. 색은 공간 창조 능력이 부족한 건축가들이 어쩔 수 없이 마지막으로 선택하는 무능력한 도피 행위로 간주되었다. 그러나 어차피 색도 자연이 준 중요한 환경 요소 가운데 하나다. 그 결과 인간의 감성적 가능성을 극대화하려는 대중 건축 운동에서 색은 중요한 매개로 적극 활용되고 있다. 중곡동 어린이집과 상봉 어린이집의 무지갯빛 원색이나 사파정동 주민회관 및 어린이집과 샛별 초등학교의 파스텔 칼라는 좋은 예다. 인공적으로 덧칠하는 색은 건축적으로 열등한 요소일 수도 있지만 동시에 다른 장치들과 함께 쓰일 때 조형적 효과를 종합화해주는 중요한 기능을 하기도 한다. **8-8, 8-9, 8-10**

장난감 건축과 색은 개별 건물보다는 도시 스케일 속에서 더 유용할

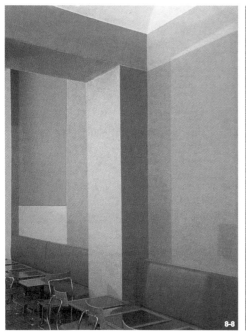

8-8

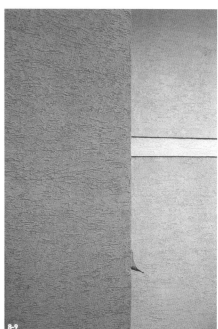

8-9

8-8 Wokaitna, 킥스 바
8-9 허정도, 사파정동 주민회관
8-10 삼우설계, 상봉 어린이집

8-10

수 있다. 개별 건물 자체로는 여전히 유치할 수 있으나 도시 스케일 속에 집어넣고 보면 의미가 커질 수 있다. 특히 고급 예술을 추구하는 건축가들을 점점 옥죄어가는 현대의 도시 상황 아래에서 더욱 그렇다. 현대 도시의 조형 환경에서는 점점 패션과 광고 같은 대중 매체의 표현 방식이 점령해 가고 있다. 이런 환경은 건축가들에게 큰 부담을 안겨준다. 적어도 제2차 세계대전 이전까지 건축가들은 주변 환경에 대해 신경을 쓰지 않아도 괜찮았다. 오히려 낡고 진부한 도시 환경 속에서 자신의 건물이 '모던한 이질성'을 강하게 드러낼수록 자신의 숭고한 예술 세계가 빛나는 것으로 생각했다.

시대가 바뀌었다. 온갖 패션풍과 광고 방식의 환경 요소가 넘쳐나는 현대 도시 속에서 모더니즘 순결주의나 산업 추상주의는 1920년대에 찍은 빛바랜 흑백사진을 보는 것처럼 되어 버렸다. 건축가들이 자신의 작품이 들어앉을 터를 에워싸는 이러저러한 잡다한 환경적 조건에 어느 정도 보조를 맞추고 어떻게 대응할 것인가에 대해 심각하게 고민해야 하는 시대가 되었다. 현란한 주변 환경 속에서 여전히 자신의 존재를 드러내고 싶어 하는 건축가들은 더 자극적인 형태를 취해서 '튀려' 한다. 형태는 무의미하게 뒤틀려지고 이것저것 섞어서 현란한 혼성을 시도한다. 최근에 유행하는 경향인데, 건축이 패션과 광고가 주도하는 현대 대중문화에 적응하지 못한 후유증 현상이다.

현대 도시의 두드러진 또 한 가지 특징으로 부동산 건축의 비중이 점점 높아져가는 현상을 들 수 있다. 부동산 가치를 극대화하기 위해 산업 기술을 도구로 사용해서 의존하는 비중이 절대적이다. 섬세한 예술은 건축에서 추방된 지 오래다. 현대 도시의 삭막한 박스 건물 사이에서 건축가들은 자신의 건물이 가로 환경에 어떻게 대응해야 할지 방향조차 잡지 못하는 덫 속에 갇혀버렸다.

문화 현상으로 좀 더 일반화해도 마찬가지다. 후기산업사회에서 문화 현상과 의사소통의 주기가 점점 짧아지는 사회 분위기는 장르적 특성상 주기가 길고 영속성이 강한 건축 분야에 큰 충격으로 다가오고 있다. 전통적인 양식 사조 개념으로 접근해서는 이 속도를 따라갈 수 없다. 새로운 경향이 나타나도 몇 년 안 되어 진부해진다. 이 속도를 따라가기 위해 인스턴트식 형태 놀음만 심해져 간다. 차분히 새로운 탐구를 할 시간은 주어지지 않는다. 하나의 새로운 시도가 나타나도 충분히 검증받고 축적되지 못하기 때문에 새로운 사조로 발전하지 못하고 연기처럼 사라진다. 이 건축이 시대정신을 표현해야 하는 것이라면 우리 시대의 이러한 상황에 대해 건축가 쪽에서 입장 표명이 있어야 할 것 아닌가.

장난감 건축과 색은 이렇게 급변하는 건축 외적인 환경과 건축을 이어주는 유용한 수단이 될 수 있다. 문명이 급변하는 속도가 인간의 본능 욕망을 분출하는 속도를 따라 한 결과임을 볼 때 그런 본능 욕망을 즉흥적 감상으로 제시한 장난감 건축과 색은 완충 역할을 할 수 있다. 물론 주변의 대중적 환경과 분명히 대비되는 고급 예술로서의 건축은 틀림없이 영원히 지속될 것이다. 그러나 이제 이것만이 건축가의 유일한 책임이던 시대는 지났다. 모든 건물을 얼룩덜룩한 원색으로 치장해서는 안 되는 것과 똑같은 논리로 모든 건축가가 노출 콘크리트의 차가운 공간을 일방적으로 강요해서는 안 된다.

대중적 접근이 한계와 위험성을 갖는 것 또한 엄연한 사실이다. 색채 배합이 가장 중요한 건축적 요소가 된다면 건축가들이 할 일은 없어져버릴 수도 있다. 대중주의가 기본적으로는 미국식 상업자본주의의 산물임도 잊지 말아야 한다. 이것의 무분별한 수용은 미제의 문화 침탈 같은 심각한 문제로 확산될 수도 있다. 또한 앞에 소개한 네 개의 건물에서 실내 구성이 외관과 동떨어진 평범한 상태로 방치된 점에서도 알 수 있듯이 대중 건축 운동은 자칫 껍데기의 형태 조작으로 흐를 위험을 항상 안고 있다.

이런 내용은 사파정동 주민회관 및 어린이집과 샛별 초등학교를 설계한 건축가 허정도와의 대담에서도 확인할 수 있었다. 허정도는 자신의 건물이 기존의 정형화된 어휘와 다른 모습을 한 특이한 외관 때문에 지나치게 많은 관심의 대상이 되는 것을 부담스러워했다. 또한 자신의 건물에서 시도한 장난감 형태가 실내 구성에까지 함께 잘 적용되어 총체적 단위로 발전되지 못하고 외관에 머문 데 대해 아쉬움도 함께 토로했다. 그러나 이 모든 위험성을 잘 다스릴 수 있다는 전제 조건 하에서 이제 우리의 건축도 대중에 대한 시각적 서비스를 중요한 예술적 덕목으로 올려놓아야 한다. 적어도 '색 쓰는' 건축가들을 천박하다며 비웃지는 말아야 할 것 아닌가. **8-11,8-12,8-13**

8-11 리처드 해밀튼, 〈솔로몬 R 구겐하임(검은색, 검은색+흰색, 스펙트럼+골드)〉

8-12 리처드 스미스, 〈트레일러〉
8-13 삼우설계, 중곡동 어린이집

9.

가구식
구조와
벽체 구조

9. 가구식 구조와 벽체 구조

건축가를 둘러싼 제약 |

시대는 변하고 발전하고 있지만 건축가에게는 점점 설계하기 힘든 세상이 되어가고 있다. 모더니즘의 절대주의 건축이 끝나면서 건축가에게 무한한 예술적 자유가 주어진 것 같지만 현실은 그렇지 못하다. 부동산 가치가 건축물을 결정하는 제1 기준이 되어버린 현실에서 건축가에게 허용된 예술성의 표현 범위는 매우 협소할 수밖에 없다. 이런 제약은 상업 건물에서 더욱 심해진다. 건축주가 요구하는 공사비와 공사 기간 그리고 바닥 면적을 만족시켜주는 범위 내에서만 건축가는 자신의 작품을 가지고 멋이라도 한번 부려볼 기회를 얻게 된다. 하지만 그런 조건을 만족시키다 보면 '움치고 뛸 여지'는 거의 남지 않게 된다. 도심에 짓는 건물은 용적률 맞추고 주차 대수 해결하면 설계가 다 끝났다는 말이 있을 정도다.

이것만이 아니다. 우리의 경우에는 외국 사조의 모방 문제라는 더 큰 어려움이 추가된다. 우리 것과 외국 것에 대한 교통 정리가 아직 만족스러운 단계에 이르지 못했기 때문에 한국 건축가에게는 가급적 피해가는 것이 좋은 건축적 주제가 훨씬 많은 편이다. 건축주 쪽에서 요구하는 상업적 기준을 어렵게 만족시키고 본격적인 디자인을 시작해보려 해도 이것은 남의 것이라 안 되고 저것은 우리 것이 아니라 안 된다는 식의 더 어려운 예술적 제약 조건이 건축가를 기다리고 있다.

외국의 정보가 국내에 넘쳐나면서 언제부터인가 외국 작품 모방 여부를 가려내는 감시의 눈초리가 많아졌다. 외국 정보가 늘어나면서 가용 메뉴도 늘지만 세상일이란 게 그렇게 일방적이지만은 않아서 당연히 그 반대급부로 감시의 눈초리도 따라서 늘어나게 된다. 건축가에게는 오히려 가용 어휘의 범위를 제한하는 요소로 작용한다. 특히 외국의 정신적, 문화적 가치가 깊게 배어 있는 건축 양식의 경우에는 특정 어휘의 모방 문제를 떠나 양식 단위 전체가 사대주의 논쟁에 휘말릴 가능성이 높다. 이처럼 상업주의와 모방 논쟁은 현재 한국 건축가들을 옥죄는 가장 큰 제약 상황으로 보인다.

이런 상황에서 구조 방식을 표현 어휘로 이용하려는 시도는 유용한 대안이 될 수 있다. 구조 방식은 건축에서 가장 기본적인 구성 체계이기 때문에 이것을 표현 어휘로 이용하려는 시도는 시대와 문화 단위를 초월해서 항상 중요한 위치를 차지해왔다. 나무, 석재, 벽돌, 콘크리트, 철골 등 기본적인 재료는 각자 고유한 표현 능력을 보이는데 이는 건축에서 가장 기초적인 조형 매개다. 이런 재료는 또한 제각기 고유한 구조 방식을 갖는데 이것을 크게 가구식架構式, post-and-lintel 구조와 벽체 구조로 양분할 수 있다. 이 두 구조 체계 역시 어느 시대에든 건축을 이끌어가는 핵심 매개 가운데 하나였다.

건축 역사를 재료와 구조 체계 사이의 복합적 관계라는 관점에서 다시 쓸 수 있을 정도로 이 주제는 한 시대의 건축을 형성하는 데 기본적이면서 핵심적 역할을 해왔다. 이 가운데 특히 '가구식 구조 대 벽체 구조'의 이분법 분류는 서양 건축의 전 역사를 통틀어 항상 중요한 조형 주제였으며 20세기 모더니즘 건축이나 현대건축에서도 마찬가지이다. 이 주제로 접근할 경우 앞에 열거한 많은 제약을 초월해 건축가의 표현 범위를 확장시켜줄 수 있는 가능성이 커진다. 이런 가운데 나는 한국 현대건축에서도 이 주제를 가지고 고민한 하나의 공통된 흐름을 찾아낼 수 있었다.

가구식 구조와 벽체 구조 |

가구식 구조와 벽체 구조는 고대 문명부터 동서양을 막론하고 건축물 속의 조형 공간을 만들어내는 양대 구조 체계였다. 서양 건축의 경우 가구식 구조는 고대 그리스에서, 벽체 구조는 고대 로마에서 각각 완성되었다. 두 체계를 모두 손에 넣고 구사할 수 있게 된 로마 시대부터 이미 둘 사이의 복합적 관계는 풍부한 조형 생산 능력을 과시하기 시작했다. 로마 건축 특유의 다양성은 광활한 제국의 산물인데 이것을 실제 구조물로 구현할 수 있던 데에는 이 두 가지 구조 체계를 자유롭게 구사할 수 있는 능력이 밑바탕에 있었다. 로마 이후의 역사 전개도 마찬가지여서 중세 건축은 두 구조 체계 사이의 상호 보완적 조합을 통해 투명 공간으로 가득 찬 극단적 수직 공간을 지을 수 있었다. 르네상스와 바로크 건축은 벽체 구조가 기본 구조 체계를 이루면서 그 위에 오더를 덧붙여 조작하는 방식으로 여러 가지 인문적 가치를 표현했다.

18~19세기에는 이전까지 복합적으로 혼용해오던 두 구조 체계를 분리해서 각각이 지니는 구조적, 심미적 가능성을 발전시키려는 노력이 돋

보였다. 철근콘크리트와 철골이라는 근대 산업 재료를 손에 넣은 모더니즘 건축도 보기에 따라서는 이 두 가지 새로운 재료에 맞는 이상적 구조 체계 및 그것의 표현 어휘를 찾는 작업이었다. 우리에게 낯익은 모더니즘 건축의 대표적 건물 가운데 많은 수는 철근콘크리트와 철골, 그리고 가구식 구조와 벽체 구조라는 네 가지 요소의 관계에 대한 건축적 입장 표명에 의해 그 의미를 파악할 수 있다.

몇 가지 대표적 예를 들어보면, 오귀스트 페레Auguste Perret는 고전 건축의 구조 체계에 나타난 십자 프레임을 철근콘크리트의 가구식 구조로 대체한 후 이것의 다양한 표현 가능성을 통해 모더니즘 건축을 정의했다.[9-1] 페레에게서 콘크리트 사용법을 배운 르코르뷔지에는 이것을 발전,

9-1
오귀스트 페레,
성 요셉 교회, 프랑스 아브르

완성시켰다. 철근콘크리트 가구식 구조를 기본 구조 체계로 삼은 후 구조 역할에서 벗어난 벽체를 자유롭게 조작해서 입체파의 공간 개념을 건축적으로 옮기는 데 성공함으로써 모더니즘 건축에서 철근콘크리트에 맞는 새로운 양식을 창출한 시조의 자리에 올랐다.

미스 반데어로에는 철골 가구식 구조를 기본 구조로 삼고 비非내력벽의 극단인 유리 커튼월curtain wall로 벽체를 처리한 후 여기에 스터드stud 접기 같은 최소한의 철물 장식 부재를 덧붙여 고층 건축의 이상적 모델을 정의했다.⁹⁻² 이외에도 모더니즘 건축을 대표하는 많은 건축가의 작품 세계는 대부분 네 가지 요소의 관계라는 관점에서 분석이 가능하다.⁹⁻³ 그리고 우리는 이들 대표적 모더니즘 건축가가 제시한 이상적 건축 모델들이 이

9-2 미스 반데어로에, 원 찰스 센터, 미국 볼티모어
9-3 조건영, 한겨레신문사 사옥

러저러한 타당성을 갖기 때문에 그 모델들을 집합적으로 '성기 모더니즘 High Modernism' 이라 부르며 모더니즘 건축의 원형으로 받아들이고 있다.

현대건축도 마찬가지여서 이 네 가지 요소 사이의 관계에 대한 입장 표명에 따라 몇 가지 흐름으로 분류될 수 있다. 다만 현대건축은 성기 모더니즘 이후에 진행된다는 시대적 특성 때문에 새로운 모델을 찾는 작업 보다는 성기 모더니즘 때 완성된 모델들에 대한 계승, 변형, 반대, 조합 등과 같은 재해석 경향을 나타내는 차이가 있다. 이는 성기 모더니즘의 육면 체 윤곽이 갖는 단조로움을 극복하기 위해 구조 방식을 이용해서 조형적 긴장감을 추구하기 위한 공통적인 목적을 갖는다. 이 때문에 성기 모더니 즘의 정형적 원형 단위가 보여주던 깔끔함보다는 원형 단위를 이용한 과장, 기교적 변형, 수다스러움 같은 매너리즘 미학을 추구한다.

대표적인 예를 몇 가지 들어보면, 먼저 성기 모더니즘에서 가구식 구조에 가려 그 역할이 많이 축소된 벽체 구조의 조형성을 극대화하려는 경향을 들 수 있다. 주로 반죽 재료인 콘크리트가 갖는 형태적 가소성을 이용해서 비정형을 추구한다.[9-4] 이와 정반대로 콘크리트를 넓은 평활 면으로 만들 경우 나타나는 강한 추상성을 이용해서 미니멀리즘을 추구하기도 한다. 혹은 금속 재료로 마감해서 축조를 지우고 넓은 장식 면으로 활용하기도 한다.[9-5]

가구식 구조는 벽체 구조보다 축조가 쉽고 효율적이기 때문에 여전히 제일 중요한 조형 어휘로 사용된다. 접합 방식을 공예 개념으로 처리해서 조형성과 표현력을 창출하려는 구조주의 건축Structuralism이나 구조 미학 계열의 여러 건축 운동이 대표적이다. 가구식 구조와 벽체 구조를 혼용하되 이전 시대처럼 상호 보완의 입장이 아닌 대비와 상쇄라는 갈등의 관계로 표현하려는 경향도 있다.[9-6] 이는 구심적 정신 체계를 상실한 채 혼란스러

9-4 김종성, 서울역사박물관
9-5 유건, 두레빌딩

9-6 조건영, 동숭동 J.S. 빌딩

운 다원주의로 흘러가는 현대 사회의 시대 상황을 표현하려는 의도 아래 구체적인 양식 운동보다는 개개 건물의 조형적 처리에 중점을 두면서 시도되고 있다.

후기 모더니즘을 운용하는 한국적 전략 |

우리가 모더니즘 건축을 받아들이기 시작한 지 최소한 50년 이상이 지났다. 그러나 모더니즘 건축이 서양에서 발생한 외래 문물인 관계로 우리 스스로 주체적 역할을 수행하는 데 많은 어려움이 있어왔다. 어떤 면에서는 지금까지도 해결책을 찾지 못하는 실정이다. 이 문제는 문화 전파를 사대주의와 연관시켜 생각해야 하는 복합적 주제다. 남의 양식을 받아들이는 것이 늘 무기력한 문화 사대만은 아니어서 이 문제는 성기 양식과 후기 양식으로 분리해서 생각해야 한다. 어떤 사조에서든 후기가 되면 성기 원형 모델을 자유롭게 구사하는 단계에 이르는데 이때 성기 모델을 받아들이는 것은 표절이나 사대가 아니라 창작의 원재료를 취한다는 의미가 된다. 관건은 얼마나 창의력 넘치는 결과물을 만들어내는가에 달려 있다.

유럽의 예를 보면 좀 더 명확해진다. 여러 나라가 국경을 맞댄 유럽 대륙의 건축사 전개 과정을 보면 매 양식마다 지금 우리가 겪고 있는 것과 유사한 문화 전파의 문제가 이탈리아, 영국, 프랑스, 독일 등의 예술 강대국 사이에서 있어왔다. 물론 이들 나라는 문화적 유사성이 매우 강하기 때문에 동양 문화권에서 서양 건축을 받아들이는 것과 같은 문화 충격은 없을지도 모른다. 그러나 이들은 모두 스스로를 세계 문화의 중심지라고 생각하는 강한 민족적 자부심을 지니고 있기 때문에 다른 나라에서 먼저 창조해낸 새로운 양식을 받아들이는 일은 그 나름대로 큰 충격으로 받아들여진다.

그런데 이런 저작권 문제는 주로 각 양식의 성기 원형 모델에 국한된 이야기이다. 그 이후의 후기 양식에서는 성기 원형 모델을 어떻게 해석해내는가라는 완전히 다른 기준에 의해 새 게임이 시작된다. 각국은 각자가 처한 상황과 능력에 따라 성기 원형 모델을 활용해서 창작을 벌인다. 때로는 성기 원형 모델을 자신들의 전통 건축으로 재해석해내어 새로운 양식으로 탄생시키기도 하는데 이 과정에서 종주국의 위치가 뒤바뀌는 경우도 심심치 않게 일어난다. 성기 양식을 창출해낸 나라가 후기에 오면 쇠퇴하는 반면 성기 원형 모델에 대한 철저한 이해와 자국의 명확한 시대 상황을 잘 결합해낸 인접국이 주도적 위치를 넘겨받는 것이다. 고딕 양식이 그러했고 바로크 양식이 또한 그러했다.

이때 '성기 원형 모델'은 각국에 공평하게 부과된 보편적 전제 조건 같은 것이 된다. 성기 양식을 창출해낸 종주국으로서의 프리미엄은 우리가 생각하는 것보다 그리 크지 않다. 때로는 이것을 바탕으로 성기 양식을 완성시킨 나라에서 건축가를 초빙하여 배운 후 다음 시대에서 종주국을 앞지르는 경우도 이따금씩 있게 된다. 중요한 것은 성기 원형 모델을 둘러싼 새로운 경쟁에 뛰어들 역량과 자신감이다. 남의 것이라 안 된다는 가정은 자신 없는 핑계일 수도 있다. 문화 차원에서는 폐쇄적 국수주의일 수 있다. 물론 여기에는 성기 원형 모델을 무기력하게 단순 표절하는 것이 아니라 이에 대한 철저한 이해를 바탕으로 사대적 맹종을 피해갈 수 있는 취사선택과 창작의 능력이 전제되어야 한다.

1960년대 이후에 세계 각국에서 진행되는 현대건축은 성기 모더니즘을 원형 모델로 삼는 전형적인 후기 양식 단계에 해당된다. 이제 성기 모더니즘의 원형 모델을 피해야 할 남의 것이 아니라 공평하게 부과된 보편적 전제 조건으로 받아들여져야 하는 시기가 온 것이다. 특히 모더니즘의 성기 양식은 이전과 달리 어느 한 나라가 아닌 여러 나라에서 창출되었다는 특징이 있다. 그럼에도 동양권에서 서양 모더니즘 건축을 받아들여야 하는 우리에게 문화적 충격이 전혀 없을 수는 없다. 우리가 어떻게 하느냐에 따라 문화 사대주의나 표절을 뛰어넘을 수 있다는 것이지 성기 모더니즘의 원형 모델이 처음부터 완벽하게 공평한 보편성을 갖는다는 뜻은 아니다.

이런 우리의 상황에서는 성기 모더니즘의 원형 모델 가운데 가급적 서구적 문화 의미가 덜 배어 있는 것에 관심을 기울이는 것이 전략적으로나 명분상으로 현명한 선택일 수 있다. 가구식 구조와 벽체 구조라는 주제가 좋은 예다. 우리는 이미 십수 년간 수없이 많은 건물을 이 두 가지 모더니즘 구조 모델로 지어왔다. 표피에 더해지는 서구 양식은 여전히 우리에게 이질적이지만 그 뼈대를 짜는 구조 방식은 우리에게도 20세기를 대표하는 중립적 보편성을 갖게 되었다. 문화 차이를 뛰어넘어 공평한 전제 조건으로 받아들일 수 있게 되었다. 실제로 1990년 이후의 한국의 현대건축물을 검토해본 결과 많은 수는 아니지만 이 주제에 대한 명확한 인식을 추구하는 공통된 흐름을 발견할 수 있었다. 그 가운데서 한겨레신문사 사옥, 배-다리 건물, 동숭동 J.S. 빌딩, 두레빌딩 등 넷을 예로 삼아 한국 현대건축가들이 이 주제를 가지고 고민한 내용을 이야기해보자 한다.

10.

한겨레신문사 사옥,
배-다리 건물, 동숭동 J.S. 빌딩,
두레빌딩

10. 한겨레신문사 사옥, 배-다리 건물, 동숭동 J.S. 빌딩, 두레빌딩

한겨레신문사 사옥과 '즐거운 공포감' |

한겨레신문사 사옥과 배-다리 건물은 가구식 구조 프레임이 건물 본체의 벽체 구조를 감싸면서 밖으로 돌출한 공통점을 보여준다. 이렇게 밖으로 골격을 드러낸 가구식 구조 프레임은 곧바로 조형적으로 주도적 역할을 한다. 이런 점에서 이 두 건물은 일단 가구식 구조 골격을 기본 구성 체계로 삼는 성기 모더니즘의 건축관을 공유한다. 그런데 성기 모더니즘은 가장 정형적이면서도 효율적인 최소한의 가구식 구조 골격을 지킨 데 반해 이 두 건물은 가구식 구조의 골격을 과장 혹은 변형시켜 조형 요소로 사용한 점에서 전형적인 후기 모더니즘에 속한다. 이외에 중산층 주택가 사이에 자리 잡은 공통점을 추가로 갖는다.

이런 공통점을 제외하면 많은 점에서 두 건물은 서로 다른 건축 개념을 지니고 있다. 가장 큰 차이는 가구식 구조와 벽체 구조 사이의 관계에 대한 해석이다. 한겨레신문사 사옥에서는 가구식 구조를 심하게 과장해서 필요 이상의 골격을 자랑하지만 이것이 벽체 구조와 맺는 관계에 대해

10-1 조건영, 한겨레신문사 사옥

서는 모호한 양면성을 나타낸다.**10-1** 가구식 구조 프레임이 원형 매스의 벽체 구조를 끼워서 받친 모습이 한편으로는 과장된 골격에 걸맞게 거뜬해 보이면서도 동시에 다른 한편으로는 벽체 구조의 무게를 이겨내지 못해 힘들어 보이기도 한다. 벽체 구조의 거친 표면과 어두운 색채는 무게감을 더해준다.

이런 양면성은 성기 모더니즘에 대한 매너리즘다운 해석으로 이해할 수 있다. 성기 모더니즘의 이상적 건축 모델 중에는 가구식 구조와 벽체 구조를 명확히 분리한 다음 각각에 의해 새로운 모더니즘 공간(예를 들어 르코르뷔지에의 입체파 공간이나 미스 반데어로에의 균질 공간)을 창출하려는 시도가 핵심을 차지한다. 한겨레신문사 사옥에서도 조형 처리, 색채 처리 등을 통해 두 구조 방식 사이의 구별을 시도하지만 여기에서 구별은 성기 모더니즘에서와 같은 명확한 이분법의 분리가 아니라 대비와 혼합의 양면적 관계로 애매하게 처리되어 있다. 가구식 구조와 벽체 구조 사이의 구별이 지나

칠 정도로 과장되면서도 이것들 사이의 조형적 관계는 마치 떡 덩어리를
꼬챙이로 찔러놓은 것 같은 혼합 양상으로 처리해서 과장과 애매성이라는
전형적인 매너리즘다운 처리 기법을 보인다.[10-2, 10-3]

군이 양식 문제를 떠나서 정합이 잘 맞는 깔끔한 구조 방식을 추구하
는 건축가라면 한겨레신문사 사옥에 나타난 이런 양면성을 완결성이 부족
한 미숙함으로 느낄 수 있다. 다른 한편 이런 굵은 선의 거친 처리는 깔끔
한 건물에서는 느끼지 못하는 그 나름대로의 조형성을 갖는다. 벽체 구조

10-2
조건영, 한겨레신문사 사옥
10-3
아르날도 포모도로, 〈큰 공〉

10-4 이집트 카프르 피라미드에 부속된 계곡 신전의 히포스틸 홀. 석재 가구식 구조의 원형을 보여준다.
10-5 조건영, 한겨레신문사 사옥

도 하나의 커다란 기하 형태로 처리해서 거석문화라는 원시주의 모티브를 끌어들이고 있다.[10-4, 10-5] 굵은 선의 거친 처리와 어울리는 모티브다. 벽체 구조 밖으로 심하게 돌출된 가구식 구조의 굵은 선도 거꾸로 거석문화의 느낌을 강조해준다.

거석문화에서 느낄 수 있는 원시주의 가치는 거대 덩어리의 단순함과 간결함 속에 숨어 있는 경외감과 숭고미다. 거친 뿜칠spray coat로 처리한 커다란 덩어리의 벽체 구조는 디테일이 극도로 생략된 알 같은 하나의 이미지로 인식되기 때문에 복잡한 과정 없이 쉽게 마음속에 받아들여져 연상작용 같은 주관적 감상 작용을 유발할 수 있다. 이런 점에서 거석문화를 사용한 원시주의 건물은 초현실주의 그림처럼 내면에 주관적 환상을 불러일으키는 기능을 하게 된다. 한겨레신문사 사옥의 거친 이미지는 이런 심리 작용을 거쳐 '즐거운 공포감' 이라는 패러독스를 이야기하고 있다. 원시주의에서 나올 수 있는 전형적 효과다.

배-다리 건물과 구조적 솔직성 |

이에 반해 배-다리 건물에서는 가구식 구조와 벽체 구조 사이의 관계에 대해 명확한 개념을 표현하고 있다. 가구식 구조 골격이 완전히 노출된 가운데 전면 유리로 된 가벼운 벽체 구조를 감싸 안고 있다. 가구식 구조가 벽체 구조에 대해 완전 우위의 관계를 갖는 것으로 해석할 수 있다. 한겨레신문사 사옥에서는 가구식 구조가 벽체 구조의 무게에 대해 거뜬함과 버거움의 양면적 모습을 보여주었다. 배-다리 건물에서는 '거뜬함' 이라는 이미지를 극단적으로 표현한다. 구조 체계를 조형적으로 활용하는 기본 태도에서 구조적 솔직성structural honesty의 개념을 기본적인 출발점으로 삼아 전체 구성이 이루어지고 있다.[10-6]

10-6
최승원,
배-다리 건물

구조적 솔직성은 말 그대로 구조를 가리지 않고 노출하되 과장, 변형하거나 장식으로 화장하지 말고 기본 구성과 축조 원리를 충실히 지켜 드러낸다는 개념이다. 이때 구조의 기본 구성과 축조 원리를 드러내어 표현하기에는 벽체 구조보다 가구식 구조가 유리하기 때문에 구조적 솔직성은 보통 가구식 구조를 중심으로 구사된다. 배–다리 건물 역시 전형적인 경우다.

가구식 구조를 중심으로 한 구조적 솔직성은 성기 모더니즘이 추구한 이상적 원형 모델 가운데 하나였다. 바로크에서 19세기를 거치며 극에 달한 두 구조 체계의 혼용이 남긴 문제를 해결하려는 목적에서였다. 석재 구조를 사용해서 양식 사조 중심으로 진행되어온 역사주의에서 이런 혼용이 심했다. 예를 들어 바로크 건축에서는 내력벽의 벽체 구조가 구조 역할을 맡고 가구식 구조의 오더를 그 위에 장식용으로 덧붙이는 기교 처리가 성행했다. 구조적 효율과 기본 원리에 대한 충실함이라는 기준에서 보면 이런 처리는 혼란스럽고 비효율적이었다.

구조적 솔직성은 이런 혼란을 철근콘크리트와 철골이라는 새로운 근대 산업 구조로 일거에 정리하겠다는 의도를 담고 있다. 새로운 근대 산업 재료를 이용해서 가구식 구조에 구조적 역할을 전담시켜 역사 양식의 혼란과 비효율을 극복할 뿐 아니라 이 구조를 그대로 노출해서 말 그대로 '구조적으로 거짓이 없음을 천명' 한다는 것이었다. 이런 점에서 이 개념은 모더니즘 건축을 낳은 원동력 가운데 하나였다. 가구식 구조의 역할을 노골적으로 드러내며 벽체 구조가 가벽으로 느껴질 정도까지 여기에 종속시킨 배–다리 건물의 구성 개념은 성기 모더니즘의 구조적 솔직성 개념을 충실히 따른 것으로 이해할 수 있다.

중요한 차이도 있다. 성기 모더니즘에서는 가구식 구조와 벽체 구조 사이의 명확한 역할 분리를 추구하긴 했지만 이것 자체가 최종 목표는 아니었다. 새로운 구조 방식이 만들어내는 근대적 공간의 창출이 최종 목표였다. 르코르뷔지에 건축의 정수를 도미노 시스템의 라멘rahmen 구조 자체로 한정하는 것은 너무나 무미건조하다. 라멘 구조의 새로운 구조적 가능성을 이용하여 입체파 공간이라는 완전히 새로운 근대적 공간을 창출해낸 것이 르코르뷔지에 건축의 정수이자 최종 목적이다. 미스 반데어로에도 마찬가지다. 그의 건축의 정수와 최종 목적은 철골 가구식 구조와 유리벽이 만들어내는 균질 공간이라는 또 다른 새로운 근대적 공간을 창출한 것이었다.[10-7]

이렇게 보았을 때 성기 모더니즘에서 가구식 구조와 벽체 구조의 분리는 구조 개념상의 분리였으며 우리 눈에 보이는 최종 결과물에서는 근대적 공간이라는 더 큰 매개 속에서 통합된 모습으로 나타났다. 이에 반해

10-7 미스 반데어로에, 판스워스 하우스, 미국 일리노이

배–다리 건물에서는 두 구조 개체가 구조 개념뿐 아니라 최종 결과물에서도 명확히 분리된 모습으로 나타나고 있다. 이것은 성기 모더니즘의 건축 개념 가운데 한 가지만을 차용해서 극단적으로 표현한 경우로, 이런 처리 기법 역시 후기 양식 혹은 매너리즘다운 기법 가운데 하나다.

이런 점에서 배–다리 건물은 한겨레신문사 사옥과 같은 입장을 취하는 것으로 볼 수 있다. 차이도 있어서 한겨레신문사 사옥의 매너리즘 기법은 성기 모더니즘의 결벽증을 중화하려는 방향으로 시도된 데 반해 배–다리 건물은 성기 모더니즘의 원형 개념을 다이어그램을 써가며 큰 목소리로 과장되게 설명하는 방향으로 시도했다.

한겨레신문사 사옥과 맥락주의 |

한겨레신문사 사옥과 배–다리 건물 사이에 나타나는 공통점과 차이점은 가구식 구조 자체의 처리에서도 반복된다. 두 건물 모두 가구식 구조를 밖으로 노출시켜 조형 어휘로 활용한다는 큰 방향에서는 공통점이 있다. 이런 점에서 둘 다 후기 모더니즘으로 분류할 수 있다. 이것을 처리한 구체적 기법에서는 많은 차이점을 보여준다. 한겨레신문사 사옥은 후기적 기법 가운데에서 매너리즘다운 처리를 보여주며 후기 모더니즘에 머물지 않고 맥락주의까지 나아간다. 반면 배–다리 건물은 구조 처리 자체의 후기적 각색에 집중하며 개별 건물의 조형적 과장에 머문 점에서 후기 모더니즘의 전형적 예에 해당된다.

한겨레신문사 사옥의 가구식 구조는 철근콘크리트인데 건축가는 이 재료의 특성을 조형성보다는 둔탁한 격자 프레임으로 풀어내고 있다. 장식이나 어떠한 조형 처리도 극도로 자제한 완벽한 격자 프레임은 마치 이집트의 가구식 구조를 모델로 삼아 18세기에 피라네시Giovanni Battista Piranesi와 르루아Julien-David LeRoy 사이에 벌어진 오더 석구조의 원형 논쟁을 연상시킨다. 철근콘크리트의 재료적 가능성을 격자 프레임 자체에서 찾으려는 시도는 성기 모더니즘 건축에 들어와 프랑스의 오귀스트 페레에 의해 시작된 후 미국의 콘크리트 건축가 앨버트 칸Albert Kahn에서 중요한 발전을 거치며 원형 구조를 완성시킨다. 한겨레신문사 사옥의 격자 프레임은 기둥과 보 자체의 크기도 과장되었을 뿐 아니라 건물 본체 좌우 양측으로 심하게 노출된 점에서 페레와 앨버트 칸의 원형 모델에 대한 매너리즘다운 일탈을 잘 보여준다. 격자를 구성하는 수직, 수평 부재의 단부를 막지 않고 프레임 선 밖으로 돌출시킨 처리는 탈규칙의 긴장감을 배가시켜준다.

이런 모습은 보는 사람에 따라서 다양한 평가가 나올 수 있다. 부정적 의견을 보면, 과도한 프레임 자체가 부담스러울 수 있으며 낭비 요소로 판단하는 사람도 많았다. 단순한 개념을 추구하면서도 부재를 과다 사용한 모순은 세심함이 결여된 불쾌감으로 느껴질 수 있다. 긍정적 측면도 많다. 건축가 스스로 밝혔듯이 이 건물은 서울의 전형적인 중산층 주택가인 공덕동의 주변 분위기와 잘 어울리는 묘한 매력을 지녔다. 건축가는 거친 이미지와 조악한 디테일 처리가 주변 분위기와 어울리기 위한 의도적 전략이었음을 밝히고 있다.**10-8**

건물 규모, 주변 환경, 건물 터가 경사지인 점 등을 생각해볼 때 처음부터 한 가지 확실한 의도로 설계하지 않았다면 이 건물은 쉽게 주변을 제압하고 주변과 격리된 채 혼자서 튀는 외톨박이로 남았을 것이다. 한겨레신문사 사옥은 이런 위험을 잘 피해가고 있다. 벽체 구조에 사용한 어두운 색채와 거친 질감, 그리고 가구식 구조에 사용한 붉은 콘크리트 프레임(현재는

10-8 ■ 10-9 조건영, 한겨레신문사 사옥

연두색으로 바꿔 칠했다)은 주변 주택가에서 가장 많이 나타나는 조형 요소다.

　한겨레신문사 사옥은 주변과 어울리는 조형 요소를 사용해서 맥락 환경에 대해 조화로운 대표성을 확보한 점에서 기본 방향 설정이 타당하다.

서구식 모더니즘의 유입과 함께 시작된 한국 근현대사의 어두운 모습 가운데 하나가 서울의 중하류층 주택이라는 점, 그리고 이런 주제와 관련해서 한겨레신문이라는 집단이 갖는 상징적 이미지 등을 고려해볼 때 그렇다. 성기 모더니즘에 대한 패러독스의 해석 위에 중하류층 주택가의 이미지를 오버랩한 처리는 역사적 의미를 획득한 것으로 평가할 수 있다. 이런 점에서 구조 체계를 이용한 맥락주의로 정의할 수 있다.[10-9]

배-다리 건물과 구조 후기 모더니즘 |

배-다리 건물의 가구식 구조는 철골조이기 때문에 한겨레신문사 사옥의 철근콘크리트 격자 프레임과는 완전히 다른 처리 경향을 보인다. 배-다리 건물에서는 벌거벗은 가구식 철골 프레임을 기본 구조로 삼아 재료 특성에 맞게 접합부의 조임, 용접, 달아매기 같은 디테일 처리를 더했다.[10-10] 이런 처리는 미스 반데어로에가 발명한 구조 원형을 강조, 변형한 것으로 볼

10-10
최승원,
배-다리 건물

10-11 미스 반데어로에, 레조 하우스, 미국 와이오밍

수 있다.

　미스 반데어로에는 성기 모더니즘의 구조 원형 가운데 하나인 철골 뼈대의 노출 정도, 노출부의 처리, 이것과 유리 커튼월과의 관계 등에 대해 조심스럽게 접근해서 비교적 섬세하고 절제된 원형 모델을 창출했다.[10-11] 꼭 필요한 것만 갖추고 표현한다는 기본 전제 아래 스터드 접기 같은 최소한의 장식 처리만 가해서 섬세하면서 날카로운 여러 겹의 굵고 가는 수직선을 병렬시킨 실루엣을 만들어냈다.[9-2, 9-4, 10-7]

　배-다리 건물은 이런 미스의 구조 체계를 받아들여 과감하게 노출시키고 이곳저곳을 강조해서 변화시키고 있다. 성기 모더니즘의 이상인 구조적 솔직성이 지나쳐 당돌함으로까지 느껴진다. 구조 방식 자체도 사선 부재와 달아매기 등 미스의 원형 모델에는 없는 기법을 도입했으며 부재 사용량도 과다하다. 구조를 대하는 기본 태도가 솔직성보다는 조형성에 있음을 알 수 있다. 구조적 솔직성의 궁극적 목적이었을 구조적 효율성에 대해서도 분명한 일탈의 태도를 밝히고 있다.

배–다리 건물에 나타난 이런 내용은 모두 후기 모더니즘의 전형적인 특징에 해당된다. 성기 모더니즘의 원형 모델을 사용해서 과장, 변형시키고 있다. 한겨레신문사 사옥에서는 과장, 변형이 그 자체에 머물지 않고 주변 환경과 어울리는 맥락주의로 나아갔으며 이런 점에서 후기 모더니즘 한 가지로만 분류되지 않는 복합성을 보였다. 반면 이곳에서는 과장, 변형이 단일 건물 자체의 조형성에 국한되었으며 그 자체가 목적인 점에서 후기 모더니즘의 전형적 예에 속한다.

배–다리 건물은 주변 맥락 속에서 두드러진 모습을 드러내며 독립 오브제로 존재한다.[10-12] 이것 역시 성기 모더니즘의 엘리트주의를 받아들여 강조한 후기 모더니즘의 기본 특징이다. 주변 환경과 단절된 배–다리 건물의 특징이 반드시 나쁜 것은 아닐 수도 있다. 무엇보다 주변 환경 자체가 대표적 건축 요소를 찾아낼 만한 통일성이 없다. 이런 상황에서는 주변 환경과의 조화보다 단일 건물의 조형성을 통해 후기 모더니즘의 경향을

10-12 최승원, 배–다리 건물

분명히 밝히는 것이 더 유용한 접근 방법일 수 있다.

동숭동 J.S. 빌딩과 대립적 반모더니즘 |

한겨레신문사 사옥과 배-다리 건물이 공통점과 차이점을 나누어 가지면서 좋은 짝이었듯이 동숭동 J.S. 빌딩과 두레빌딩도 또 다른 기준에서 좋은 짝을 이룬다. 두 건물은 대학로라는 개성이 강한 상업지역에 자리 잡았으며 가구식 구조와 벽체 구조를 대립적으로 사용한 공통점이 있다. 한겨레신문사 사옥과 배-다리 건물은 가구식 구조와 벽체 구조 사이의 명확한 구별을 기본 전제로 하는 성기 모더니즘의 원형 모델을 차용해서 과장, 변형한 점에서 후기 모더니즘에 속한다. 반면 동숭동 J.S. 빌딩과 두레빌딩은 모두 두 구조 방식의 명확한 구별에 반대한 점에서 반反모더니즘Anti-Modernism 정도로 부를 수 있다. 반면 이것을 표현하는 구체적 처리 기법에서는 앞의 짝처럼 차이점이 많다.

동숭동 J.S. 빌딩에서는 가구식 구조와 벽체 구조를 각각 독립 구조체로 분리한 뒤 극단적으로 대비시키고 있다. 건물의 전체적인 조형 처리도 대비를 강조하는 방향으로 시도한다. 가장 눈에 띄는 점은 가구식 구조를 철골조로, 벽체 구조를 철근콘크리트조로 처리해서 구조 공법까지 대립시킨 것이다. 이런 극단적 대립을 출발점으로 삼아 두 구조 체계의 고유한 특징을 강화시켜 대립을 더 강화한다. 9-6, 10-13

벽체 구조는 콘크리트의 반죽 특성을 살려 덩어리로 처리해서 벽체다움을 강조했다. 벽체 구조를 기둥이 섞이지 않은 순수 내력벽으로 만드는 경향은 한국 현대건축에서 드문 경우인데 철골조로 구성된 가구식 구조에

10-13
조건영,
동숭동 J.S. 빌딩

대비시키기 위해서 그런 것으로 보인다. 이 부분을 철근콘크리트로 처리한 것은 콘크리트의 재료 특성을 라멘 구조의 구조적 효율성이 아닌 덩어리 조형성으로 잡았다는 뜻인데 이것도 드문 경우다. 덩어리는 삼각뿔을 기본 입체 기하로 삼아 수직 방향으로 날카롭게 다듬어서 조형성을 강조했다.

반면 가구식 구조는 선형 부재를 노출해 가구식 구조 본연의 조형성을 과장했다. 수평, 수직, 사선 방향으로 선형 구조 부재를 드러내 격자 프레임으로 기본 골조를 짰다. 뼈대를 고스란히 드러냈으며 이것을 강조하기 위해 꼭 필요하지 않은 사선 부재도 섞어 썼다. 기둥과 보를 접합시키는 디테일도 가리지 않고 드러내서 시각 요소로 활용한다.

두 구조 체계를 모더니즘과의 관계에서 보면, 먼저 벽체 구조는 처음부터 반모더니즘 성격을 지닌다. 콘크리트의 재료 특징을 덩어리 조형성 같은 자유 형태 생성 능력으로 본 것은 모더니즘 내에서 독일 표현주의 계열에 속한다. 실제로 이 건물에서 벽체 구조로 처리한 부분은 표현주의 건축의 삼각뿔 모습을 차용하고 있다. 표현주의 건축은 르코르뷔지에와 미스 반데어로에가 이끄는 추상 아방가르드 중심의 성기 모더니즘 반대편에 선 사조였기 때문에 이것을 좇은 이 건물의 콘크리트 벽체 구조는 일정 부분 반모더니즘을 표방한 것으로 볼 수 있다.

반면 철골 가구식 구조로 짠 골조 프레임은 모더니즘에 대해 배-다리 건물과 유사한 태도를 갖는 점에서 후기 모더니즘으로 볼 수 있다. 반모더니즘과 후기 모더니즘으로 갈리는데 이 두 양식은 기본적으로 대립적이다. 서로 이질적인 두 구조 체계가 공존하는 모습이나 디테일 처리 등에서 대립 구도는 쉽게 파악된다. 골조 프레임만 덩그러니 남아 투명 막을 친 것 같은 철골 가구식 구조는 콘크리트 반죽을 부어 일체식 구조로 세운 벽체 구조의 불투명한 덩어리 모습과 대비된다.[10-14] 가구식 골조 프레임의 투명한 선형 요소 하나에 대해 벽체 구조는 면, 입체, 고형성, 폐쇄성 등 여러 종류의 대립 요소를 대비시킨다.

대비는 계속된다. 구조 체계와 외관 모습의 대비에 색채, 표면 질감, 기능 프로그램 등 여러 겹의 대비가 더해지면서 극단적인 갈등 구조로 발전한다. 철골 가구식 구조에는 강한 붉은 원색을 도장해서 금속 재료의 표면 질감을 살렸으며 건물의 주요 기능을 배당했다. 콘크리트 벽체 구조에는 우울한 회색을 칠하고 표면도 거칠게 처리했으며 계단과 화장실 같은

10-14 조건영, 동숭동 J.S. 빌딩

서비스 기능을 배당했다. 대립과 갈등 구도는 건물에 강한 인상을 줘서 개성 강한 상업지역에서 자신의 존재를 알리는 역할을 한다. 간판과 네온사인이 난무하는 상업지역에서 존재 의미를 획득하기 위해서는 강하게 튀어야 하는데 그 목적을 잘 달성한 것 같다.

다른 한편, 대비 구도가 지나친 갈등으로 발전하는 것을 조심스러워하는 신중함도 느껴진다. 공통의 조형 요소를 넣는 방식인데, 두 구조 체계의 지붕을 모두 삼각형 프레임으로 처리한 점이 대표적이다. 시각적 자극이 강하기 때문에 일차적으로는 상업 건물에 필요한 랜드마크로 만든 것이겠지만 두 구조 체계를 한 지붕 아래 모이게 해주는 봉합의 역할도 하고 있다. 두 부분이 결국에는 하나의 건물을 구성하는 부분이라는 사실마저 깨뜨리고 싶지는 않은 것 같다. 실제로도 그렇게 보인다. 자칫 불쾌한 긴장으로 끝나기 쉬운 갈등 구도가 삼각형이라는 공통 요소 덕에 조형적으로 순화되어 있음을 느낄 수 있다. 전혀 다른 두 개체가 사이좋게 어깨

동무하는 느낌도 받는다.

　한겨레신문사 사옥에서 '즐거운 공포' 라는 패러독스를 이야기한 건축가는 이곳에서는 '갈등적 조화' 라는 또 다른 패러독스를 이야기한다. 모더니즘을 둘러싸고 진행되어온 지난 60여 년의 한국 현대사가 하나의 패러독스였다는 가정에 동의할 수 있다면 이 두 건물에서 시도하는 건축가의 조형 의도는 타당하다. 구조 시스템과 관련된 성기 모더니즘의 엄숙한 결벽증이 패러독스의 유희로 변질되어 있는데 이는 건축에서 감상할 만한 역사 해석에 해당된다.

두레빌딩과 포스트모더니즘의 유희 욕구 |

두레빌딩에서는 가구식 구조와 벽체 구조 사이의 대립 관계를 훨씬 애매하고 은유적으로 표현하고 있다. 이 건물의 골격은 아무 곳에서나 흔히 볼 수 있는 철근콘크리트의 가구식 구조인데 그 위에 표피를 한 겹 씌워서 벽으로 막았다. 여기까지는 주변에서 매일 보는 대부분의 건물에 해당되지만 그 표피를 벽체 구조의 존재를 은유적으로 암시하는 기법으로 처리한 점이 이 건물만의 작품성을 결정하고 있다. 부드럽고 완만한 곡선을 드러내면서 약간 기우뚱한 부채꼴 모양의 변형 사각형 벽체가 건물 전면을 가로막고 서 있고 아주 작은 정사각형 창을 규칙적으로 점점이 뚫었다.[9-5] 여기에 머물지 않고 왼쪽 계단실 부분에 한겨레신문사 사옥처럼 가구식 구조의 격자 프레임을 밖으로 돌출시켰다.[10-15] 이로써 가구식 구조와 벽체 구조를 혼용한 셈이 되었는데, 건축가는 처음부터 대립보다는 조화와 보완을 염두에 둔 것 같다.

10-15 유건, 두레빌딩

　두 구조 체계 사이의 명확한 대립을 기본 개념으로 가정한 동숭동 J.S. 빌딩에서와 같은 구조적 명쾌함이 두레빌딩에서는 나타나지 않고 있다. 그보다는 조형 조작을 통한 은유적 처리가 주요 특징이다. 건물 왼쪽에 치우쳐 돌출한 기둥과 보는 가구식 구조로 읽히지 않고 대형 사다리 같은 조형 요소로 읽힌다. 두 건물 모두 반모더니즘에 속하지만 양식 이름을 한 번 더 사용하자면 동숭동 J.S. 빌딩은 후기 모더니즘에 가깝고 두레빌딩은 포스트모더니즘에 가깝다는 차이가 있다.

　두레빌딩은 가구식 구조의 골격을 벽체로 한 겹 싸서 감춘 후 벽체의 일부분을 찢어내 가구식 골격이 부분적으로 드러나도록 처리했다.**10-16** 가

10-16 유건, 두레빌딩

구식 구조와 벽체 구조 사이의 구조적 관계, 위계적 관계, 공간적 관계 같은 모든 건축적 관계를 명확히 표현하지 않는 것이다. 그보다는 각 구조 체계의 조형 처리에 중점을 두었다. 찢어진 벽체 사이로 부분적으로 돌출된 가구식 구조는 회색과 노란색의 두 프레임을 겹친 것처럼 처리했다. 사다리 모양에는 회색을, 거꾸로 된 ㄱ자 모양에는 노란색을 부여했다. 가구식 구조와 벽체 구조 사이의 정합이 잘 맞는 완벽한 짜임새를 이상적 원형 모델로 추구한 성기 모더니즘 건물과 비교해볼 때 두레 빌딩에서 나타난 일탈 현상은 포스트모더니즘이라 부르는 건축 경향의 하나로 분류할 수 있다.

가구식 구조와 벽체 구조가 맞선 모습도 대립이나 갈등보다는 포스트모더니즘의 조형성이라는 제3의 목적을 공유하는 같은 편으로 느껴진다. 두 구조 체계는 내력 역할을 담당하는 구조보다는 기하 형태 같은 조형 요소로 받아들여진다. 보의 위치에 가짜 창을 뚫은 것 같은 갈등 구도가 있긴 하지만 전체적 느낌은 가구식 구조와 벽체 구조 사이의 명확한 관계를 표명해야 할 모더니즘의 의무를 거부하는 것으로 보인다. 둘 사이의 관계를 애매하게 흩뜨려서 파생되는 혼란 상황을 즐기고 싶어 하는 유희 욕구가 더 강하게 느껴진다. 이런 조형 의도들이 바로 포스트모더니즘인 것이다.

후기 모더니즘과 상업주의의 질곡 |

두 건물의 특징은 대학로라는 특수한 주변 환경에 대한 건축적 대응 전략의 성격이 짙다. 대학로는 1960~1970년대까지는 서울대 문리대와 마로니에 공원이 상징하듯 지성의 거리였지만 1980년대 이후에 상업 공간이 급속히 더해지다 2000년대에는 연극이 한 번 더 더해진 특이한 배경을 갖고 있다. 건축 재료로 좁혀보면 서울대 문리대에서 김수근의 '미술회관-문예회관-샘터 사옥'으로 이어지는 벽돌 전통이 강한 지역이다. 이후에도 바탕골 등 벽돌 건물이 계속 지어졌는데 벽돌은 지성적 분위기와 잘 어울리면서 1980년대까지 대학로의 주요 상징 요소가 되었다. 상업화가 심하게 진행된 지금도 중심부에서는 벽돌이 주요 맥락을 형성하고 있다.

이런 상징성은 어느새 건축가들에게 대학로만의 맥락 전통으로 인식되면서 이곳에 건물을 설계하는 건축가는 여기에 대응하는 자신만의 태도를 분명히 정하고 이것을 치밀한 건축 기법으로 표현해야 하는 의무를 지게 되었다. 1990년대 이후에는 시대가 바뀌었다는 전제 아래 벽돌의 무게를 과감히 벗어던지며 노출 콘크리트를 많이 사용하는 추세다. 이런 추세는 시대 흐름을 따라가면서 건축 기록을 축적하는 긍정적 의미도 크나 이질적 재료가 혼재하면서 상업성을 부추기는 부정적 측면도 크다.

동숭동 J.S. 빌딩과 두레빌딩은 모두 대학로에 나타나고 있는 이런 갈등 상황에 대해 젊은 층의 상업 문화를 대변함으로써 전통 맥락을 부정하는 태도를 갖는다. 동숭동 J.S. 빌딩의 건축가는 이 건물이 '하나의 이벤트로서 …… 경쾌함과 솔직 담백하게 드러난 뼈대 구조, 그리고 군더더기가 필요 없는 젊음의 대명사……' 라는 말로 자신의 의도를 설명하고 있다. 두레빌딩의 건축가는 이와 반대로 대학로가 갖는 기존의 갈등 상황을 거부하면서 이 건물이 '사용 세대들의 문화 특성을 수용하며 …… 1990년대 문화의 일부로 인지되기를 바라면서' 라는 말로 문화적 의지를 강조하지만 상업 건물의 특징을 애써 포장한 것일 뿐 벽돌 맥락과 결부된 지성적 전통은 분명히 부정하고 있다.

동숭동 J.S. 빌딩에 나타나는 갈등 구도를 오히려 '상업화에 동조하는 의미 없는 벽돌 세력 집단에 항변하는 상징성' 으로 해석한 주장이 제기되기도 했다. 그러나 이 건물이 젊은이들의 빠른 맥박을 부추기며 대학로의 상업화를 한몫 거든 사실은 부인하기 어려울 것 같다. 가구식 구조의 수평 프레임이 상업 간판을 붙이기에 아주 적합한 것을 보면 이 부재는 처음부터 간판 자리로 가정하고 만든 것이 아닌가 하는 생각까지 하게 된다.[10-17] 두레빌딩도 마찬가지여서 벽체를 찢고 돌출한 수평 프레임은 여지없이 간판을 붙이는 장소가 되었다.[10-18]

우리는 이 두 건물에서 시대의 변화를 읽을 수 있다. 구조적 솔직성과 효율성이라는 모더니즘 건축의 이상적 가치를 확립하는 가장 기본적 매개

10-17 조건영, 동숭동 J.S. 빌딩
10-18 유건, 두레빌딩

였던 가구식 구조가 어느새 세월이 지나 상업 간판을 붙이는 용도로 쓰이는 시대가 되었다. 이런 현상은 어떤 면에서는 상업주의가 이 시대에 발하는 절대적 권위를 상징하는 조그마한 일례에 불과할 것이다. 모더니즘을 낳은 '새로운 유토피아의 창출'이라는 사회적 동인은 이러저러한 이유로 사라지고 이제 모더니즘 어휘만 남았다.

혹은 모더니즘 프로젝트의 궁극적 목적이 결국 물질적 풍요가 아니었나 하는 자괴를 지울 수 없다. 모더니즘 초기에 제시된 숭고한 각종 거대 담론은 모두 사라지고 오직 돈만 남아 소비상업주의가 난무하는 시대로 변질되었다. 두 건물은 이렇게 변한 시대에 적응해서 살아남기 위한 안간힘으로 느껴진다. 르코르뷔지에와 미스 반데어로에의 이상적 원형 모델을 낳은 상황들도 모두 사라지고 그들의 모델과 후예들만 남게 되었다. 그 후예들은 스승의 모델을 가지고 후기적 혹은 포스트적 시대 상황에 맞추기 위해 이런저런 궁리를 하고 있다.

소비 산업시대에 상업주의가 갖는 현실적 당위성은 한국 건축가들을 구속하는 제1 조건이 되어버린 지 오래다. 건축가들은 여기에 서양 건축의 맹종은 피하면서 한국적 모더니즘을 창출해야 하는 이중고에 시달리고 있다. 하지만 아직 그 누구도 어디까지가 서양의 맹종이고 어디까지가 한국적 모더니즘인지, 더 근본적으로 어디까지가 진정한 창작인지 속 시원하게 이야기해주지 못하고 있다. 한 가지 확실한 것은 모더니즘은 서양 문명이었지만 그것이 남긴 원형 모델은 이제 중립적인 균등 조건으로 우리에게 주어지고 있다는 사실이다. 그리고 가구식 구조와 벽체 구조라는 구조 매개를 그러한 균등 조건을 결정 짓는 제1 요소로 제시하고 싶다. 지금까지 살펴본 네 개의 건물에 나타난 가구식 구조와 벽체 구조를 다루는 기법들은 건축가를 둘러싼 상업주의의 제한적 상황 속에서 서양 것과 우리 것의 경계를 뛰어넘을 수 있는 주제가 아닐까 생각해본다.

11.

환기미술관과
건축적 리얼리즘의
가능성

11. 환기미술관과 건축적 리얼리즘의 가능성

건축에서 '리얼리즘' 이라는 것 |

우리는 남녀 간의 사랑 이야기를 다룬 드라마에서 남녀 주인공 사이에 끊임없이 우연한 만남이 이어지는 것을 보며 현실성이 없다고 얘기하곤 한다. 그러면서도 그런 우연을 극적 요소로 받아들여 허무맹랑한 거짓 이야기에 빠져들어 '○○페인' 이라는 말까지 만들어내게 된다. 또 일상생활과 똑같은 얘기를 그려내는 드라마는 재미가 없다고 불평한다. 드라마는 현실 이야기를 다루긴 하지만 결국 거짓말과 사실을 적절히 섞어놓아야 좋은 작품이 된다. 비단 드라마만의 문제는 아니어서 예술을 사람 사는 이야기를 다루는 것으로 정의했을 때 모든 예술 분야에 공통으로 적용할 수 있는 문제다.

　사람 사는 이야기를 다룬 예술 세계가 우리의 현실 세계와 어느 정도 닮고 또한 어느 정도 달라야 하는지의 문제는 어떻게 보면 예술을 결정 짓는 가장 근본적인 기준 가운데 하나다. 실제로도 이 문제는 '예술적 현실성artistic reality' 이라는 매우 중요한 주제로 다루어진다. 사조를 기준으로 하면 리얼리즘 계열의 예술운동이 현실 세계와의 유사성을 기본 목표로 삼아 이 주제를 가장 심각하게 다룬 경우다. 장르별로 볼 때는 일상생활을 직접 소재로 차용하는 공연 예술이나 문학에서 이 주제가 상대적으로 더 많은 중요성을 띤다.

시각예술에서도 이에 못지않게 현실 세계를 그려내는 방법을 놓고 그 나름대로 많은 고민과 이론이 있어왔다. 건축은 어떨까. 건축이 표현하는 예술 주제 중에도 리얼리즘의 개념으로 분류될 수 있는 내용이 많은 것이 사실이다. 그럼에도 장르의 특성상 건축에서는 리얼리즘의 주제가 활발히 논의되어오지 않았다. 그 이유는 건축 자체가 극단적인 현실성과 극단적인 비현실성이라는 두 가지 상반된 개념을 동시에 포함하기 때문이다.

건물은 사람들의 일상생활을 담기 때문에 그 자체가 곧 예술적 현실이 되는 동시에 이것이 하나의 예술 세계로 성립되기 위해서 그만큼 형이상학적 해석이 강하게 요구되므로 비현실적 측면이 많은 것 또한 사실이다. 집은 그 자체로 일상이고 생활이지만 조금 다르게 생각하면 그것을 담는 물리적 그릇일 뿐 현실과는 아무 상관이 없을 수도 있다. 이것이 현실이 되기 위해서는 여러 상징과 형이상학적 의미를 부여하는 해석 과정을 거쳐야 한다. 건축은 아주 당연한 현실이었기 때문에 현실이란 말이 따로 필요 없었으며 동시에 항상 현실과 한발 떨어져 있어야 해서 또한 현실이란 말이 어울리지 않았다.

모더니즘 건축도 이런 현실성의 관점에서 해석할 수 있다. 모더니즘은 전통 건축을 새로운 문명 체계에 맞지 않는 비현실적 예술 세계로 단정 지으며 현대 세계에 맞는 가장 현실적인 건축 모델을 찾는 과정이었다. 가장 대표적인 내용은 일상생활을 '기능'으로 정의하려는 것이었다. 기능은 반드시 실패한 모더니즘을 상징하는 부정적 의미에서의 획일화된 동선만을 의미하지는 않았다. 그보다는 모더니즘이라는 새로운 문명 체계가 가져온 변화상에 맞는 다양한 건축적 경험 쪽에 가까운 개념이었고, 이 기능들을 모으면 새로운 건축적 현실이 된다.

문제는 모더니즘에 원죄처럼 따라다니는 자본주의의 상업 논리에 의해 원래의 다양한 기능 개념이 획일화된 박스 건물로 변질되기 시작했다는 것이다. 물론 모더니즘 건축이 아무리 기능을 다양하게 정의했다 해도 구체적 결과물을 지나치게 산업 생산 방식에 의존하는 중성적 추상 어휘로 표현한 데에도 주요 원인이 있었다. 모더니즘 건축은 전통 건축을 비현실적이라 비판하면서 현실성을 새로 정의하려 했지만 정작 일상생활의 흔적 같은 리얼리즘 요소를 모두 지운 극도의 추상 어휘로 현실성을 구축하는 자기모순에 빠졌다.

모더니즘 추상 건축의 비현실성 |

건축은 장르적 특성상 현실성의 개념을 기능과 일상생활의 흔적이라는 두 가지로 해석할 수 있는 특이한 구도를 갖는다. 둘 사이의 관계를 어떻게 설정할 것인가는 건축가 개개인, 나아가 한 양식 사조의 기본 철학 문제이다. 둘을 같은 것으로 보면 일상생활의 흔적이 많이 남게 되는데 이것은 회화나 조각에서 구상의 흔적이 많이 남는 것에 대응될 수 있다. 추상적 세계관 위에 성립된 모더니즘 건축과는 어긋나는 방향이다. 모더니즘 건축은 '추상-산업 재료-자본주의'의 삼각 편대를 핵심 배경으로 두면서 건축에서 현실성을 일상생활의 흔적을 지운 차가운 추상 기하 형태로 정의했다.

　　일상생활의 흔적이란 오랜 시간에 걸쳐 존재론적 욕구들이 남겨놓은 자연스런 조형 환경을 일컫는다. 재래적 공예 환경일 수도 있고 반(反)정리 기능을 갖는 비정형 공간일 수도 있으며 모더니즘이 그토록 반대한 포괄적 의미의 전통 역사 양식일 수도 있다. 모더니즘의 패착은 이렇게 건축적 현실성의 다양한 내용을 세밀하게 구별하지 않고 모두 한 묶음으로 처리한 것이다. 그렇다 보니 전통에 반대하는 과정에서 지우지 말았어야 할 소중한 것까지 모두 지워버리면서 극단적으로 비현실적인 추상 세계를 해답으로 제시해 결과적으로 실패를 겪게 된 것이다.

　　당시의 시대 상황이나 산업 재료라는 새로운 매개의 건축적 특징을 고려했을 때 모더니즘 건축이 전통 역사 양식을 반대한 데에는 상당한 타당성이 있다고 볼 수 있다. 그러나 통상적인 일상생활의 흔적까지도 전통 역사 양식과 같은 것으로 묶어버린 점은 무척 거칠고 단순한 시각이었다. 모더니즘 건축은 극단적 리얼리즘을 추구했지만 결과적으로는 그만큼 비현실적 세계를 만들어놓는 자기모순을 드러냈다. 이렇게 극단적으로 단순화된 새로운 건축 현실을 누구보다 반긴 것은 자본이었고 그 이후의 상황은 지금 우리의 회색 콘크리트 조형 환경이 증명하고 있다.

　　1960년대 이후 등장한 반(反)모더니즘 건축 운동 중에는 건축적 현실성에서 제외된 일상생활의 흔적을 복원해 리얼리즘을 새롭게 정의하려는 여러 운동들이 있다. 상식적이고 좀 더 그럴듯한 현실 세계를 추구하는, 이를테면 홈드라마 같은 건축 경향으로 이해할 수 있다. 그 내용도 여러 가지여서 추상과 기능이 건축적 현실성에서 차지하던 절대 자리를 구상과 일상생활의 어휘로 대체하려는 극단적인 반(反)기능주의부터 합리성의 전제 조건을 받아들이되 지역 단위별로 고유한 일상의 모습을 담아내려는 지역주의나 토속 건축에 이르기까지 다양한 시도가 나오고 있다.

모더니즘의 당위성을 완전히 부정할 수는 없다. 모더니즘을 한번 겪고 난 뒤의 치유 운동은 이것을 완전히 대체하는 방향으로 나타나지는 못한다. 그럴 경우 또 하나의 위험한 극단에 빠지게 된다. 관건은 중화다. 합리주의가 중화에 적합한 개념일 수 있다. 현대건축에서 현실성은 일상생활 속 조형 환경에서 드러나는 특수성을 어떤 방식에 의해 어느 정도까지 보편화할 것인가의 문제인데 합리주의가 중간적 균형을 잡기에 제일 적합하다.

합리주의, 리얼리즘, 초합리주의 |

합리주의는 기계문명과 자본주의의 기본 가치관을 구성하는 개념이면서도 몇 가지로 획일화된 조형 결과를 강요하지는 않기 때문에 모더니즘 건축의 한계인 추상–기능 제일주의의 극단에 빠지는 위험에서 자유로울 수 있다. 논리 전개에서 구조적 균형을 추구하기 때문에 기능적 해석이 갖는 효율성 및 경험적 매개로의 전환 가능성 같은 장점을 포괄할 수 있다. 서구 건축에서 합리주의는 고전 건축과 고딕 건축이라는 양대 전통 모델을 신문명에 맞게 새롭게 해석해내는 과정에서 구체화된 데에서도 알 수 있듯이 전통 가치에 대해서도 기본적으로 포용적인 입장을 취한다.

이런 점 때문에 합리주의는 모더니즘의 현실적 당위성을 인정하는 범위 내에서 다양한 건축적 현실성을 찾는 일단의 현대건축가 사이에 보편적인 가치 체계로 공통적으로 받아들여지고 있다. 현대건축에서 이상적 현실성은 모더니즘이 구축한 보편성을 받아들이되 최소화한다는 가정 위에 각 지역 문화 단위가 처한 특수성을 더해내는 방향으로 시도되고 있

11-1 아르두이노 칸타포라, 〈베니스의 환상〉
11-2 우규승, 환기미술관

다. **11-1, 11-2** 양식 사조로는 신합리주의Neo-Rationalism나 포스트모던 도시 운동 Postmodern Urbanism으로 분류되는 여러 종류의 건축 운동이 이런 시도에 해당된다.

모더니즘에서 합리주의는 기능주의와 동일한 맥락을 가지며 효율성과 단순화^{reduction}라는 산업–기술 가치를 추구했다. 현대건축에서 합리주의는 산업–기술 모델을 유형 개념에 의해 다양하게 분화시킨 뒤 지역 단위의 일상생활이라는 현실성을 담아 표현해내는 방향으로 발전하고 있다. 이처럼 현대건축의 합리주의는 좁은 의미의 합리주의에 현실 상황을 추가로 담아낸다는 점에서 초합리주의^{Surrationalism}의 특징을 강하게 나타내고 있다. ^{11-3, 11-4}

11-3 로드리고 페레스 데아로세, 〈크레용
으로 종이 위에 그린 렁컨의 돌〉
11-4 우규승, 환기미술관

합리주의는 그 뿌리를 최대한 늘려 잡으면 그리스에까지 올라갈 수 있으며 고딕, 르네상스, 계몽주의 등 여러 사조를 거치며 다양하게 분화되어 왔다. 특정 사조라기보다는 건축을 전개하는 기본 태도 가운데 하나다. 이 때문에 합리주의는 어떤 모델을 어떤 방식에 의해 해석해내느냐에 따라 그 앞에 '형이상학적', '추상적', '원시적', '근원주의적', '다이어그램식' 같은 다양한 수식어가 붙는다. 합리주의가 지닌 다양성의 가능성이 현대건축에서 꽃피어 큰 활약을 하고 있으며 이것들을 묶어 초합리주의라 부를 수 있다. 직각과 직선으로 정리되는 건축 세계의 이상향과, 비정형과 재래적 잔재로 가득 찬 도시 환경과 일상생활 사이의 끝없는 모순을 그럴듯한 최적 모델로 풀어낼 수 있는 양면적 포용성이 초합리주의의 장점이다.

초합리주의는 한국 현대건축의 영원한 숙제 가운데 하나인 전통 논의에 대한 해답이 될 수 있다. 아직까지 명쾌하게 해결되지 않은 전통 건축과 서양 건축 사이의 갈등도 건축적 현실성 사이의 불일치로 이해될 수 있는데, 완벽하지는 않겠지만 초합리주의가 이 문제를 해결하는 대안이 될 수 있다. 한국 현대건축은 어차피 20세기의 보편적 건축 체계 위에 진행되어야 한다. 이제는 그것이 서양 것이냐 우리 것이냐를 따지는 게 무의미할 정도로 시간이 흘렀지만 그 출발점은 결국 서양 모델이 될 수밖에 없다. 그러면서도 건축에서 전통 논의는 아직 속 시원한 해답을 제시하지 못하고 있다. 이런 상황에서 초합리주의를 통해서 동서양의 건축 모델과 가치를 하나로 통합해내는 시도는 여전히 유용할 수 있다.

환기미술관과 '합리주의-초합리주의'ㅣ

우규승의 작품인 환기미술관은 이런 시도의 좋은 예다. 합리주의로 시작해서 이것을 초월한 한국의 지역적 특수성을 표현해내며 초합리주의로 끝을 맺는다. 웅거스 계열의 신합리주의로 기본 구성을 짰으며 사찰의 공간 배치와 한국의 골목길 분위기를 더해서 초합리주의에 이르렀다. 외관에서도 합리주의의 기하학적 구성과 성곽 모티브의 화강석 돌나누기를 혼용한 점에서 같은 내용을 보여준다. 육면체의 조합으로 전체 윤곽을 짠 점, 입체와 표피 등에서 정사각형 모티브가 중심을 이루는 점, 지붕에 볼트 vault를 얹은 점 등이 웅거스 건축에서 볼 수 있는 특징이다.[11-5, 11-6]

합리주의 기법은 외관보다 실내에서 더 분명하게 나타난다. 실내는

11-5 우규승, 환기미술관
11-6 오스발트 웅거스, 프랑크푸르트 건축박물관

'ㅁ'자형의 중정형 공간을 중심으로 그 주위를 면과 선으로 단순화된 격자 프레임이 돌아가면서 감싸는 구성이다. 전형적인 유럽식 합리주의 구성인데 넓게는 로시Aldo Rossi의 신합리주의 계열로 분류될 수 있으며 웅거스의 건물 중에서 유사성 강한 선례를 찾을 수 있다. 뿌리를 따지면 르네상스 합리주의까지 올라갈 수 있다.[11-7, 11-8] 천장을 큰 정사각형을 9등분한 격자로 짠 처리, 실내 전체를 백색으로 처리해서 정형화된 격자 공간의 정리 기능을 돕는 점, 전체적으로 고전주의를 현대적으로 단순화한 추상 고전주의 분위기가 나는 점 등이 대표적 예다.[11-9, 11-10]

추상 고전주의는 유럽의 합리주의 건축이 즐겨 사용하는 구체적 표현 기법이기도 하다. 원래는 오더, 아치, 벽기둥, 삼각 박공 등 고전주의 기본 어휘를 기하학적으로 단순화해서 사용하지만 환기미술관에서는 여기까

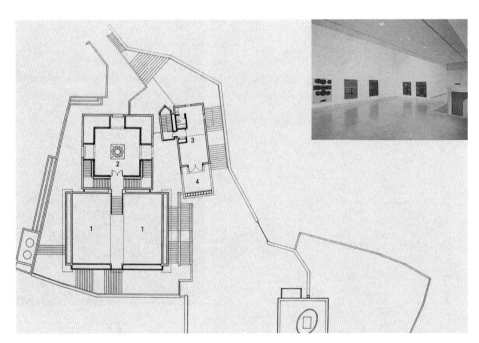

11-7 우규승, 환기미술관

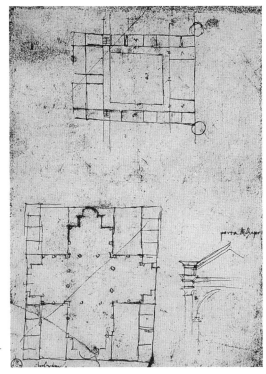

11-8 프란체스코 디조르조 마르티니, 카푸아 문 스케치

지 가지 못하고 정사각형 중심의 비례, 강한 중심성, 격자 프레임 등의 특징을 보인다. 르네상스 팔라초palazzo를 이루던 구성 기법을 현대적으로 단순화한 것으로, 이것 역시 유럽 합리주의의 주요 특징이다. 이런 구성은 정형화를 대표하는 건축 기법인데 이 때문에 이 건물은 어딘가 고전주의 분위기가 나면서도 현대적 표준화와도 잘 어울리는 묘한 양면성을 보인다. 이런 양면성이 앞에서 얘기한 합리주의의 포괄적 가능성에 해당된다.

이런 합리주의 구성에 한국의 전통 이미지와 서울의 맥락이라는 지역적 특수성을 더하면서 초합리주의로 발전한다. 전통 이미지는 외부 공간 배치와 건물 외관에서 제일 잘 드러난다. 정문에 서서 안을 들여다보면 문을 통해서 겹쳐지는 건물과 외부 공간이 보여 마치 사찰의 사천왕문이나

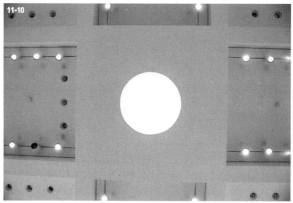

11-9 줄리아노 다상갈로, 산타마리아델라카르체리, 이탈리아 프라토
11-10 우규승, 환기미술관

한옥의 솟을대문 앞에 서 있는 것 같다.**11-11** 문을 지나 안으로 들어갈수록 이런 느낌은 강해진다. 대문을 지나면 흙을 밟게 되고 곧 계단이 나타나는데 계단 오른쪽에 옆으로 길게 부속 건물이 놓여 있다.

　이곳을 지나면 다시 흙을 밟으며 왼쪽에는 꽃밭이, 오른쪽에는 한국식 담이 나타나며 본 건물이 갑자기 큰 모습을 드러낸다. 본 건물은 약간 사선으로 틀어 앉아 있는데 튼 정도가 심하지 않고 은근하다.**11-4** 이런 일련

11-11 우규승, 환기미술관

의 동선 구성은 마치 산의 자연 지형에 맞추어 배치된 작은 산사의 분위기를 느끼게 해주는 것 같다. 전시 본관을 향해 완만한 경사를 오르면서 느끼는 점증 구성은 대웅전을 초점 삼아 오르는 사찰의 발걸음과 많이 닮았다.

외부 공간 배치의 전통 느낌은 전시 본관의 외관 처리에서 반복된다. 외벽을 화강석 돌나누기로 마감했는데 부분적으로 거칠게 처리해서 성벽 이미지를 표현한다.[11-2] 지붕에 사용한 어두운 색은 아래쪽 몸통의 화강석 색과 대비되면서 기와 같은 느낌을 준다. 이런 모습은 앞에 설명한 진입 동선과 합해지면서 전통 이미지를 배가시킨다. 전시 본관 앞에 섰을 때의 느낌은 마치 사찰 경내를 지나 대웅전 앞에 섰을 때의 절정 같은 흥분을 자아낸다. 전시 본관의 외관 처리가 창 부분을 제외하고는 대웅전의 모습과 전혀 상관없는 것을 볼 때 이런 전통 느낌은 은유 처리의 성공적인 예라 할 수 있다.

환기미술관과 윤회 공간 |

실내에서는 외부만큼 직접적으로 전통 이미지가 드러나지는 않는다. 그러나 매우 은유적이면서도 중요한 전통 개념을 사용했다. 윤회 개념으로 실내 공간을 짠 것이다. 실내 동선은 전시 공간과 계단을 교대로 경험하면서 3층에 오른 뒤 옥상의 중정으로 이어지며, 이후 넓어졌다 좁아졌다 하는 옥외 공간을 지나 연못을 구경하고 계단을 내려오면 어느새 처음 지점에 돌아와 있다.[11-12, 11-13] 이런 공간 처리는 새로운 내용이 아닐 수도 있다. 서양에서는 이미 1960년대부터, 더 거슬러 올라가면 매너리즘과 바로크, 심지어 로마 시대부터 '연속 공간'의 개념으로 즐겨 사용하던 기법이다.

11-12 우규승, 환기미술관
11-13 서울 이문동 골목길

11-14 M. C. 에셔, 〈초청〉

중요한 차이도 있다. 서양의 연속 공간은 일렬로 늘어서면서 시작과 끝이 일직선으로 완전히 분리된다. 반면 환기미술관은 돌고 돌아 종점에 도착해보면 시작 지점으로 돌아와 있는 점에서 윤회 공간임이 드러난다. 공간을 구성하는 구체적 처리도 윤회 개념을 돕는데, 두 가지로 요약할 수 있다.

첫째, 상대주의 공간 개념이 혼합이다. 환기미술관의 동선 처리는 전시 공간 이외의 부분에서도 끊임없이 볼거리와 다양한 공간 체험을 제공하려고 노력한다. 이 경우 자칫 절대주의 공간 개념으로 흘러 동선 몰이를 강요하기 쉬운데 이곳에서는 동선 분절과 겹공간을 적절히 구사하면서 이를 피해 상대주의 공간 구도를 섞어 쓰고 있다.[11-14, 11-15] 동선 분절을 보면,

11-15 우규승, 환기미술관

전시 순서를 연속으로 이어지게 짜서 공간 스토리를 처음부터 기획, 제시하고 있지만 전시 공간을 잇는 결절 지점에서는 항상 앞뒤 좌우의 네 방향으로 자유로운 선택을 허용함으로써 공간 기획이 절대주의 동선 몰이로 끝나지 않게 해준다. 건축가가 기획한 공간 스토리가 강압이 아닌, 약간의 수줍음을 띤 제안으로 제시되고 있다.

　겹공간을 보면, 가운데 뻥 뚫린 중심 공간이 있고 이것을 동선 공간이 감아 돌며 그 바깥쪽으로 전시 공간이 자리 잡는다. 이런 실내 공간 주위로 외부 공간과 담이 한 번 더 겹공간을 형성한다. 전시 공간과 동선을 확실히 분리해 겹공간의 느낌을 굳히고 있다. 전시 공간을 3차원 볼륨의 명확한 윤곽 안에 가둔 뒤 백색으로 처리한 반면 동선 공간은 화강석이라는 자연 재료로 처리되었으며 전시 공간을 돌아가며 에워싼다. 여러 겹의 공간이 무어Charles Moore나 웅거스가 즐겨 사용하던 '집 속의 집house within a house' 의 개념에 의해 차곡차곡 겹쳐 담겨 있는 형상을 이룬다. 혹은 한옥

11-16 우규승, 환기미술관
11-17 한옥 공간

특유의 공간 중첩을 응용한 것으로 볼 수도 있다. **11-16,11-17**

둘째, 내외부 공간은 이분법으로 구획되어야 한다는 고정관념을 깨는 시도다. 중앙 홀을 둘러본 후 계단을 밟는 순간 재료가 거친 화강석으로 바뀌고 위쪽 천장에서 강한 자연광이 떨어지면서 마치 외부 공간으로 나온 것 같은 느낌이 든다. **11-18** 화강석이 실내 마감재로 쓰일 때는 물갈기 rubbing로 처리하는 것이 보통인데 여기에서는 정다듬chiseled work이나 버려구이 같은 외벽 마감 방식으로 처리해서 계단을 외부 공간처럼 느끼게 해준다.

이렇게 처리한 계단을 밟다 보면 밖에서 본 건물 외벽의 기억이 되살아나서 외부 공간의 느낌을 돕는다. 외벽에서 느낀 전통 이미지에 대한 연

11-18 우규승, 환기미술관

상 작용도 계속 이어진다. 계단에서 일어나는 이동 경험을 외부 공간에서의 산책 느낌으로 받아들일 수 있다면 전시 공간 옆에 부속된 자그마한 별도 공간은 마치 우물을 하나 파놓은 것처럼 보인다. 실내에 외부에 해당되는 독특한 영역이 만들어진 것이다.**11-19**

3층에 오르면 옥상 중정이라는 외부 공간으로 나가게 된다. 이번에는 반대로 이곳이 실외인지 실내인지 명확하게 구별되지 않는 또 한 번의 도착이 일어난다. 우물가 같기도 하고 대청마루 같기도 한 옥상 중정은 폐쇄와 개방 사이의 적절한 조율에 의해 내외부감을 동시에 느끼게 해주는 양성兩性적 공간으로 느껴진다. 중앙에 놓인 우물은 바로 실내 중앙 홀의 천

11-19 우규승, 환기미술관

장 중심에 뚫어놓은 천창에 해당된다. 이 우물을 통해 처음 출발 지점을 들여다보고 있노라면 윤회 공간의 느낌이 솟아난다.

중정을 벗어나면 그다음부터는 넓어졌다 좁아지고 꺾이다가 내려가는 식의 외부 공간이 연속으로 이어진다. 그 중간에 연못가에 이르면 다시 한 번 내외부 사이의 합리적 구별을 속이려는 시도가 일어난다. 건물 전체가 전시 기능의 특성상 창이 많지 않은 폐쇄적 석재 육면체인 가운데 연못에 접하는 부분에만은 금속과 유리라는 산업 재료를 사용했으며 사선으로 뾰족하게 튀어나오게 처리했다. 이 부분에 물을 끌어들여 투명과 반사 개념을 사용함으로써 둔탁한 상자의 한 부분을 찢어 그 속 부분을 끄집어낸

11-20 우규승, 환기미술관
11-21 빌 아러츠, 마스트리흐트 예술
　　　건축아카데미, 네덜란드

것 같은 느낌을 준다. 유리와 물을 이용한 착시 효과를 통해 관습적인 내

외부 공간의 구별을 허물고 있다. [11-20, 11-21]

초합리주의와 지역주의 |

이렇게 여러 세계를 경험하며 마지막으로 계단을 내려오면 처음에 시작한 출발 지점으로 돌아와 있다. 이런 공간 경험을 윤회의 개념으로 느끼게 해주는 또 하나의 처리는 계단 조작이다. 내외부에 사용한 많은 계단은 대부분 중간에 한 번 꺾이며 쉬게 되어 있거나 그 폭이 넓어지거나 좁아지게 되어 있다. 혹은 한쪽은 폐쇄된 벽이고 다른 한쪽은 저쪽 공간이 너머로 보이도록 처리했다.[11-22] 계단 주변의 공간을 적절히 조작한 이런 처리는 계단을 오르고 내리는 수고를 줄여준다. 다리에 쏠리는 관심이 분산되면서 계단 이동은 수직 오름으로 느껴지지 않고 재미있는 나들이로 바뀐다.

배치도를 보면 계단이 차지하는 면적이 건물 크기와 거의 같은데, 이는 건축가가 계단을 자신의 작품 의도를 표현하는 중요한 매개로 사용한다는 뜻이다.[11-7]

윤회 공간은 우리에게도 잘 알려진 에서 Maurits Cornelis Escher의 '불가능한 공간' 시리즈에 나오는 뒤틀린 공간 조작이나 뫼비우스의 띠를 구성하는 핵심 개념이다. 에서는 시작과 끝의 구별, 그리고 중간 과

11-22 우규승, 환기미술관

정의 합리적 논리 구조에 기초를 둔 인간 사회의 질서가 사실은 합리적 설명이 불가능한 비합리적 사건들로 가득 차 있다는 역설을 모순적 공간 개념으로 주장한다. 에셔의 공간에서는 사각 회전 계단을 빙글빙글 돌며 여러 층을 오르는 수고를 하지만 결국은 처음 출발 지점으로 돌아오는 윤회사상이 다다^{dada}적 분위기로 그려져 있다.**11-14, 11-23**

상대주의 공간의 극단인 이런 '불가능한 공간' 시리즈는 인간의 손으로 만들어지는 합리적 질서는 한낱 '불가능한' 이상향일 뿐이라고 주장한다. 이런 점에서 이 시리즈는 초합리주의의 좋은 예일 수 있다. 그러나 환기미술관의 초합리주의와는 반대다. 환기미술관에서는 합리주의가 강요하기 쉬운 극단적 정형화의 위험을 피하기 위해 지역성이라는 현실 요소로 중화함으로써 초합리주의를 취했다. 반면 에셔는 현실을 부정하는 초

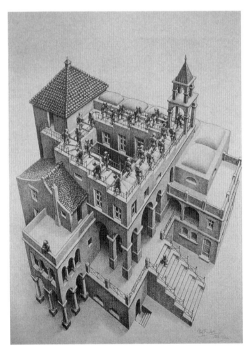

11-23
M. C. 에셔, 〈오름과 내림〉

11-24 북악산 기슭의 서울 성곽과 골목길

현실적 현실론의 목적으로 초합리주의를 택한다. 환기미술관의 윤회 공간은 물리적 구조 면에서 에서의 불가능한 공간을 닮으려 애썼으나 에서 같은 염세적 비아냥거림이 느껴지지 않는다. 현실 부정이 아닌 지역성이라는 구체적 대안을 찾기 위해 윤회 공간을 사용하기 때문이다.

환기미술관의 윤회 공간은 주변 북악산 기슭에 형성된 서울의 오래된 골목길을 차용한 것으로 이해할 수 있다.[11-22, 11-24] 골목길 속 조형 세계는 불특정 다수의 일반 시민이 오랜 세월 살아가면서 자연스럽게 형성한 일상생활의 흔적을 대표한다. 이런 점에서 이 공간은 환기미술관의 초합리주의를 결정하는 중요한 요소다. 골목길 같은 일상생활의 흔적은 건축에서 구상에 해당되는 내용이다. 기본적으로 추상을 지향하는 합리주의 건축에 구상 요소를 섞어 쓴 것이다. 실제 보기에도 추상과 구상 사이의 경계선에 선 중간적 모습이다.[11-12, 11-13, 11-22, 11-24, 11-25]

추상과 구상을 이분법으로 가르지 않고 둘을 섞는 경향은 현대미술에서도 신추상 계열의 화가들이 많이 시도하는 기법이다. 이미 1920년대부터 일상생활의 체험 주제를 추상과 구상 사이의 조화를 통해 '단순화된 사물'로 표현한 그리스Juan Gris가 이런 중간적 태도를 취했으며 제2차 세계대전 이후에는 많은 추종자를 거느리고 있다.[11-25] 일반론으로 확장하면 이런 중간적 태도가 회화에서는 통상적으로 애매한 머뭇거림일 수 있지만 건축이라는 장르적 특성에는 더 적합할 수 있다. 현대건축에서 추상은 곧 산업화와 동의어이기 때문에 추상 일변도의 조형 환경은 회화에서 추상이 보이는 단조로움 같은 조형적 문제를 넘어서 일상생활 전체를 삭막하게 만드는 심각한 폐해를 끼칠 수 있다. 산업화된 구조 부재와 일상 체험을 어떻게 조화시키느냐는 어쩌면 편안한 정서와 일상생활의 안정성을 좌우할

11-25
후안 그리스, 〈풍경〉

수도 있는 생존의 문제일 수 있다.

환기미술관은 현대건축에서 합리주의가 자칫 추상 극단으로 나아갈 위험을 피해 균형 잡기에 성공한 것 같아 보인다. 구상 요소를 합리주의로 단순하게 정리해서 산업화의 시대 상황에 맞춘 뒤 다시 일정한 의인화 personalization를 거치는 여러 번의 반전을 통해서다. 이것이 환기미술관의 초합리주의에 담긴 또 하나의 중요한 내용이다.

이상과 같이 환기미술관의 초합리주의는 여러 가지 의미를 지니는데 이것이 던지는 큰 화두는 갈등 구도의 화합이다. 모더니즘의 근대화는 제3세계에서 문화 충격을 낳으며 가치 체계의 양극 구도를 고착화했다. 동양권에 서구 모더니즘이 수입되면서 문화 전파라는 긍정적 결과도 많이 남겼지만 그와 동시에 그 후유증으로 문화 충격의 많은 문제점을 남겼다. 환기미술관의 초합리주의는 서구 모더니즘을 합리주의라는 20세기를 대표하는 가치 체계로 보편화한 뒤 한국의 전통 지역성을 더함으로써 이런 갈등 구도에 대한 화합을 시도한다.

볼트와 '붕어 없는 붕어빵' |

환기미술관은 여러 쌍의 대립 구도 사이에서 균형을 잡아 화합을 이루려는 시도를 보여준다. 이 건물에서 느껴지는 차분하면서도 묘한 긴장감은 이런 의도가 구체화되는 과정에서 형성된 특징일 수 있다. 의도는 성공한 것 같아 보인다. 사람들은 우리나라 현실에서 이만한 건물 갖기도 쉽지 않다고 이야기하기도 한다. 그러나 이와 동시에 부분 처리에서는 몇 가지 불일치가 나타난다.

11-26 루이스 칸, 킴벨 미술관, 미국 텍사스

가장 눈에 띄는 불일치는 볼트 처리에서 일어나고 있다. 현대건축에서 볼트는 강한 형태적 특성 때문에 흔히 절대 형태 개념을 갖는 원형 어휘archetype로 분류된다. 이런 점에서 볼트는 '플라톤의 형태'라는 별명을 얻은 몇 안 되는 어휘 가운데 하나이며 합리주의에서 즐겨 사용하는 어휘다.[11-4, 11-19, 11-26] 볼트의 근원적 특성은 환기미술관에서도 잘 나타나서 볼트가 형성하는 지붕의 쌍곡선은 단연 외관 윤곽을 결정짓는 제1 형태 요소다. 볼트는 환기미술관을 생각할 때 머릿속에 가장 먼저 떠오르는 상징물처럼 되어 있다.

볼트는 원형성이 강하기 때문에 건축가들이 이 어휘를 사용할 때는 근원주의 태도로 접근하는 것이 보통이다. 볼트의 축조다움을 드러내서 건축의 근본적 가치를 표현하는 것이 통례로 되어 있다. 건축사에서도 볼트는 구조 발달을 촉진하며 구조 발달과 함께한 건축 요소이기도 했다. 그러나 환기미술관에서 볼트는 전통 이미지와 접목되기 위해 모자처럼 꾹 눌러앉은 정도로 처리되어 있다.

건물 전체의 구성에서 볼 때에도 볼트의 사용은 적절하지 않아 보인다. 환기미술관의 논리 구조는 초합리주의라는 한 가지 큰 주제가 개별 입체의 기하학적 특성을 이끌고 가는 총합적 구도를 이룬다. 그런데 볼트는 그 자체만으로 근원적 완결성이 강하기 때문에 이런 전체의 논리 구도 안에 편입되는 개별 요소로 사용하기에 적합하지 않다. 반원형이라는 강한 형태성 때문에 사용한 것으로 보이는데, 고작 엉덩이 고랑 같은 반원 두 개를 얻기 위해 볼트라는 근원 요소를 사용한 것은 상징성과 축조다움에서 볼 때 낭비다. 만약 루이스 칸의 미술관을 모방한 것이라면 이 건물의 창작성을 훼손하는 더 큰 문제다. 왜냐하면 칸은 볼트를 주인 자리에 놓고 볼트의 근원적 조형성을 십분 살려 사용했기 때문이다.

동서양의 갈등을 화합한다는 초합리주의를 큰 방향으로 잡은 의도와도 어긋난다. 볼트는 축조다움이라는 보편적 가치를 갖는 부재이기 때문에 동서양의 구별을 뛰어넘을 수 있는 가능성이 크다. 형태적으로나 담긴 의미로나 강력한 부재이기 때문에 이를 활용해서 동서양의 갈등 극복이라는 큰 방향을 건축적으로 표현해야 했다. 반드시 갈등 극복이 아니라도 좋다. 볼트는 분명하고 강한 의미를 지니기 때문에 볼트를 사용할 경우 건축가는 볼드의 의미에 대해 자신의 생각을 밝히는 것이 통례다. 그러나 환기미술관에서 볼트는 이런 단계까지 가지 못하고 단순 형태 요소에 머물고 있다.

실내 공간과의 관계에서도 문제가 있다. 볼트를 사용한 곳은 꼭대기층 전시실인데 천장을 막지 않고 볼트 곡면을 드러낸 채 놔두었기 때문에 일단 물리적 골격에서는 볼트 효과를 노린 것으로 볼 수 있다. 그러나 아래쪽에서 이곳으로 진입하는 연결 처리가 너무 밋밋해서 그저 육면체 위에 무덤덤한 둥근 천장 하나를 얹어놓은 것 이상의 의미를 얻지 못한다. 볼트가 갖는 의미의 무게를 제대로 이해하지 못했음을 보여주는 외관 처리가 실내에서 반복되는 것이다.

개념적 가치와 미술관 기능의 불일치 문제 |

더 큰 문제는 이곳 볼트 공간은 전시물이 없이 늘 비어 있다는 것이다. 제일 크고 웅장하고 내놓을 만한 공간인데 정작 문을 걸어 닫아둬야 한다. 처음에는 소장품과 전시실 사이의 공간 배분을 잘못 계산한 정도로만 알았지만 학예사의 말은 좀 충격이었다. 이곳에 그림을 전시하면 유화가 갈라질 위험이 커서 전시를 하고 싶어도 공간을 사용하지 못한다는 것이다. 전시물이 부족해서 큰 공간이 남아도는 것이 아니라 꼭 써야 할 공간을 쓰지 못해서 공간 부족에 시달린다는 뜻이다.

　단순히 면적의 문제만은 아니다. 작품성의 관점에서도 큰 문제다. 밖에서 볼트를 보면서 실내 공간에 대해 큰 기대를 안고 들어왔지만 실내에서는 볼트를 볼 수 없는, 그야말로 '붕어빵에 붕어가 없는' 놀림만이 있을 뿐이다. 동물원 우리 속에 무기력하게 늘어진 맹수 같은 볼트는 서구 어휘의 무분별한 차용을 보여주는 예에 해당된다. 혹은 합리주의를 좇는 과정에서 세트로 묻어온 것일 수도 있다.

　학예사들은 그림이 갈라지는 원인을 설계 잘못에서 찾았다. 중앙에 뻥 뚫린 공간을 두었기 때문에 더운 공기가 위로 올라가서 꼭대기 층에 전시한 유화에 균열이 생길 위험이 크다는 것이다. 여름에는 아무리 냉방을 세게 틀어도 자연 열기가 위로 모인다. 더욱이 이곳이 꼭대기 층이기 때문에 밖에서 햇볕이 달궈서 고충은 이중이 된다. 겨울에는 아래쪽이 춥지 않을 정도로 난방을 하면 더운 공기가 볼트 공간으로 몰려 올라가 마찬가지 위험에 노출된다.

이런 문제는 뻥 뚫린 공간을 아무 생각 없이 단순 모방한 데에서 발생한 것이다. 웅거스가 중앙 집중 구도를 만들기 위해 자주 사용하는 구성인데 유화를 걸지 않는 일반 오피스 빌딩이나 건축 박물관에서 주로 사용한다. 유화를 거는 미술관에 이 구성을 사용할 때에는 미술관이라는 현장 상황에 맞는 것인지 생각했어야 하는데 그렇지 못한 것이다. 웅거스의 합리주의를 좇는 과정에서 볼트와 마찬가지로 세트로 모방하다가 생긴 문제다.

학예사들은 이외에도 여러 기능적 문제를 지적하며 불평거리가 많은 실패한 건물이라고 거침없이 비판했다. 골목길의 이미지를 표현하기 위해 도입한 좁은 공간은 사람 한 명도 제대로 지나다니기 힘들다 했다. 골목길 이미지와 상대주의 공간을 위해 사용한 공간 분절도 전시 관점에서는 전시 공간이 너무 잘게 쪼개지는 결과를 가져와 기획과 작품 걸기에 부적합하다고 했다. 사무 공간도 너무 잘게 나누어놔서 온전하게 사용할 방이 하나도 없다 했다.

엘리베이터가 없어서 3층까지 전시물을 들고 날라야 한다고 했다. 엘리베이터를 놓으면 합리주의 공간의 통일성이 깨진다고 생각했을 수 있다. 백색 공간은 흡음이 안 되어서 화장실에서 물 내리는 소리가 메아리처럼 중앙 홀 전체에 울려 퍼진다 했다. 윤회 공간도 좋지만 꼭대기 층에서 바로 옥상으로 나갈 수 있게 했더니 작품 도난의 문제가 생겨서 옥상으로 나가는 문을 잠가버렸다. 윤회 공간이 가운데에서 끊겨버린 것이다.

　이런 문제는 모두 미술관이라는 기능을 고려하지 않은 채 개념적 가치만 몰아붙인 결과다. 건축적 이야기를 위해 많은 것을 채워야 하지만 미술관의 경우 전시라는 가장 기본적인 기능을 담기 위해 동시에 모든 것을 비워내야 하는 어려움을 맞닥뜨린다. 전시용 건물을 설계할 때 가장 어려운 점이며 대부분의 전시용 건물에서 해결되지 못하고 발생하는 문제다.

　건축적으로 성공한 많은 미술관이 정작 그 건물을 사용하는 사람들에게 비판받는 경우가 흔하다. 오죽하면 미술관은 미니멀리즘처럼 모두 비워 놓고 건축적 의미는 말장난으로 때우는 것이 속 편하다고 자조적으로 얘기하는 건축가들도 있다. 완전히 비우지 못했기 때문에 완전히 채우지 못하고 동시에 완전히 채우지 못했기 때문에 완전히 비우지 못한 선문답 같은 역설이 통용되는 건물이 미술관이다. 환기미술관을 가득 채운 초합리주의의 이야기는 그렇기 때문에 반쯤 채워진 성공 아닌 성공 같아 보인다.

하지파지와
전통의
잡동사니

경기도박물관과 여의도 KBS 신관에 나타난 새로운 전통 논의의 가능성

하지파지와 전통의 잡동사니

경기도박물관과 여의도 KBS 신관에 나타난
새로운 전통 논의의 가능성

한국 현대건축과 전통 논의 |

하나의 문명이 시작되어 끝날 때쯤이면 그 전 문명의 건축물은 전통이라
통칭되면서 역사적 선례로 자리 잡게 된다. 사극에 자주 등장하는 '상왕
전하' 쯤 되는 개념이다. 선례에 대한 해석과 입장 표명은 현 문명의 성격
및 앞으로의 전개 방향을 결정하는 데 중요한 역할을 하게 된다. 전통이라
통칭되는 역사 선례는 때로는 선조의 지혜를 담은 고전으로, 때로는 화석
화된 유구遺構로, 또 때로는 거추장스러운 재래적 잔재로 청산하고 극복해
야 할 대상으로 받아들여진다.

회화나 조각보다 주기가 길고 사회적 제약을 많이 받는 건축 분야에
서는 역사 선례에 대한 의존이 큰 편이다. 역사 선례는 제일 덩치가 큰, 그
래서 매우 소중한 창작 소재다. 서양건축사에 '네오 ○○' 혹은 '○○ 리바
이벌'이라는 이름이 붙는 사조가 많은 데서 알 수 있듯이 역사 선례에 대

한 입장 표명만 잘해도 새로운 사조를 창출해낼 수 있다. 말처럼 쉽지만은 않아서 해석으로 끝나는 것이 아니라 이것을 새로운 시대의 산업 디테일과 시공 방식으로 표현하는 문제까지 함께 해결해야 한다.

우리는 어떠한가. 서구 근대 문명이 들어오면서 시작된 지난 100년은 한국 역사상 가장 큰 문화 충격의 시기였다. 적어도 1970년대까지 한국 건축에서 역사 선례는 더 나은 미래를 위해 지워져야 할 대상이었다. 물론 이때에도 중요한 전통 논의들이 있었지만 건축 내에서도 일부에 국한되었으며 그 결과도 큰 성공을 거두지 못했다. 이유는 두 가지로 볼 수 있다. 하나는 전통 논의를 이끈 건축가들이 역사 선례를 응용한 뛰어난 작품을 보여주지 못했기 때문이다.

다른 하나는 사회 저변에서 지원받지 못했기 때문이다. 건축은 일반인과 접하는 면이 크기 때문에 한 사회 문화 단위에 퍼져 있는 보편적 풍조ethos에서 중요한 영향을 받는데 당시 사회 분위기는 서양 것을 좇는 것만이 살길이라는 인식이 팽배해서 건축에서 전통 논의는 사회적 반응을 불러일으키지 못하고 '그들만의 리그'에 갇혀버린 것이다. 물론 여기에는 앞의 이유, 즉 건축가들이 전통을 활용해서 사람들의 인식을 바꿔놓을 만한 작품을 만들어내지 못한 것도 중요한 이유였다.

이런 상황에서 역사 선례를 차용한 창작은 직설적 재생의 경향으로 나타났다. 전통 지붕과 이것을 받치는 공포拱包 구조를 콘크리트로 재료만 바꾸어서 형태적으로 재생하는 경향이었다. 이런 방식은 대중에 별 감흥을 주지 못했고 결국 관에서 발주하는 대형 공공건물이나 행정관청에만 제한적으로 사용되면서 딱딱하고 권위적인 '공무원 양식'을 양산하는 부정적 결과를 낳게 된다.[12-1]

이 주제와 관련해서 1990년대 한국 사회는 두 가지 큰 문화적 변화를

12-1 엄덕문, 세종문화회관

겪게 된다. 한편으로 문화의 표현 방식이 패션, 광고, 공예, 소품 등의 개별적 경향으로 바뀌었으며, 다른 한편으로는 새로운 민족주의 바람이 거세게 불면서 사회의 보편적 풍조 가운데 하나로 자리 잡게 되었다. 첫 번째 변화는 당시 서구 사회에 불던 새로운 유행을 즉각 따라가는 것으로, 우리 문화가 점점 서구화되어간다고 볼 수 있었다. 두 번째 경향은 역사 유적에 대한 문화적 관심이 폭발적으로 확산되면서 문화, 예술, 출판 분야 등에 큰 영향을 끼치는 요소로 등장하는 결과를 낳았다.

상반되는 두 경향이 공존하는 상황이 1990년대 한국 사회의 특징 가운데 한 가지였다. 이에 따라 건축에서의 전통 논의에도 새로운 접근 방식이 필요해졌다. 상반되는 두 경향을 하나로 합해내야 하는 새로운 일이 숙제가 된 것이다. 사회가 전통의 중요성에 대해 깨닫기 시작하면서 건축에서의 전통 논의에 관심을 기울이고 뒷받침하게 되었다. 그 방향은 앞 시대의 '재료 치환에 의한 직설적 복고'가 아니라 1990년대 문화의 최신 유행

흐름과 보조를 같이 하는 것이어야 했다.

사실 서구화와 전통에 대한 관심이라는 상반된 경향이 공존하는 현상은 1990년대에 처음 나타난 것이 아니었다. 1960~1970년대에도 이런 현상이 있었는데 이 시기에는 서구화가 산업화를 의미했다. 산업화는 일차적으로 물리적 구조물의 축조였고 이를 위해 건축 부재는 단순해져야 했으며 표준화가 필수였다. 이런 상황에서 자잘한 공포 부재에까지 신경 써야 하는 전통 논의는 산업화, 즉 서구화와 반대되는 주제로 받아들여졌다. 이런 이유로 이 시기의 전통 논의는 선언과 명분의 성격이 강한 직설적 재생 경향으로 나타났던 것이다. 이것을 현장에서 실제 건물로 지어내는 방식도 콘크리트로 재료만 바꾸어서 전통 형상을 복사하는 제일 쉬운 쪽으로 자리 잡았다.

하지파지와 1990년대 전통 논의 |

이런 경향이 1990년대에 들어와 앞과 같은 변화를 겪게 되었다. 서구화와 전통 논의가 이제 더 이상 반대되는 현상이 아니고 동일한 가치의 테두리 안에 속하는 보완적 관계를 맺게 되었다. 시대가 바뀌어서 문화 예술이 다원주의와 신주관주의New Subjectivism로 접어든 것이다. 다원주의 시대의 현대 예술에서 서구화는 산업화가 아닌 보편화를 의미한다. 보편화는 서구 가치 중심의 획일화된 국제주의가 아닌 각 지역 문화의 특징이 가미된 복층 문화를 의미한다. 이렇기 때문에 1990년대 한국 사회에서 서구화와 전통 논의는 서로 반대되는 개념이 아니라 지역 문화를 형성하는 다양한 레퍼토리의 구성 요소이다.

이런 새로운 상황에 유용한 전통 차용 기법으로 '하지파지hodge podge' 라는 개념을 제시하고 싶다. 하지파지란 '방 안이나 책상 위에 잡동 사니가 널브러져 있거나 쌓여 있는 모습' 이라는 뜻으로, 조형 개념으로 사 용할 경우에는 자잘한 요소들을 특별한 규칙에 의존하지 않고 무작위로 자유롭게 쌓고 늘어놓는 구성 방식이 된다. 1980년대 서구에서 먼저 본격 화된 신주관주의에서 즐겨 사용하는 경향이다. 조형예술에서 선험적 법 칙을 따라야 하는 절대성을 거부한다. 개체와 개체, 개체와 전체 사이의 규칙적 관계를 따르지 않는다. 특히 전체가 개체에 대해 강요하는 절대적 규칙과 규범을 거부한다.

역사적으로 보면 고전주의와 모더니즘을 모두 거부하는 새로운 주관 주의, 즉 신주관주의의 산물이다. 고전주의 건축에는 지켜야 하는 선험적 규칙이 많으며 이것이 모여서 절대적 전체를 이루어 개체를 지배한다. 모 더니즘 건축은 이런 방식을 거부하며 개체 사이의 관계로 전체를 결정하 려는 상대주의를 기본 철학으로 삼아 시작되었지만 자본주의의 지배를 받 기 시작하면서 또 하나의 절대주의로 변질되고 말았다. 하지파지는 자기 모순에 빠져버린 모더니즘 건축의 상대적 절대주의에 반대하여 개체와 전 체 사이에 아무런 관계도 만들지 않으려는 상대적 상대주의를 지향한다.

처음에는 형태주의나 팝아트의 산물로 시작했다. 모더니즘 건축의 정형화된 십자 축 질서가 단조로움과 삭막함의 폐해로 드러나기 시작할 즈음 그 대안으로 제일 쉽게 생각할 수 있는 것이 자유 형태였다. 자유 형 태 운동은 여러 방향으로 시도되었는데 그 가운데 한 가지가 집안 방구석 에 잡동사니 물건이 되는 대로 쌓여 있는 모습을 그대로 조형 구성 질서로 차용하는 것이었다. **12-2, 12-3, 12-4** 엘리트 건축가들이 미리 계산해서 이상향이 라며 제시한 모더니즘 건축 모델이 과연 우리에게 무엇을 주었는가라는

12-2 김중업, 여의도 KBS 신관
12-3 장세양, 경기도박물관
12-4 밀튼 글레이저, 〈기하학적 풍경〉

질문에서 시작되는 반反정형 운동이었다.

　　이것의 모델로 찾은 '잡동사니 물건이 쌓여 있는 모습'은 형태적 자유와 연관되어 자연스러운 일상성이라는 가치를 지니기 때문에 더 우월한 조형 개념이라는 가정이 시대 가치로 성립되었다. 이때 '일상성의 가치'는 팝아트를 이루는 기본 개념이었다. 레디메이드나 오브제에 해당되는 개념으로, 형태주의와 팝아트가 하지파지라는 개념을 매개로 삼아 하나로 만날 수 있는 접점이었다. 구성 법칙 자체에 한정하면 '콜라주'와도 맞닿아 있다. 전통적인 미추美醜의 기준에 기댄 조화의 가치는 편견의 폭력일 뿐이라며 모든 종류의 규격화된 조형 질서에 반대하는 점이 콜라주와의 공통점이었다.

유구 완결체와 공예의 편린 | 전통 논의의 두 가지 대안

다분히 형태적 개념으로 시작한 하지파지는 1980년대에 들어 신주관주의나 지역주의 같은 여러 종류의 상대주의 조형 운동의 가치 구성 체계를 정의하는 중요한 기본 개념으로 확장되었다. 하지파지는 보편성의 개념을 정의하는 문제에서 파생되는 고전과 근대, 구상과 추상, 서구 문명 중심의 국제주의 가치와 지역주의 가치, 주관적 감성과 객관화된 수치 등과 같은 대립 개념과 가치 우선순위優先順位를 모두 부정한다. 조형 세계를 창출하는 구체적 전략에서도 재료, 형태, 선례 모델, 구성 법칙 등과 관련된 어떠한 선험적 제약과 규칙도 거부하며 예술가의 자유의지에 모든 것을 맡긴다.

　　예를 들어 건축의 구상 어휘에 해당되는 생활 소품, 공예품, 장식 어휘 등을 온전한 통째로 차용해서 극도로 추상화된 기하 형태나 산업화된

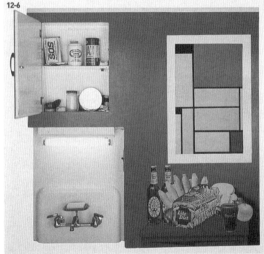

12-5 장세양, 경기도박물관
12-6 톰 웨슬먼, 〈정물, no. 20〉

모더니즘 어휘와 나란히 놓이는 파격도 감행한다. 이전 시기에는 조화의
규범에 어긋난 수준 낮은 건축으로 무시당했을 구성이 이제는 절묘한 어
울림을 보여주는 것으로 평가받게 된 것이다. 모더니즘 건축의 균질 공간
과 백색 공간의 순도 유지를 위해 추방된 일상생활의 흔적이 소품, 공예,
장식이라는 조형적 가치로 무장하고 되돌아온 것이다.[12-5, 12-6] 조금 더 유행

에 민감한 건축가라면 여기에 패션과 광고풍의 기법을 더해 세련미를 보여준다.

이런 하지파지는 1990년대 건축에 요구되는 새로운 전통 논의에 중요한 실마리가 될 수 있다. 하지파지의 조형 세계에서 전통 논의는 1960~1970년대의 물리적 형태 복원에서 벗어나 생활 공예 속에 남아 있는 최소공약수로서의 원형적 감성 어휘로 재해석될 수 있다. 이렇게 찾아낸 전통 건축의 원형 어휘는 서구화된 산업 어휘와 대립되던 1960~1970년대의 이분법적 대립에서 벗어나 서구화된 어휘와 어울려 공존하고 나아가 하나로 통합될 수 있다. 전통 선례와 서구식 모더니즘 건축은 다원주의의 새로운 보편성을 구성하는 레퍼토리 구성 요소로 나란히 함께 설 수 있다.

1990년대에 전통 건축은 총체적 완결 단위로서의 물리적 형태보다는 생활 공예 속의 원형적 감성 어휘로 파악되어야 하는 시점에 와 있다. 물리적 완결체로서의 전통 건축은 박물관의 의미만을 갖는 화석화된 유구가 되어버렸다. 민속촌이나 고궁, 남산골 한옥촌같이 관광 대상인 테마파크가 되어버렸다. 우습지 않은가. 우리의 전통 건축물이 따로 시간 내고 돈 들여 계획을 세워 찾아가야 하는 로마의 바티칸 교황청 같은 남의 나라 물건이 되어버린 것이다.

물리적 완결체로서의 전통 건축은 이제 발굴이나 복원과 같은 고고학의 대상으로 분류되는 편이 더 정확하다. 문화재의 주제에 가깝지 창작 소재를 위한 재해석의 범위에서는 벗어난 것 같아 보인다. 물리적 완결체로서 전통 건축은 우리에게 너무나도 소중한 정신적 버팀대라는 큰 명분을 지키고 있지만 바로 이 점 때문에 창작 소재로 차용되는 데에는 신중한 망설임도 함께 있어야 한다. 일상생활의 테두리에서 벗어났다는 뜻이며 이상적 명분의 대상으로만 남게 되었다. 그 자리를 하지파지의 개념 아래 공예의 편린으로 자유롭게 해석될 수 있는 새로운 전통 개념이 차지하게 되었다. 이제 전통 선례는 생활 속 공예 요소로 분산되어 다양한 개별 요소로 사용하는 단계로 접어들었다.

13.

경기도박물관과
여의도 KBS 신관

13. 경기도박물관과
여의도 KBS 신관

경기도박물관과 성곽 모티브 |

장세양의 작품인 경기도박물관(옛 경기도립박물관)은 지금까지 언급한 하지파지 구성으로 전통 건축을 재해석한 특징을 보여준다. 물론 이 건물도 전통 논의의 가장 큰 화두를 전통성의 연속 및 이를 위한 직설적 형태 차용으로 잡긴 했다. 전통 소재를 비교적 정확하게 복원해서 사용하려는 특징이 건물 전체를 주도한다. 여기에 몇 가지 특징적 처리를 더했다. 가장 두드러진 점은 차용한 전통 모티브가 단순한 물리적 재생이나 유구 복원의 개념이 아닌 '소품의 얘깃거리를 담는 그릇'의 개념으로 발전하고 있다는 점이다.

이런 새로운 개념을 밖과 안 사이에 여러 종류의 대비 구도를 통해 표현한다. 외관은 석재를 육중하게 쌓은 모습으로 전통 성곽의 이미지를 표현했다. 창이 거의 없고 둔탁한 입체인 점에서 불투명opacity과 고형solid이란 개념을 가장 물리적으로 보여주는 모습이다. 국립중앙박물관이나 국립현대미술관 등에서 보듯 창이 적은 전시용 건물의 전형적 모습이다.

　　반면 실내 중정을 둘러싼 면은 산업 재료인 유리와 금속으로 마감해서 외관의 불투명성이나 고체성에 대비해서 투명transparence과 공동空洞, void의 특징을 보인다. 이런 대비 구도는 '전통의 편린을 담는 그릇' 대 '그릇 속에 담기는 전통의 편린' 이라는 스토리 구성의 대비 구도로 발전하면서 이 건물에서 표현하려는 하지파지의 전통관을 암시해준다.

　　물론 이런 대립 구도는 평범하게 해석될 수도 있다. 외관에 성곽 모티브를 사용한 것은 경기도를 대표하는 아이콘 가운데 하나가 수원 화성이라는 점에서 도립박물관에 적절한 상징 차용으로 보인다.[13-1] 경기도에만 국한된 얘기는 아니어서 최근 한국의 대형 공공 문화 건물에 성곽 모티브를 자주 사용하는데, 그 이유는 대중성이 높기 때문이다. 전쟁과 통제라는 안정적이고 엄숙한 이미지와 놀이터 같은 친숙한 모습을 동시에 갖는 특이한 전통 모티브라서 최근에 중요한 공공 문화 건물에 단골손님처럼 사용되고 있다. 공공의 권위와 문화의 놀이 기능을 동시에 만족시켜줄 수 있기 때문이다.

13-1 장세양, 경기도박물관

13-2 장세양, 경기도박물관

안정적 특징은 우리 것을 지켜준다는 방어 이미지에서 나온다. 왜란, 호란, 양요 같은 다양한 이민족 침입에 맞서 싸운 우리의 전쟁 영웅들을 떠올리게 만드는 독특한 연상 작용을 불러일으킨다. 거기에다 우리 국민의 유전자 속에 기억되어 있는 배타적 불안감을 도닥여주는 심리적 조형 기능도 한다. 놀이터의 특징은 특이한 형태에서 나온다. 성곽은 문루와 그 주위의 꼬불꼬불한 미로, 샛문과 총안, 둔덕, 쭉 뻗은 직선과 구릉을 끼고 도는 완만한 곡선 같이 놀이 욕구를 자극하는 조형 요소들로 이루어진다. 이런 공간 구성에서 우리는 땅 나누기, 몸 숨기기, 훔쳐보기, 언덕에서 굴러 내리기, 팔 돌리며 내달리기 같은 여러 종류의 어릴 적 놀이를 연상할 수 있다. 벽면이 많이 나오기 때문에 돌의 재료적 특징인 다양한 표면 처리 기법을 구사하기에 적합하다.

실내 중정을 처리한 투명한 분위기 역시 어느 건물에서나 흔히 나타나는 당연한 개구부 비율의 결과일 수 있다.[13-2] 모든 건물은 일정 비율의 개구부를 가져야 하므로 이 건물에서 사무실, 입구 로비, 이동 공간 등의 기능이 모이는 중정 부분에 창이 많이 나타나는 것은 당연하다. 전시용 건물에서는 전시실에 창이 없기 때문에 나머지 방에 가급적 창을 많이 내는 것이 통례다.

안팎의 대비 구도와
'소품의 애깃거리를 담는 그릇' |

외관과 실내를 떼어보면 특별할 것이 없는데, 경기도박물관만의 특징은 이 둘을 불투명과 투명의 주제에 대입시켜 대비하고 있는 점이다. 건축사에는 밖과 안 사이의 대비 구도를 특징으로 하는 예들이 많다. 르네상스 팔라초는 도시를 대표하는 금융 가문의 본거지여서 방어 기능이 중요했기 때문에 외관을 폐쇄적 석벽으로 막았다. 그 대신 건물 한가운데에 개방적인 중정을 둬서 옥외 활동의 장소로 사용했다.

19세기 말 벨기에 아르누보 주택도 같은 구성을 보여준다. 브뤼셀에서는 주택 필지가 폭이 좁고 안으로 긴데 여기에 맞추려면 중간 부분에 중정을 두는 구성이 적합하다. 채광과 프로그램 구성 등에서 유리하기 때문이다. 문화적으로는 인간의 주관적 내면세계를 중시하는 상징주의가 유행하던 시대 상황의 영향이 컸다. 이 시대 상황이 주택에서는 '내 마음'에 해당되는 중심 공간을 두려는 방향으로 나타난 것이다.

경기도박물관에서 안팎의 대립 구도는 건물을 '소품의 애깃거리를 담는 그릇'으로 정의하려는 목적을 띤다. 이 개념 역시 새로운 것은 아니다. 18세기 말에서 19세기 초부터 존 손 경Sir John Soane은 자신의 주택에서

13-3 존 손 경, 손 하우스

건물 외관은 평범한 육면체로 처리한 반면 내부는 온갖 잡동사니를 담는 그릇의 개념으로 접근했다.[13-3] 손은 당대 유명한 골동품 수집가였는데 자신의 주택을 전 세계에서 모아온 골동품을 담는 그릇으로 정의한 것이다. 차곡차곡 저장만 한 것이 아니었다. 소품으로 얘깃거리를 만들어낼 수 있게 실내를 중첩하는 복합 공간으로 짰다. 층과 층 사이, 방과 방 사이를 어긋나게 했으며 막히고 열린 정도를 조절해서 시선과 빛을 조작했다.

당시는 역사 양식을 유구 완결체로 받아들여 직설적으로 복사하는 역사 절충주의가 주류를 이루었는데 손의 시도는 획기적인 것이었다. 손은 전통의 개념을 골동품과 구조–공간의 편린으로 구성되는 소품의 얘깃거리로 새롭게 해석한 것이다. 전통은 유구가 되어버린 역사 양식의 직설적 복사의 대상에서 벗어날 수 있었다. 당시에는 기인으로 평가받은 손은 건축에서 하지파지 개념을 이미 200년 전에 제시한 것이다.

경기도박물관에서도 완벽하지는 않지만 동일하게 해석될 수 있는 내용이 나타난다. '불투명 대 투명'에 대응시킨 안팎의 대립 구도에 의해 건물을 커다란 그릇으로 정의한 뒤 그 속을 소품으로 각색한 전통 모티브로 채워 얘깃거리를 만들어내는 것이다. 외부 진입 공간부터 소품으로 사용한 전통의 편린들이 등장한다. 물레방아와 초가를 지나면 오른쪽 구석에 한복 고름 같은 곡선 프레임과 색동 천장으로 치장한 덮개 씌운 길이 길게 이어진다. 문루를 통과하면 뒤쪽으로 벽화가 나온다.[13-1, 13-4, 13-5, 13-6]

진입 공간을 벗어나서도 동일한 구성이 중정으로 이어진다. 문루를 한 겹 더 통과하면 중정으로 들어서게 된다. 중정에 서면 망루와 그 너머 저편의 시내 전경이 가장 먼저 눈에 들어온다. 둥근 곡선으로 처리한 출입구 차양은 초가지붕을 연상시킨다. 출입구 옆에는 봉화대 모양으로 포장된 나선형 계단실이 해학적 웃음을 자아낸다.

전통의 소품을 특별한 규칙 없이 하지파지식으로 늘어놓아 누구나 각자의 연상 작용에 의해 얘깃거리를 만들어 즐길 수 있다. 예를 들어 이런 연속 공간은 산사의 공간과 비슷한 스토리 구성을 갖는다. 산문을 지나는 진입 과정에서 만나는 물과 다리, 부도, 당간지주, 장승, 돌탑 같은 공예 소품들이 여기에서는 위에 열거한 구상적 전통 소품으로 대체되어 있다. 두 겹의 문루 사이에 긴 벽화를 보며 문루를 통과해서 중정으로 진입할 때 느끼는 느낌은 사찰에서 해탈문과 문루를 지나 주 불전 앞의 중정으로 진입하는 느낌과 비슷하다.[12-3, 13-7, 13-8]

13-4

13-5

13-4 ■ 13-5
장세양, 경기도박물관

13-6
짐 다인,
〈두 장의 등각 자화상〉

13-6

13-7 장세양, 경기도박물관
13-8 무량사. 천왕문을 통해서
들여다본 극락전

하지파지와 전통의 편린 |

극적 반전도 비슷하다. 산사에서는 일직선으로 이어지는 진입 공간을 거쳐 주 불전 앞 중정에 이르면 갑자기 탁 트이며 펼쳐지는 전혀 다른 세계를 접하며 극적 반전을 경험한다. 경기도박물관에서는 이것을 밖과 안 사이의 '불투명 대 투명'의 대립 구도로 치환했다. 차이도 있다. 경기도박물관의 공간 스토리는 산사의 종교적 엄숙함이나 내재적 질서에서 자유롭다. 그보다는 생활 속 잡동사니를 접하는 것 같은 일상적 체험의 대상으로 편하게 즐길 수 있다. 중간 과정에 제시한 많은 전통 소품 역시 물리적 유구를 애써 복원하려는 버거움에서 벗어나 공예의 편린으로 쉽게 다가온다. 이상의 내용을 다 모으면 하지파지가 된다.

하지파지는 실내에서 계속된다. 입구 로비에 들어오면 제일 먼저 아홉 개의 화면을 담은 멀티비전이 나타나는데 그 테두리에 쓰인 짙은 회색은 전통 건축물의 기와를 연상시킨다. 멀티비전에서는 건축을 포함한 전통 예술품이 소개되고 있다. 손 하우스에서 골동품 형태로 저장되던 역사 양식들이 이곳에서는 멀티비전 속의 영상 형태로 바뀌어 저장되고 있다. 멀티비전을 담는 멀티큐브는 45도 돌려져서 마름모꼴 단면을 드러내며 매우 불편한 자세로 받쳐져 있다.[12-5] 멀티큐브와 구조체가 만나는 부분에는 조형 충돌이 일어나면서 자잘한 구성 부재들이 복잡하게 얽혀 있다. 이 건물의 무게중심에 나타난 이런 헤체적 조형 처리는 건물 전체 윤곽의 거대 단순 구조물과 대비되면서 '그릇 속에 담기는 전통의 편린들'이라는 주제를 상징적으로, 그러나 명확히 밝히고 있다.

멀티큐브 옆에서 시작되는 전시 동선은 외부 진입 공간과 마찬가지로 연속으로 이어지면서 테마파크 개념의 전통 요소를 늘어놓는다. 성곽 위를 걷는 것 같은 완만한 곡선 길로 시작해서 이어지는 전시 동선 사이사이에는 전시물들이 공예의 편린 형식으로 놓이면서 전통 논의의 중요한 역할을 담당한다. 이동하면서 마주치는 장고, 벽걸이 그림, 벽화, 사찰 사진등은 어디까지가 전시물이고 어디까지가 조형용 소품인지 구별을 모호하게 만든다.

이런 처리는 박물관이라는 건물 기능을 전통 논의에 끌어들인 것으로 이해할 수 있다. 이전까지 전통 논의가 모든 종류의 건물에 적용할 수 있는 지붕과 공포 중심으로 진행된 것과 구별되는 현상이다. '전통의 편린'이라는 새로운 전통 개념을 적용하기에 제일 좋은 기능이 박물관인데 이를 십분 활용한 것이다. 실내 공간도 같은 방향으로 처리했다. 총안이나길 이미지 등 성곽을 연상시키는 전통 요소를 사용해서 전통의 편린을 실내 공간의 골격에까지 적용한다.

이처럼 기하학적 완결성을 갖는 거대한 석벽 그릇 속에 전시물, 소품, 건물 골격 등 여러 층의 전통 요소를 공예의 편린으로 만들어 하지파지로담고 있다. 편린은 유구 완결체의 무게에서 벗어나 경직된 모습을 집어던지고 생활 속 잡동사니 같은 체험 단위로 제시되고 있다.

길 모티브와 해학적 곡선 윤곽 |

길 이미지가 특히 중요하다. 밖과 안 사이의 대립 구도 속에서 통일된 주제로 시도되는 하지파지를 하나로 묶어주는 모티브는 '길'이다. 이는 하지파지를 구체화하는 핵심 매개이며 이 과정에서 다양한 역할을 추가로하고 있다. 성곽이라는 유구 완결체를 체험 단위로 전환시켜준다. 전통 모티브와 모더니즘 어휘의 혼재 상황을 통합해주는 포괄 요소이기도 하다. 서양 모더니즘 문명의 유입과 함께 너무나 변해버린 우리의 생활 속에 이 제는 편린으로 남아 있는 전통 요소들을 담아내는 최소공약수다.

길은 여러 형식으로 다양하게 구사된다. 사찰의 진입 공간, 곡선과 나 선형 계단, 총안, 벽화, 전시실 바닥에 그린 지도, 골목길, 전시물을 거는 담 등과 같은 여러 모습으로 번갈아가며 연속되고 있다.**13-9, 13-10, 13-11** 이런 변신 자체가 전통의 편린을 보여주는 좋은 예다. 또한 그 사이사이에 전시 된 전통 공예품을 품으며 전통이라는 주제를 생활 속 잡동사니로 표현해 낸다.

길을 매개로 삼아 건물 골격과 공예 소품이라는 두 가지 전통 요소가 편린 형식으로 한 군데서 만나 합해진다. 건축 어휘를 이렇게 해석할 때에 만 모더니즘 건축이 전통과 자연스럽게 어울릴 수 있다. 전통 요소가 유구 완결체로 차용된다면 모더니즘 건축과는 계속 대립 구도로 남을 수밖에 없다. 반면 공예 편린에 의한 하지파지로 구성할 경우 모더니즘 건축은 전

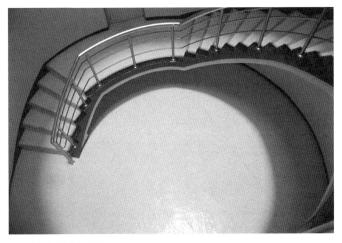

13-9 장세양, 경기도박물관

13-10 장세양, 경기도박물관
13-11 딜러 앤드 스코피디오, 〈여행, 가방, 연구〉

통 요소와 동일한 레퍼토리 구성 요소로 받아들여질 수 있다.

길 모티브는 이것을 모아 하나로 묶어준다. 모으는 방식은 가지런한 절대주의 규범이 아니라 자유로운 하지파지 구성이다. 모더니즘 건축을 전통과의 단절이라는 이분법 구도로 보는 대신 이 시대를 구성하는 당연한 현실로 받아들일 수 있게 된다. 석조 성곽의 윤곽 밖으로 삐져나온 유리 박스는 서구식 모더니즘 건축이 어쩔 수 없는 우리의 현실이 되어버린 상황을 상징적으로 보여준다. 이런 유리 박스조차 편린으로 쪼개서 제시함으로써 하지파지의 구성 요소로 만들어 사용하고 있다.

길 모티브는 매체를 건축 요소로 활용하는 새로운 시도와도 맞닿아 있다. 멀티비전이라는 영상 매체를 전통 요소의 하나로 끌어들이는 시도인데 이것을 담아내는 물리체인 멀티큐브를 처리하는 방식에 길 모티브를

13-12 장세양, 경기도박물관
13-13 로버트 스미스슨, 〈나선형 둑〉

시간 개념으로 환원해서 끌어들인다. 멀티큐브의 끝 면은 화면을 담으며 실내에 들어와 있지만 몸통이 놓이는 부분은 건물 밖이다. 중앙 홀에 큰 구멍이 나 있고 그 속으로 멀티튜브를 질러 넣었다. 큰 구멍은 지붕에서 시작해서 건물 중심을 관통하며 지하까지 계속된다.

건물 본체를 필로티^{pilotis}가 받치기 때문에 지하 역시 외부 공간이 되면서 멀티큐브는 대지미술에서 많이 등장하는 흙으로 덮인 원형 조형물이 된다. 이런 처리는 '과거-현재-미래'의 시간 흐름을 상징하며 우리의 전통과 지금의 현실이 단절이 아닌 연속적인 길과 같다고 얘기해준다. 조형물이 모여 있는 중심부를 부드러운 곡선 길이 감아 돌며 이동을 시간 흐름에 겹치고 있다. 13-12, 13-13

성곽 모티브로 짠 건물 외관도 유구 완결체에서 벗어나려는 하지파지 개념에 맞춰 해학적으로 변형 처리했다. 직설적 모방의 모습이 일부 남아 있지만 전통 모티브를 매체 확장에 의해 생활 체험의 대상으로 사용하려는 큰 방향도 동시에 느껴진다. 성곽을 세밀하게 모사하기보다 둥근 곡선 윤곽의 거석 구조로 처리했다.**13-14** 포스트모더니즘에 속하는 기법으로, 구상 소재를 정확한 모사 대상으로 보지 않고 배불뚝이나 부푼 찐빵처럼 변형을 가하는 경향이다. 사람들이 뚱뚱한 모습을 보고 재미있어 하고 친근감을 느끼는 심리를 이용해서 해학적 감상의 대상으로 변형한 것이다.**13-15** 한국에서는 이미 천 년 전에 미륵불을 통해 해학의 미학으로 이를 구현한 바 있다.**13-16**

이런 접근은 정치精緻하고 조화로운 질서를 생명으로 삼는 고전주의나 심각하고 엄격한 상징성을 갖는 종교적 주제 등에 적용할 때 효과가 배가 된다. 보테로Fernando Botero Angulo나 벤추리Robert Venturi 등 포스트모더니즘 예술가들이 즐겨 사용하는 기법인데 우리는 관촉사 은진미륵에서 천 년

13-14 장세양, 경기도박물관

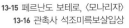
13-15 페르난도 보테로, 〈모나리자〉
13-16 관촉사 석조미륵보살입상

전에 이미 시도했다. 아름다운 비례가 제1의 조형 요소인 부처 상에서 비례 균형을 부수며 큰 윤곽만 잡아 뚱뚱하고 큰 머리를 갖는 기형의 모습으로 만들었다. 경기도박물관의 곡선 윤곽은 은진미륵의 해학적 비례 윤곽을 성곽에 적용한 느낌을 준다.

여의도 KBS 신관과 모던 매너리즘 |

김중업의 작품인 여의도 KBS 신관(옛 국제방송센터)도 비슷하다. 태극 마크의 적–청 색채대비, 붉은색 원형 기둥, 곡선과 산마루 윤곽, 도자공예를 입힌 벽화, 정원, 길 등의 여러 전통 모티브를 공에 편린의 개념으로 차용한 후 통일된 구성 스토리 없이 하지파지로 담아낸다.**12-2, 13-17, 13-18** 전통을 대하는

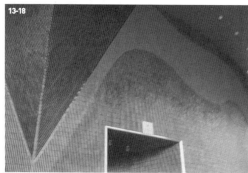

13-17 ▪ 13-18
김중업, 여의도 KBS 신관

이런 접근의 의미는 경기도박물관에서 논의한 내용과 크게 다르지 않으므로 반복하지 않겠다. 중요한 차이도 있다. 공예 편린을 담아내는 그릇이 경기도박물관에서는 성곽이라는 전통 건축물인 데 반해 여의도 KBS 신관에서는 반사 유리라는 극단적인 산업 재료를 사용한 전형적인 모더니즘 건물이라는 점이다.

경기도박물관의 화두는 전통 논의의 두 가지 시각인 유구 완결체와 생활 속 체험 사이의 균형 잡기 문제였다. 이것이 여의도 KBS 신관에서 전통 모티브와 모더니즘 건축 사이의 관계를 설정하는 문제로 바뀌었다. 여

의도 KBS 신관에서는 이 시대의 보편적 건축 체계가 되어버린 모더니즘의
당위성을 전통을 초월해서 받아들여야 한다는 주장을 분명히 밝히고 있
다. 이와 함께 모더니즘 건축이 비록 보편성을 획득했더라도 유일한 가치
로 획일적으로 강요되어서도 안 된다는 주장도 동시에 펴고 있다.[13-19, 13-20]

   이런 양면적 주장은 현대건축의 다원주의 경향을 보여주는 좋은 예인
데, 느껴지는 분위기는 한마디로 단정하기 힘들어 보인다. 경기도박물관
처럼 모더니즘 건축과 전통 모티브를 대립 관계로 본 뒤 둘을 모두 공예
편린으로 만들어서 통합하려는 시도도 물론 느껴진다. 혹은 모더니즘 건
축이 이제 이 시대의 우리의 전통이 되어버린 현실을 부정할 명분이 건축

13-19 ▪ 13-20
김중업, 여의도 KBS 신관

가에게는 힘겨운 이상적 유희일 뿐이라는 고백이 느껴지기도 한다. 그렇기 때문에 창작 행위로서의 전통 논의는 유구 완결체가 아닌 모더니즘 건축의 틀 안에서 이루어져야 한다는 파격적 주장을 하는 것 같기도 하다.

드디어 우리의 전통 목록에 '근대적 전통'을 올릴 시점이 된 것일 수 있다. 창작 활동으로서 전통 논의는 서구식 모더니즘 건축과 대립적으로 구별되는, 혹은 그 이전에 존재한 물리적 유구를 복원해내는 작업에서 벗어날 시점이 되었다는 뜻이다. 모더니즘 목록을 우리만의 모더니즘과 서양식 모더니즘으로 세분해서 만들 때가 되었다는 뜻이다. 전통 논의는 이 둘을 구별해주는 최소공약수로서의 체험 단위를 만들어내는 작업이어야 한다.

여의도 KBS 신관에서는 이런 새로운 전통 논의를 구체화해주는 전략으로 모던 매너리즘modern mannerism을 제시한다. 지역별 차이를 뛰어넘어 중성화된 산업 기술로 구성되는 성기 모더니즘 이후의 현대건축에서 지역 전통은 모더니즘 논의를 풍부하게 해주는 매너리즘 요소가 된다. 여의도 KBS 신관이 좋은 예다. 산업화된 경량 부재를 이용한 정밀주의precisionism는 성기 모더니즘에 해당된다. 전체 윤곽은 이것을 이용해서 비정형 사선 구도로 짰는데 이것으로 끝났다면 포스트모더니즘에 머물렀을 것이다.

여의도 KBS 신관은 여기에 공예 편린으로 처리한 전통 모티브를 더한 점에서 모던 매너리즘까지 나아간다. 태극 마크의 적-청 색채 대비, 붉은색 원형 기둥, 곡선과 산마루 윤곽, 도자공예를 입힌 벽화, 정원, 길 등의 다양한 전통 모티브가 비정형 건물 윤곽과 어우러지면서 성기 모더니즘에 대한 해석은 '후기 양식' 한 가지로 고정되지 않고 다의적으로 증폭된다. 앞서 얘기한 것처럼 '전통적 전통 대 근대적 전통', '우리만의 모더니즘 대 서양식 모더니즘' 등으로 전통 해석과 모더니즘 해석이 다양하게 분화되

어가는 현상은 증폭의 좋은 예다. **13-21, 13-22, 13-23**

20세기의 근대화를 거치면서 우리의 생활 방식은 서양과 큰 차이가 없어진 것처럼 보인다. 이것을 서구화로 불러야 할지 세계화로 불러야 할지, 아니면 보편성의 의미로서의 지구촌화로 불러야 할지에 대해서는 좀 더 심도 깊은 논의가 있어야 할 것이다. 그러나 한 가지 확실한 것은 세계가 아무리 하나의 문명으로 같아져 간다 하더라도 여전히 서양 사람들과는 다른 우리만의 지금 이 시대의 생활상이 있다는 것이다. 이제 이 시대의 전통 논의는 이처럼 서양 사람들과 같아질 수 없게 만드는 우리만의 삶의 방식에 해당되는 건축 체계를 찾아내는 일이 되어야 한다.

이제 전통은 '전통적 전통'이 아닌 '근대적 전통'의 모습으로 제시되어야 한다. 이는 모더니즘을 전통과의 단절이 아닌 연속으로 받아들인다

13-21 ■ 13-22 김중업, 여의도 KBS 신관

13-23
리처드 롱, 〈Norfolk Flint Circle and White Water Line〉

는 가정을 전제로 한다. 전통이란 그런 것이다. 전통은 늘 우리와 함께 있어왔듯 지금 이 순간의 우리 모습과 삶의 방식 자체가 이 시대의 우리 전통일 뿐이다. 그것을 다른 곳에서 찾을 수는 없는 노릇이다. 전통 건축은 일상생활 속에 공예 편린으로, 그리고 너무나 자연스럽게 우리의 주변에 항존하고 있을 뿐이다.

14.

일산교회와
다질
맥락주의

20세기 문명과 다질성 |

철학자 베르그송^{Henri Bergson}이 근대 문명 초기에 근대 과학과 근대 예술의 한계에 대해서 가졌던 가장 큰 고민은 이것들 가운데 어느 것도 인간사^{人間事}의 다질성^{heterogeneity}을 표현하지 못한다는 것이었다. 단 한 순간도 끊이지 않고 계속되는 수많은 현실 세계의 현상을 인간이 창조한 매체로 파악해 재현하는 것은 기본적으로 불가능하다는 게 베르그송의 고민이었다. 더 큰 고민은 이런 근원적인 한계가 있음에도 재현이 가능하다고 믿으며 막무가내로 강요하는 근대 기술 문명의 폐해였다.

예를 들어 순간 도함수의 개념으로 정의되는 미분은 하나의 운동 현상에 대한 완벽한 연속성을 정의해냄으로써 그런 현상의 전 과정을 재현 개념으로 해석해내는 데 성공한 것처럼 여겨져왔지만 사실 이것은 양적인 측면에 한정된 반쪽의 성공이었을 뿐이다. 세상은 질량만으로 이루어진 것이 아니기 때문이다. 베르그송은 인간사의 질적인 풍요로움과 다양성을 재현해낼 수 없는 인간 매체의 불완전성을 꿰뚫어보고 있었다. 그것도 모든 사람이 근대 과학이 인간사의 양적인 문제를 다스릴 수 있게 된 치적에 기뻐하며 기계 유토피아를 그리던 때에 말이다.

그는 단순화와 표준화를 기본 속성으로 갖는 과학과 기계라는 매체가 다양함과 분화적 변화를 기본 속성으로 갖는 인간사를 다스리게 될 때 나타날 디스토피아의 미래에 대해 예언자적 모습으로 태산같이 걱정했던 것이다.

베르그송의 고민 이후 약 100년 안팎으로 근대 문명이 운용되어온 뒤, 베르그송의 정신적 적자 가운데 한 사람인 들뢰즈$^{Gilles\ Deleuze}$는 베르그송의 주장에 조심스런 수정을 가하고 타계했다. 들뢰즈는 베르그송의 부정적 매체론에 기본적으로 동의하면서도 이 개념을 인간사의 해석에 적용하는 문제에서는 긍정적 가능성에 강한 집착을 보여주었다. 인간 매체는 불완전하기는 하지만 그런 불완전한 연속성이 허용하는 범위 내에서 그 나름대로의 다원적 리얼리티를 형성한다는 것이었다.

들뢰즈의 매체론은 베르그송의 이상적 허무주의에 현실론적 수정을 가함으로써 긍정적 허무주의라는 대안을 찾으려 한 고육책으로 볼 수 있다. 들뢰즈의 고육책은 혼란기를 일거에 정리해주는 주도적 사상이 실종된 다원주의 시대 상황에서 현실적 타협에 무게를 둔 차선책으로서 중요성을 갖는다. 인간사의 다질성에 대해 이해 불가능하다는 경고를 하는 것만이 문화나 문명은 아니기 때문이다. 인간사에서 종교적 가정 이외에 완벽한 것은 없다. 열악한 상황 속에서 어떻게 해서든지 하나라도 쌓아가는 긍정적 몸짓이 인간의 문화와 문명이 아니던가.

한국 건축의 1990년대 상황 |

1990년대의 한국, 서울 혹은 그 주변. 이 땅은 100년 전에 베르그송이 한 태산 같은 고민이 가장 잘 적중된 지역이 되어버렸다. 우리 것을 다 잃었고 그렇다고 세계 보편적 기준의 수준에는 아직도 까마득히 먼 근대 문명의 사생아 같은 곳. 수치화된 양화量化를 다루는 가장 하급의 물질 매체가 인간의 정신을 다스리게 되었을 때 나타나는 지옥과 같은 폐해를 교과서적으로 생생하게 보여주는 곳. 인간의 정신 문제를 고민해야 할 현자들이 거지처럼 길거리에서 빌어먹으며 가장 추하게 타락해가는 곳.

이런 것이 근대 기계문명을 몇십 년 운용한 끝에 남겨진 우리 모습 가운데 일부다. 2013년에 접어든 지금, 이런 상황은 더욱 악화되었다. 물질 풍요의 성적표는 세계 10등에서 20등 사이를 오르내리는 정도까지밖에 못 올라갔는데 정신질환을 나타내는 각종 지표에서는 우리나라가 거의 싹쓸이를 하다시피 압도적 1등이 되어버렸다. 물질 매체와 정신 매체의 중간쯤에 해당되는 건축은 이런 폐해에 직접 노출된 분야 가운데 하나가 되어왔다. 그렇기에 그만큼 극단적인 해결책이 제시되기도 했지만 그것들이 얼마나 부질없는 말장난이나 일회성 마스터베이션 같은지는 그 주장을 펴는 사람이 가장 잘 알 정도로 우리의 건축 현실은 말로 표현하기 힘든 비참한 상황에 놓여 있다.

건축은 참으로 묘하다. 건축가가 아무리 시대를 앞서 훌륭한 생각과 작품성을 지녔다고 하더라도 그 작품에는 동시대의 건축 수준, 좀 더 포괄적으로 얘기하자면 동시대의 총체적인 문화 특성이 조금의 가감도 없이 그대로 드러난다. 마치 건물이 그 지역의 토양을 빨아들여 만들어지는 것처럼, 그 시대 그 지역의 구성원들이 내뿜는 공기와 내뱉는 말 그리고 품은 생각 들이 모여서 그 건물을 만들어내는 것처럼, 그렇게 건물은 한 시대를 그대로 비추는 거울 같은 기록을 남기게 된다.

그러므로 지난 수십 년간 근대 문명을 운용하면서 형성된 우리의 조형 환경 상황은 어떤 방식으로든지 간에 이 시대를 살아가는 건축가들의 작품 속에 표출되기 마련이다. 건축주의 요구 사항이 그러하고 이것이 집단화된 결과인 사회적 요구 수준이 그러하다. 관청이 방해하는 정도가 그러하며 건설회사의 현장 완성도가 또한 그러하다.

누군가는 이렇게 반영되어 나타나는 한국 현대건축의 집합적, 공통적 특성을 "한국적 촌스러움"이라고 부정적으로 부른 반면 다른 누군가는 그런 것이 좋든 싫든 모두 우리의 자화상 같은 현실이라며 "한국적 모더니즘"이라는 중립적·사실적 개념으로 정의하기도 한다. 또 누군가는 한국적 촌스러움을 극복하기 위한 자기만의 노하우를 쌓아가기도 한다. 예를 들어 가급적 외국 건축가의 작품과 비슷한 분위기로 보이기 위한 창작적 노력이나 이것이 현장에서 원하는 대로 시공될 수 있게 하기 위한 자신만의 비법 같은 것이다. 이런 경우 한국적 촌스러움에서 탈피한 정도가 건물의 작품성이나 창작성과 거의 동일시되는 우리만의 평가 기준이 형성되기도 한다.

반면에 또 다른 누군가는 서양식 세련됨을 작품성에 대한 벤치마킹 기준으로 삼는 태도 자체가 지극히 사대적인 발상이라며 우리의 현실을 자신 있게 받아들이자는 민족주의적 주장을 펴기도 한다. 모더니즘은 한 가지 기준에 따라 서열식으로 평가될 수 없으며 지역만의 편차를 가질 수밖에 없다는 '보편성–특수성' 논쟁을 주장의 근거로 제시한다. 이도 저도 아닌 이른바 '허가방' 수준의 건물을 짓는 쪽에서는 여전히 기능과 경제성을 전가의 보도처럼 휘두르며 창작 건축가에 대한 열등감과 자신들의 창의력 부족을 감춘다.

확실히 집장사 집들이 빼곡히 들어차 있는 1990년대의 서울 혹은 한국의 물리적 환경은 건축가들에게 어떤 의미로든지 간에 부담스러운 짐이 되는 것이 사실이다. 물론 이른바 예술가를 자처하는 건축가들은 자신들의 작품이 그런 환경보다는 당연히 훨씬 뛰어나다고 처음부터 가정하고 설계를 시작한다. 이때 머릿속에는 현재 세계 현대건축을 대표하는 뭐뭐 하는 건축가의 작품 수준이 하나의 목표로 단단히 세겨지면서 "나도 이번에는 꼭 그 정도 수준의 작품을 한번 짠 하고 보여줘야지" 하는 다짐을 마음속으로 하게 된다.

설계가 말처럼 간단하지만은 않다. 이런 가정 자체가 국적 없는 사생아를 낳을지도 모른다거나 혹은 표절 논쟁에 휘말릴지도 모른다는 걱정을 문득문득 들게 만드는 논쟁이 자주 귀에 들어온다. 반대로 아무리 애를 써도 자신의 작품을 주변 환경과 어쩔 수 없이 자꾸만 닮게 만드는 거대한 힘의 작용을 수용하게 될 때의 무력감도 자주 경험하게 된다.

다질 맥락주의와 1990년대의 긍정적 가능성 |

맥락주의는 이런 상황에 대한 적극적인 대응 방식 가운데 한 가지일 수 있다. 낯익은 단어이긴 하지만 지금까지 우리가 일아온 맥락주의에서는 지역주의 특성이 강한 전통 회귀나 토속성 등을 기본 가치로 추구해왔다. 1980년대까지는 이런 맥락주의가 타당성을 얻었지만 1990년대에는 맥락성에 대한 이런 기준이 어느새 또 하나의 화석화된 추상적 가치로 굳어져 가는 분위기다. '서구화 대 전통', '국제주의 대 지역주의', '모더니즘 대

맥락주의' 식의 대립 구도로 파악하기에는 베르그송의 고민대로 세상은 너무 다질적이 되었기 때문이다.

지역주의나 맥락주의도 이제는 그런 다질성을 구성하는 다양한 하부 요소 가운데 하나일 뿐이다. '서구 제국주의의 침탈에 맞서 우리의 전통 가치를 지켜주는 혁명 전사'의 무거운 책임을 내려놓을 때가 온 것이다. 이런 책임은 서구식 모더니즘이 불합리한 절대 가치를 갖는 현상의 반대 편에 서는 또 하나의 극단적 절대 가치로 남게 되었다. 이제 이런 양극단 을 뛰어넘을 때가 되었다.

그렇다고 맥락주의가 끝난 것은 아니다. 맥락에는 이것만 있는 것이 아니기 때문이다. 다원주의 아래에서 맥락의 개념이나 맥락주의도 여러 단계로 분화를 겪기 시작했다. 건축가들에게 큰 부담으로 작용하는 집장 사 집으로 가득 찬 서울의 평범한 골목길 풍경도 하나의 맥락이 될 수 있 다. 이런 풍경은 지금까지 항상 열등하고 불완전한 환경으로 인식되어왔 다. 언젠가는, 가능한 한 빨리 철거할 대상이었으며 작품적 가치는 전혀 없는 우리의 가난하고 수준 낮은 자화상 정도로 평가되어왔다. 1990년대 들어 이런 편견을 떨쳐버리고 집장사 집으로 구성되는 골목길 환경도 훌 륭한 예술적 출발점으로 받아들여 맥락주의로 해석할 수 있게 되었다. 이 런 변화는 분명 1990년대 문화 흐름을 대표하는 현상이다.[14-1, 14-2, 14-3] 나는 이런 맥락주의를 '다질 맥락주의'로 부르고자 한다. 특별히 새로운 생각 은 아니며 우리 주변에 이미 이렇게 분류할 수 있는 예가 적지 않은 것 또 한 사실이다.

다질 맥락주의의 기준이 되는 이 시대 우리 주변의 평범한 일상 환경 은 혼란스럽고 건조하며 삭막하기까지 하다. 그와 동시에 그 이면에는 우 리가 모더니즘 건축을 운영해온 수십 년 역사의 흔적과 이 시대 한국의 상

14-1

14-2

14-3

14-1 ■ 14-3 권문성, 일산교회

황이라는 동시대성의 의미가 농축되어 숨어 있다. 이것만으로도 외관상의 미추美醜 문제를 떠나 우리에게는 소중한 예술적 소재가 될 수 있는 무게를 갖는다. 좋든 싫든 우리가 주인이 되어 운용하며 남긴 모더니즘의 역사적 흔적에 대한 건축적 해석은 너무도 훌륭한 예술적 소재 가운데 하나임이 틀림없다.

외관의 평범함을 걷어내고 그 속에 숨어 있는 핵심적 내용을 보편적 건축 어휘로 환원해 표현할 수 있다면 그것은 이 시대의 건축 상황에 대한 훌륭한 작품적 기록이 되며 이런 것이 곧 예술적 가치인 것이다. 물론 이때 보편적 건축 어휘로의 환원은 건축의 축조적 구성 법칙에 대한 일정 수준 이상의 고난도적 해석 법칙과, 형태를 보기 좋게 다듬어내는 솜씨 등과 같은 건축가로서의 자질을 기본적인 가정으로 요구한다. 나는 일산교회에서 읽히는 건축적 의미를 이상과 같은 다질 맥락주의의 좋은 예로 들고 싶다.

일산교회의 다질 맥락주의 |

권문성의 작품인 일산교회는 언뜻 보기에 우리 주변의 평범한 조형 환경 어휘들을 모아놓은 것 같은 편안한 분위기로 첫 모습을 드러낸다. 이런 모습은 여러 의미로 해석할 수 있다. 일차적으로 주변 조형 환경의 다질적 특성을 자신의 건축을 결정 짓는 조건 가운데 하나로 인정하겠다는 태도를 의미한다. 건축가들이 자신의 건물이 들어서는 주변 조형 환경에 대해 흔히 경쟁적 우월감이나 그 열악성에 대한 다다적 부정을 갖기 쉬운데 이런 자세를 포기한다는 뜻이다. 그 대신 있는 그대로의 주변 조형 환경을

14-4 ■ 14-5 권문성, 일산교회

받아들여 예술적 출발점으로 삼는다.^{14-4, 14-5} 이런 점에서 이 건물의 기본 건축관은 다질 맥락주의로 분류될 수 있다. 사용 재료나 시공 상태 등을 보더라도 주변의 평범한 집장사 집과 조금도 다를 바 없는 모습을 하고 있다. 이런 모습은 고급 재료나 정갈한 시공 등을 좋은 작품의 선결 조건으로 생각하는 일부 건축가들과는 분명히 다른 배짱으로 느껴진다.

일산교회에서는 분명히 군데군데 서툰 집장사 집에서 보는 것과 같은 엉성한 마감 상태를 쉽게 발견할 수 있다. 그런데도 이것이 질적 미달보다는 편안함으로 느껴지는 이유는 무엇일까. 건축가에게서 이 시대 한국 건축계의 보편적 상황을 있는 그대로 받아들이겠다는 공시적 배짱이 느껴졌기 때문이다. 덤덤한 얼굴로 두런두런 들려주는, 시공하면서 애먹은 얘기는 이런 느낌을 한몫 거들었다. 시공의 질과 완성도는 사실 건축가에게는 디자인 능력과는 또 다른 차원의 어려운 문제이다. 시공업자가 지어놓은 상태에 만족하는 건축가는 거의 없다. 늘 부족하게만 느껴진다. 건축가들은 불량한 시공 때문에 자신의 작품이 이것밖에 안 되었다고 불평하는 것이 보통이다(그리고 대개 이런 불평에는 원래 자신은 더 훌륭한 건축가라는 암시가 강요되고 있다). 혹은 형편없는 시공업자를 어르고 야단치고 가르쳐 그나마 이 정도 지은 것도 다 제 능력 덕이라는 공치사를 하게 마련이다.

이에 반해 일산교회의 건축가는 열악한 시공 수준이 자신을 둘러싼 환경의 한 요소라면 그것조차 있는 그대로 받아들이겠다는 입장을 보여준다. 아니면 평당 180만 원이라는 저가의 공사비가 절체절명의 조건이었기 때문에 더 솜씨 좋은 시공업자를 고르지 못한 탓이었을 수도 있다. 어쨌든 일산교회는 모든 점에서 1990년대 한국 건축의 평균 수준을 기본 출발점으로 삼아 그것에서 예술적 조건을 찾아내어 작품으로 발전시키고 있다.

구체적 예를 간단히 살펴보자. 공공 가로변을 향한 부분은 시내에서 흔히 볼 수 있는 '한국적 촌스러움'을 보이는 오피스 빌딩 어휘로 마감했다.[14-6, 14-7] 이런 처리는 교회라는 기능 유형을 뛰어넘어 다질적 맥락을 적극적으로 수용한 것으로 이해된다. 개신교회 건물에서 자주 나타나는 현상인데, 교회를 신비한 별도의 공간으로 짓지 않고 동시대 세상에서 제일 보편적으로 통용되는 건축 재료와 양식을 사용하는 경향이다. 이것으로

14-6 ■ 14-7 권문성, 일산교회

끝났다면 집장사 집에 머물겠지만 오피스 빌딩의 어휘에 교회라는 기능에 맞는 적절한 해석과 각색을 가함으로써 다질 맥락주의로 발전시키고 있다. 예를 들어 이 부분을 실내에서 보면 천장에서 빛이 들어오는 처리가 된다. 이것을 십자가와 함께 보면 고딕 시대 기독교 건축의 전형적 장면을 1990년대 한국의 일상 맥락에 결부시켜 해석해낸 것이 된다.**14-8**

　맥락 조건을 무조건적으로 수용하는 데서 오는 위험을 잘 극복하고 있다. 오피스 빌딩의 어휘로 처리한 이 부분은 교회 본당인데 여기에 맞게 멀리온mullion, 중간문설주이라는 오피스 빌딩의 어휘를 수직성 개념으로 해석해 교회를 상징하는 이미지로 활용한다.**14-9** 이런 상징성은 멀리온을 옆으로 끼면서 지하 본당으로 걸어들어갈 때 더욱 분명하게 느껴진다. 시내에 흔한 3~4층짜리 은행 건물에서 쉽게 볼 수 있는 전형적인 오피스 빌딩의 어휘가 이를테면 고딕 성당의 것과 같은 수직선으로 둔갑하는 경험은 신

14-8 ▪ 14-9 권문성, 일산교회

선하다. 맥락 조건을 차용한 후 기능 해석을 통해 형태 요소로 정의해내는 이런 과정은 건축적으로 강력한 타당성을 갖는다.

반면 본당의 오른쪽 위로 주택가를 면하는 1층부터 3층까지는 원래 근린시설로 계획되었기 때문에 이 부분은 주변에서 흔히 볼 수 있는 주택의 모습으로 처리했다. 이런 가운데 절벽, 골목길, 지평 끝의 하늘 등과 같이 능선이 많은 서울에서 자주 볼 수 있는 물리적 골격을 계단, 복도, 가벽 등과 같은 기능 요소에 맞춰 석설한 건축 어휘로 번안해서 제시하고 있다. **14-3, 13-5, 14-10**

그렇다고 일산교회가 주변 환경에 수동적으로 순응하는 무기력한 작품은 아니다. 혹은 단순히 주변 환경의 조형 요소를 차용해 짜깁기한 모방품도 아니다. 구석구석 건축의 축조적 구성 법칙이나 조형 조작 같은 기본기를 구사하는 진지하면서도 번뜩이는 재주가 눈에 뜨인다. 교회에 맞는 상징물을 섞어 쓸 줄 아는 적절한 기교나, 비례와 스케일을 잘 다루는 소질도 느껴진다. 일산교회는 휴먼 스케일을 기본 척도로 지키는 범위 내에서 아기자기한 분위기에서 웅변 같은 장쾌함까지 다양한 느낌을 만들어내고 있다. 건물을 수치가 아닌 감성의 크기와 종류로 느낄 수 있다는 점은 다질 맥락주의를 적절하게 구사할 때 얻을 수

14-10 권문성, 일산교회

있는 결과다.

이 모든 것은 과하지도 부족하지도 인위적이지도 설익지도 않고 적정한 선에서 자연스럽게 어우러져 표출된다. 일산 교회의 다질성은 자연스러움을 가장 큰 장점으로 보여준다. 다질성은 혼성hybrid과 자연스러움naturalness이라는 두 가지 측면으로 정의된다. 이 가운데 혼성은 이질 요소 간의 의도적 혼합을 기본 조형관으로 가지며 그만큼 시대 상황에 대한 좀 더 적극적인 의견 표현을 수반한다. 때로는 화려함을 가장한 다다적 냉소를 담기도 하는 등 주변 상황에 대해 최소한 한 번 이상 곡절曲折의 해석을 거치게 되어 있다.

반면 자연스러움은 맥락에 대한 순응을 바탕으로 있는 그대로의 현실을 찾아 작품으로 이어가려는 개념이다. 현실적 조건은 베르그송과 들뢰즈가 고민한 것처럼 불완전할 수밖에 없다. 자연스러움으로서의 다질 맥락주의는 불완전하긴 하지만 불완전한 연속성이 허용하는 범위 내에서 그 나름대로의 다원적 리얼리티를 형성하려는 긍정성을 강점으로 갖는다. 다질 맥락주의는 들뢰즈의 긍정적 허무주의가 건축적으로 구현된 예에 해당되는 것으로 볼 수 있다. 이를테면 50퍼센트쯤의 현실 순응, 30퍼센트쯤의 건축 어휘 구사 능력과 조형 각색 능력, 20퍼센트쯤의 시대 해석으로 구성되는 일산교회의 다질 맥락주의는 1990년대 우리 건축계의 복잡한 땅 나누기 싸움 사이에서 취할 수 있는 절묘한 균형점의 한 예를 보여주고 있다.

15.

현암사와
은유적
맥락주의

15. 현암사와 은유적 맥락주의

리노베이션과 맥락의 기억 |

아현동 현암사는 헌 건물이다. 그러나 새 건물이다. 그러나 사실은 헌 건물이다. 1970년대 양옥을 리노베이션했으니 헌 건물이다. 그런데 옛날 건물이 어떤 모습이었는지 전혀 알 길이 없으니 새 건물이나 마찬가지다. 그럼에도 옛날 건물이 어떠했으리라는 단서를 간접 화법과 은유로 암시하니 다시 헌 건물이라 할 수 있다.

현암사의 리노베이션renovation은 은유적이다. 옛날 건물의 모습을 직접 보여주는 장면이 하나도 남아 있지 않다. 옛날 집의 흔적은 공간 골격에만 남아 있다. 어차피 집을 다 허물지는 않았을 것이고 그렇다 보니 방들로 구성되는 전체 골격은 남아 있다. 그러나 외관에서 옛날 집의 모습을 얘기해주는 시각 요소는 남아 있지 않다.

어떤 면에서는 리노베이션의 범위를 넘어섰다고 볼 수도 있다. 적어도 리노베이션을 디자인 관점에서 정의했을 때 그렇다. 왜냐하면 디자인 관점에서 리노베이션이란 옛날 집이 지닌 조형적 특징을 어느 정도 남겨놓은 상태에서 그것을 기준으로 삼아 다음 단계의 디자인을 결정하는 작업이기 때문이다. 옛날 집의 조형적 특징이 밖으로 드러나야 하며 건축가는 그것을 단서 삼아 자신의 디자인을 풀어갔다는 점을 보여주어야 한다. 옛날 집의 특징을 이어받거나 패러디하거나 대비적으로 반전시키는 등을 통해서다.

이런 기준에서 보면 현암사는 리노베이션의 범위를 벗어난 것으로 보인다. 리노베이션의 출발점이 되는 조형 특징의 기준을 옛날 집에 한정시키는 경우 그렇다. 그럼에도 여전히 옛날 집의 모습이 어땠는지 이야기해준다. 맥락주의라는 방식을 통해서다. 옛날 집 그 자체가 아닌 주변 환경의 조형적 특징에서 디자인의 단서를 찾아 적용했다는 뜻이다. 이것이 원래 집과 많이 닮았을 테니 원래 집의 상태를 은유적으로 추측해볼 수 있다. 옛 것의 존재를 특정 요소의 직접 차용보다는 은근한 분위기로 표현하는 것이기 때문에 은유적 맥락주의라 부를 수 있다.

현암사는 전형적인 맥락주의 건물이다. 간선도로에서 들어오면서 마주치는 첫 인상은 새 건물이 아닌 것처럼 보인다.[15-1] 옛날 건물에 봄맞이 대청소를 한 정도, 혹은 새 단장을 입힌 정도로 느껴진다. 자세히 살펴보면 새 건물임을 알 수 있는데 완전히 새로운 것은 많지 않다. 건물의 외관적 특징을 결정짓는 대표적 요소인 재료, 색채, 형태 등에서 주변 조형 환경과의 연속성을 강하게 유지하고 있다. 한눈에 맥락주의의 연속성을 추구하고 있음을 알 수 있다.

현암사의 맥락주의가 갖는 특징은 은유적 연속성이다. 물론 물리적 요소를 이용해서 주변 환경과 직접 닮은 모습도 있다. 맥락주의의 표준적 내용이지만 이것이 진수는 아니다. 맥락과의 연속성을 은유적 분위기로 표현하는 점이 진수다. 이것을 표현하는 매개는 공간적 리듬감, 수평-수

15-1 권문성, 현암사

직 구도, 디테일 등 세 가지다.

공간적 리듬감과 수평–수직 구도는 무형의 분위기인 점에서 은유적이다. 디테일은 그 자체는 유형적이지만 현암사에서는 일차적 시각 요소 속에 은밀히 숨어 있기 때문에 은유적이다. 이것들이 어우러져 만들어내는 은유적 연속성은 그 자체로 하나의 완성된 맥락주의를 이룬다. 직접적 맥락주의를 보강하는 역할도 추가로 한다. 직접적 맥락과 은유적 맥락이 합해지면서 현암사의 맥락주의는 독특한 분위기로 나타난다. 명쾌함과 부드러움, 엄밀함과 친근함, 반듯함과 자잘함 같은 양면성이 대표적인 특징이다.

공간적 리듬감 |

현암사의 공간은 리드미컬하다. 리듬감은 이완과 긴장의 연속과 반복에서 나온다. 편안한 세 개의 직육면체 입체를 보면서 이완으로 시작한다.¹⁵⁻² 그러나 곧 동굴 같은 출입구로 접어들면서 긴장으로 바뀐다. 하늘을 올려 다보면 긴장은 증폭된다. 좁은 협곡 사이에 낀 것 같은 긴장이다. 그러나 그 사이에도 한 줄기 숨통은 트여 있다. 투명한 천장 유리에서 밝은 빛이 내려온다. 하늘빛과 햇빛을 느낄 즈음 그 옆으로 창문을 통해 넓은 실내 광장이 투명하게 들여다보인다.^{15-3, 15-4}

　　이조차도 다시 긴장으로 바뀐다. 빛을 쪼이면서 잠시 한숨을 돌려보 지만 이번에는 극도의 분산적 긴장이 나타난다. 협곡 양쪽 유리 면을 오가 며 빛은 난삽한 교차를 반복한다. 반사는 반사를 낳아 분산된다. 현란함까 지 느껴진다. 자연 재료인 나무와 벽돌이 만들어내는 안정감과 대비되는

15-2 권문성, 현암사

15-3 ■ 15-4 권문성, 현암사

역동적 불안감이 넘쳐난다. 이완과 긴장은 잘 짜인 반복에서 일탈한다. 규칙적 교대에서 벗어나 교차하며 혼재하고 있다.

실내에 들어와서도 이완과 긴장의 교차와 혼재는 반복된다. 무엇보다 천장까지 뻥 뚫린 큰 진공이 비워져 있다. 출입구로 진입하면서 겪은 극도의 긴장감은 순식간에 탁 풀어진다. 그러나 각 방으로 이동하는 과정에서 긴장감은 이런저런 모습으로 증식해서 다시 나타난다. 계단은 긴 거리를 쉬지 않고 오른다. 혹은 꺾어지며 밑으로 떨어진다. 보이지 않는 좁은 구멍 속으로 빨려들어 가기도 한다.^{15-5, 15-6, 15-7}

계단만 그런 것이 아니다. 공간의 분절 자체가 그렇다. 공간은 크게 그리고 다시 작게 나누어져 있다. 고층 건물의 장쾌함에서 오브제의 아기

15-5

15-5 ▬ 15-7 권문성, 현암사

15-6

15-7

자기함까지 스케일이 교차하고 있다. 브리지를 건너고 골목길을 지나 각 방으로 흩어진다. 공간이 분절될 때마다 3~4단씩의 계단 변화가 따른다. 10평짜리 큰 방이 단독으로 있다가 0.3평짜리 작은 방 세 개가 급하게 반복되기도 한다.

이런 공간적 리듬감은 서울 골목길의 공간 구조를 은유적으로 해석한 것이다. 넓어졌다 좁아지고 막혔다 꺾이는 리듬감을 옮겨왔다. 능선 위의 골목길은 경사를 타고 앉아 상승과 하상의 리듬감까지 추가로 지닌다. 그리듬 또한 급하다가 늘어지는 등 다양한 변화의 연속이다. 이 모든 것은 서울이라는 주변 환경이 보이는 물리적 맥락의 특성을 이룬다. 현암사의 공간적 리듬감은 이것을 가져와 은유적으로 사용하고 있다.

수평-수직 구도 |

현암사는 수평적이다. 한 층의 크기와 연건평을 비교해볼 때 수평 비례를 갖는다. 건물 규모도 크지 않다. 수직 구도가 들어갈 틈이 없다. 그런데 수직적 느낌이 동시에 나타난다. 이런 혼재는 다분히 의도적이다. 수평 요소와 수직 요소가 단계를 달리하며 교차하고 얽혀 있다. 가장 기본적인 단계에서는 건물 전체의 수평 비례가 결정된다.[15-2] 이것이 곧 수직 비례로 바뀐다. 수평 방향으로 넓적한 입체를 굳이 세 덩어리로 나눴다. 각 덩어리는 수직 비례를 갖는다. 건물은 수직 비례를 갖는 덩어리 세 개가 병렬한 형국으로 구성된다. 수직성이 건물 전체의 느낌을 주도한다. 그러나 처음의 수평성도 사라지지 않고 여전히 남아 있다. 수평성과 수직성의 혼재다.

창 처리는 이런 혼재를 돕는다.[15-8] 세 덩어리 가운데 새로 더한 가장

15-8 권문성, 현암사

오른쪽 것에는 수평 창만 사용했다. 세 층에 걸쳐 수평선 세 겹이 반복되면서 강한 수평성을 드러낸다. 차양이 이를 강조한다. 밑에서 올려다보면 마지막 층의 차양은 지붕처럼 보이기도 한다. 창이 만들어내는 수평성은 덩어리의 수직성과 혼재한다.

중간 덩어리에서 혼재는 더 독특하다. 하층부에는 수평 방향으로 창을 냈다. 땅을 접하는 하층부의 위상과 합해지면서 수평성을 강조한다. 반면 상층부에는 수직 방향으로 창을 냈다. 하늘을 우러러보는 상층부의 특징과 합해지면서 수직성을 강조한다. 여기에서 끝나지 않는다. 수직 방향의 창 한가운데에서 발코니가 공중에 길게 돌출한다. 이 발코니는 물리적으로는 수평선을 만든다. 그러나 아래에서 위로 올려다보는 발코니는 심리적으로는 수직적으로 읽힌다. 묘한 전환이다. 수평-수직의 혼재는 더욱 복합적으로 얽힌다.

실내에서도 혼재는 계속된다. 출입구를 면한 쪽은 전면 유리로 처리했다. 이 유리 면을 수직 방향의 멀리온으로 분할했는데 분할 방향 자체가 일단 수직성을 만들어 놓는다.[15-9] 오피스 빌딩에서 사용하는 전형적 처리라서 고층 건물을 강하게 연상시키는 작용을 한다. 모습 자체가 갖는 형태상의 수직성에 연상 작용을 통한 수직 이미지가 더해지면서 수직성은 강조된다. 작은 공간에서는 느끼기 힘든 수직성이다.

멀리온을 이용한 수직 분할은 복도 난간과 붙박이 책꽂이 등 실내의 다른 곳에서 반복된다. 이 사이를 수평선이 가르며 지나간다. 전면 유리 면을 접한 옆면에는 수평 방향의 창을 뚫었다. 수직 벽으로 구획한 복도 난간에는 수평선을 한 줄 그어놨다. 굵은 줄 한 줄이 긋는 일획은 강한 수평선을 만들어낸다. 계단 난간은 여러 겹의 얇은 수평선으로 구성된다.[15-10, 15-11]

수평선과 수직선의 혼재 역시 주변 환경에 대한 맥락 해석의 의도를 갖는다. 이때 맥락은 현암사가 놓인 주변이라는 미시적 환경 단위일 수도 있고 서울이라는 거시적 환경 단위일 수도 있다. 현암사 주변의 아현동 일대 골목은 이 건물이 처음 등장한 1990년대 말까지만 해도 아직 1980년대 이전의 골격을 유지하고 있다. 여기에 1980년대 이후의 변화가 섞여 나타

15-9 권문성, 현암사

15-10 ▪ 15-11
권문성, 현암사

난다. 1970년대까지 형성된 조형 환경은 수평선으로, 그 이후는 수직선으로 각각 구성된다. 아현동 골목 자체에 수평선과 수직선이 혼재한 것이다.

이런 혼재는 넓게 보면 서울 전체에서 나타나는 흔한 현상이다. 한국 현대사의 진행 과정에서 나온 당연한 결과다. 압축 근대화를 상징하는 대표적 조형 장면이기도 하다. 수평선으로 대표되는 전통 문명이 수직선으로 대표되는 산업 문명으로 바뀌어가는 중첩 현상이다. 한국의 현대화는 매우 압축적으로 진행되었기 때문에 중첩보다는 파괴나 급속한 대체가 더 적합한 표현일 수 있다. 압축 근대화의 부정적 의미를 담은 말이다. 이렇게 보았을 때 중첩의 단서를 발견할 수 있다면 그것은 한국 현대사를 대표하기보다는 부정적 현상에 대한 대안의 의미를 갖는 쪽에 가깝다고 할 수 있다.

아현동 골목은 혼란스럽고 지저분하다. 아직 옛날 골격이 유지되는 가운데 새로 지어지는 건물들은 그 사이를 비집고 가능한 한 높이 올라가려고 애쓰고 있다. 혼잡과 불편함은 가중된다. 급격한 재개발에 익숙해진 눈에는 아현동 골목 속은 재래 골격의 후진성이 남아 있는, 그래서 다음 재개발 순서를 기다리는 상품으로만 느껴진다. 그러나 이런 혼재는 한국 현대사의 부정적 현상에 대한 대안이라는 또 다른 중요성을 갖는다. 이것은 기능이나 효율과는 다른 문제다. 아현동 골목의 혼재는 곧 중첩이다. 1960년대에서 1990년대에 이르는 몇십 년의 한국 현대사를 고스란히 보여주는 중첩의 기록이자 물리적 증거다. 현암사의 수평-수직 혼재는 이런 기록과 증거를 맥락의 조건으로 받아들여 조형 요소로 활용한 건축적 기록이자 증거다.

디테일과 맥락의 단서 |

현암사는 맥락주의 건물이다. 맥락주의는 맥락과의 연속성을 기본 입장으로 갖는다. 연속의 기준은 여러 가지일 수 있다. 맥락 속에 형성된 물리적 특징에서 개념적 상징성에 이르기까지 건축적 해석의 대상이 될 수 있는 것 모두다. 아현동 골목길 속의 수평-수직 혼재 현상도 좋은 예다. 현암사는 일단 이런 조건을 직접 좇아 작품성의 결정 기준으로 삼았다. 맥락과의 강한 연속성을 의미한다.

한 가지 더 있다. 디테일을 통해 수평선을 특히 강조하는 것이다. 이는 단순한 연속성 이상의 조형 의도를 내포한다. 맥락의 특성을 조형적으로 활용하거나 시대적 해석을 가하는 등이다. 수평선을 강조하는 디테일은 세 가지다. 첫 번째는 건물 몸통 모서리를 끼고 두 면에 걸쳐 난 창이다. 이때 차양을 더해서 수평선을 만든다. 두 번째는 판재 단면이 수평 방향으로 노출되면서 선형으로 읽히도록 한 처리다.[15-2, 15-8, 15-12] 이 선형은 강한 일획의 수평선이 된다. 첫 번째에 말한 수평 창의 차양도 이런 작용을 한다.

세 번째는 교차점의 디테일을 가능한 한 없앤 처리다. 일단 부재 자체를 잔손질이 최소화된 가장 단순한 상태로 쓴다. 목재에서는 단조로운 각목과 판재가 반복된다. 벽돌도 내어 쌓기나 들어 쌓기 등의 단 쌓기를 억제

15-12 ■ 15-13
권문성, 현암사

15-14 ■ 15-15 권문성, 현암사

하고 있다.15-13 부재와 부재가 만날 때도 교차점의 디테일을 최대한 줄였다. 단순한 잇기나 덧대기에 가깝다. 있다고 해도 약간의 관입 정도가 고작이다. 건축가가 직접 디자인한 몇 개의 가구 역시 잔손질을 최대한 줄였다. 단순한 대신 각목과 판재의 투박함이라는 그 나름대로의 멋이 있다.15-14 실내에는 흰 회벽만으로 마감한 면이 한 면을 가득 차지하기도 한다.15-15

  언뜻 평범해 보이는 디테일들이다. 또한 모든 건물의 디테일이 화려하고 과다한 것은 아니다. 현암사만큼 디테일을 직게 쓴 건물도 부지기수다. 그러나 이런 것은 처음부터 디테일이 없는 경우다. 이것은 다시 말해 디테일에 대한 고민이 없다는, 즉 디테일을 조형 어휘로 삼지 않았다는 의미다. 반면 현암사에는 디테일에 대한 고민이 있다. 디테일도 있다. 다만 그 정도가 최소화되었다. 이것은 현암사의 디테일만이 지닌 특징이다.

이런 디테일 처리는 산업 이미지를 억제하는 효과를 갖는다. 이것은 다시 현대건축의 강박관념 가운데 하나인 구조적 종속에서 자유로워짐을 의미한다. 현대건축에는 성기 모더니즘에서 구조주의 그리고 다시 후기 모더니즘으로 이어지는 공통적인 강박관념이 하나 있다. 구조적 종속이 그것이다. 한국의 현대화 과정 역시 이런 강박관념이 제3세계에서 정치·경제적 상황과 맞아떨어지면서 나타난 현상으로 이해될 수 있다.

한국의 현대화 과정은 이런 강박관념의 산물이기 때문에 건축적으로 보았을 때 부정적 의미를 내포한다. 세계 전체의 현대건축에서 보았을 때 구조적 종속의 강박관념은 두 가지 부정적 결과를 낳았다. 하나는 디테일의 과다이고 다른 하나는 디테일에 대한 고민이 아예 없는 경우다. 전자는 주로 고급 양식 운동에서 나타났고 후자는 소위 집장사 집에서 나타났다.

한국의 현대화 과정은 후자가 비정상적으로 번성한 경우에 해당된다. 우리 주변을 가득 채운 무표정한 단순 육면체 건물들이 그것이다. 디테일은 철저히 지워져 있다. 디테일의 부재不在는 효율이라는 물신을 숭배한다. 디테일 과다에서 건물의 품위를 찾으려는 인식과 반대적 의미에서 동의어다. 이런 점에서 적어도 한국적 상황 아래에서 디테일 과다는 디테일 부재와 동의어다.

디테일 부재와 디테일 과다 모두 구조적 종속이라는 강박관념의 부산물이다. 이 강박관념은 압축 현대화를 지향한다. 수직선은 그 이면에 숨은 조형 욕구이다. 이 조형 욕구는 산업 이미지를 통해 나타난다. 현암사의 디테일은 이 모든 것을 거부한다. 억제되어온 디테일을 다시 불러들임으로써 디테일 부재를 불식한다. 그러나 디테일은 과다하지 않고 최소화되어 있다. 디테일 부재와 동의어인 디테일 과다를 함께 견제한다. 그리고 수직선의 조형 욕구를 거부한다. 이것은 결국 수평선을 지향하는 것과 같은 결과다.

맥락주의와 한국 현대사의 시대다움 |

이처럼 현암사의 조형 어휘를 구성하는 대표적 세 가지 디테일은 공통적
으로 수평선을 지향한다. 셋 모두 주변 환경에서 따온 것이다. 첫 번째 디
테일은 현암사를 마주보고 서 있는 오래된 낡은 집에서 관찰된다. 두 번째
디테일은 그 옆집에서 관찰된다. 1층 바닥 슬래브slab를 노출해 수평선으
로 활용하고 있다. 세 번째 디테일은 이 집의 담에서 관찰된다. 혹은 리노
베이션되기 전 옛날 집에 있던 것일 수도 있다.

　　주변 환경에서 찾을 수 있는 세 가지 모티브가 현암사의 세 가지 디테

15-16 권문성, 현암사
15-17 현암사 옆 건물

일을 결정한다.**15-16, 15-17** 세 가지 디테일은 맥락주의의 산물로, 주변 환경에 대한 맥락적 해석을 대표한다. 그 내용이 수평선을 지향하는데 이것은 곧 건축가가 맥락을 바라보는 시각 역시 그렇다는 뜻이다. 수평선은 한국 전통 건축을 대표하는 조형 질서이기도 하다. 수평선을 강조하는 것은 잃어버린 전통 가치를 인식하는 것으로도 볼 수 있다. 구체적이거나 명확하지는 않다. 수직선과 일정한 혼재를 유지한다. 수직선으로 상징되는 발전 제일주의를 완전히 거부하지는 않겠다는 태도를 내포한다. 역사 전개를 이끄는 동인으로서 발전 지향의 역할을 완전히 부정하지는 않겠다는 타협적 시대관이다. 맥락주의에 내포된 과격한 회귀성을 조심스레 중화해보려는 조형 의도다.

현암사의 맥락주의가 갖는 의미는 이처럼 미묘하며 다양하다. 끊임없이 관찰되는 양면성은 건축가의 의도를 감추는 것 같거나 드러내도 은유적으로 드러낸다. 보기에 따라서 현암사의 맥락적 연속성은 순하기도 하다. '슴슴하다'고까지 할 만하다. 원래 맥락주의에는 주변 환경과의 연속성이 오히려 충격적으로 느껴지는 역설이 있다. 지독한 역설일 수 있지만 맥락주의의 양식사적 중요성은 이런 역설에서 나온다.

현암사에서는 이것을 피하고 있다. 한국 현대사에서 수직선의 상징성을 인정하겠다는 기본적 시대관이다. 맥락적 연속성은 이렇게 인정된 수직선이 수평선과 어울리는 범위 내에서 결정된다. 수직선의 상징성이 갖는 현실적 당위성을 인정하되 주변 환경과 어울리는 온화한 모습으로 중화된다. 어울림은 한국 현대사를 혼재와 중첩 사이의 대응 개념으로 풀어낸 의미를 지닌다. 혼재로 상징되는 한국 현대사의 부정적 측면에서 중첩의 가능성을 읽어낸 뒤 건축 어휘로 표현하고 있다.

현암사의 출발점이 된 1970년대 양옥이 지니는 시대다움이 있다. 서울의 현대화 과정을 담당한 조형 현상 가운데 하나라는 사실이다. 아현동 골목길은 이제 이 건물만 남기고 모두 철거되어 아파트 단지로 바뀌었다. 하지만 2000년대 중반까지만 해도 아현동 골목길은 1970년대의 모습을 부분적으로 간직한 채 그 위에 1990년대의 분위기를 더하는 시대의 기록상을 보여주었다. 현암사는 이것을 디자인 모티브의 출발점으로 삼고 있다. 이제 1970년대의 흔적은 물론 가장 가까운 근과거인 1990년대의 모습까지도 사라져버렸다. 그 흔적과 기억은 현암사에서 1990년대의 모습으로 다시 태어나 있다. 현암사는 이렇게 사라져버린 흔적과 기억을 기록한 채 살아남아 있다.

16.

신도리코
공장과
진정성의 문제

16. 신도리코 공장과 진정성의 문제

공장 건축의 가능성과 한계 |

공장은 특별한 기능 유형이다. 일상생활이 영위되는 곳은 아니며 사람 이외에 '공장'이라고 통칭되는 산업 프로세스가 주인인 건물이다. 형태도 아주 특이하다. 프로세스를 담당하기 때문에 긴 직선이 자주 등장한다. 기본적으로 수평선이지만 사선으로 걸치기 일쑤다. 굴뚝도 여럿 들어서며 여러 겹의 수직선을 만든다. 비정형 자유 형태도 이따금 만들어진다. 계단은 이곳저곳을 바쁘게 연결한다. 모두 작업 기능에 맞춘 것이지만 건축가에게는 더없이 신기한 조형 놀음으로 보인다.

이 때문에 적지 않은 건축가, 특히 형태주의 계열의 건축가들은 공장에서 조형 모티브를 얻는다. 원래 공장 설계는 건축가 몫이 아니지만 공장 전문 건축가도 제법 된다. 모두 서양에만 있는 현상이고 우리나라에서 공장은 아직 건축가들에게 기피 대상이다. 간혹 박스형의 간단한 형태를 만들지만 누구나 할 수 있는 수준이다.[16-1] 발상을 전환해 공장에서 작품성이나 시대정신을 정의하려 들지 않는다. 서양에서는 공장 건축이 모더니즘

16-1 민현식, 신도리코 본사 및 서울 공장

건축의 전개 과정에서 중요한 역할을 했다.

산업혁명 이래 공장은 기계문명과 관련된 시대정신의 바로미터 역할을 해왔다. 현대 기계문명의 한 축인 철물 건축이 19세기 가장 먼저 등장하기 시작한 곳이 공장이었다. 기계 유토피아로서의 모더니즘 건축을 전파하는 전도사이자 국제 근대건축가 연맹CIAM의 대변인이던 기디온Sigfred Giedion은 모더니즘 건축의 정수 가운데 하나로 19세기 미국 공장 건축을 들면서 이것들이 거의 헐리고 남아 있지 않은 상황에 대해 마치 판테온이나 성 베드로 성당이 소실되어버린 것처럼 아쉬워했다. 공장은 매우 이른 시기부터 현대 기계문명을 상징하는 건축이 될 수 있는 잠재력을 그 스스로 지니고 있던 것이다. 기디온 같은 이에게 미시시피 강변에 지어진 공장은 판테온이나 성 베드로 성당과 같은 무게를 갖는 문화재였다.

20세기에 오면 공장은 고급 건축에 일정 부분 편입되면서 더욱 본격적으로 시대정신의 바로미터 역할을 하게 된다. 표현주의 건축에서 공장은 해방적 조형 실험의 경연장이 된다. 파리 스쿨에서 진행되던 추상 아방가르드 양식이 모더니즘 건축의 대표 자리를 차지하며 전통적 형식주의의 질긴 생명력을 확인시킬 즈음, 그 반대편에서 독일다움을 대치시키며 자유로운 조형 실험이 활개 칠 수 있게 허용한 것이 공장이었다. 산업화에 늦은 독일이 지각을 만회하는 기회의 장이기도 했다. 독일에는 1910~1920년대에 공장이 특히 많이 지어졌는데 대부분 표현주의에 따랐다. 근대적 신재료인 콘크리트를 백분 활용한 다양한 사유 형태가 등장하는데 이는 곧 근대 기계 정신을 상징하는 것이었다. 공장은 근대 기계 정신을 상징하는 건축 조형의 실험장이기도 했다.

오귀스트 페레, 가르니에Tony Garnier, 네르비Pier Luigi Nervi 같은 콘크리트 건축가들이 자신의 새로운 건축을 실험하면서 20세기 콘크리트 건축의 대표적 기법을 완성한 곳도 공장이었다. 페레가 정형적인 콘크리트 가구식 구조를 활용해 특히 실내 공간의 조형적 풍요로움을 높이는 실험을 한 곳이 공장이었다. 가르니에가 근대적 산업 도시 계획의 한 표본을 창안해낼 수 있던 것도 공장 건축을 중심 매개로 삼아서였다. 콘크리트 특수 구조의 개척자인 네르비가 이것을 이용해 아름다운 조형 미학을 창출해낸 곳 가운데 하나가 이를테면 공장과 동일한 공간 구조를 갖는 비행기 격납고였다.

이런 예는 이외에도 많이 있다. 미국의 산업화를 이끈 중서부 지방에 자동차 공업이 융성하면서 공장이 많이 필요하게 되었는데 이 공장을 도맡아 설계한 사람은 앨버트 칸이었다. 칸 역시 콘크리드를 주 재료로 사용한 공장 건축을 통해 간결한 콘크리트 가구식 구조의 발전에 결정적 기여를 했다. 칸의 공장은 지금 우리가 아는 효율적 기능주의 건축에 대한 중요한 선례 역할을 했는데 이것은 미국식 자본주의라는 20세기의 대표적 시대정신을 상징하는 것이기도 했다.

미국과 대칭점에 선 혁명 러시아에서도 공장은 혁명이라는 시대정신을 상징하는 기능 유형이었다. 러시아혁명은 노동자들이 주축이 되어서 이룬 것이며 공장은 노동자의 일터였기 때문에 혁명 러시아에서 공장 건축은 혁명을 찬양하는 매우 화려하고 자극적인 모습으로 설계되었다. 혁명 러시아의 공장은 또한 기계문명의 승리를 상징적으로 표현하는 곳이기도 했는데 이것은 결국 근대 기계문명의 주역이 노동자임을 선전하는 것이기도 했다. 체르니코프Iakov Chernikov는 공장과 기계 모습에서 조형 모티브를 따와 강력한 형태주의 작품을 그렸다.

'반첨단으로서 가장 앞선 시대정신'과
공장 건축 |

이처럼 공장은 모더니즘을 거치면서 현대 기계문명을 낳은 여러 시대정신을 건축적으로 표현하는 실험의 장이 되어왔다. 공장은 기계문명을 일으킨 제일 당사자인 바로 그 기계를 담아서 작동시키는 공간이기 때문에 기계 미학의 상징성을 그만큼 강하고 직설적으로 요구하는 건물 유형이었던 것이다. 이런 현상은 제2차 세계대전 이후 현대건축에서도 계속되었다. 고급 건물을 중심으로 진행되는 가운데에서도 공장은 독특한 조형적, 건축적 특징을 바탕으로 시대정신의 표현을 앞장서서 이끌어왔다. 하이테크 건축과 후기 모더니즘이 대표적인 예다. 이런 사조는 정점을 지나 후기 산업시대에 접어든 기계문명의 이미지를 건축 모티브로 사용하는데 공장은 이런 경향을 실험하기에 가장 적합한 건물 유형이 된다.

바꿔 얘기하면 공장은 항상 가장 앞선 시대정신을 건축적으로 표현하는 실험의 장이 되어왔다. 이때 가장 앞선 시대정신은 반드시 공학적 첨단을 의미하는 것은 아니다. 이보다는 '해방'의 의미로 해석되어야 한다. 해방에는 물론 첨단으로서의 해방도 있지만 반反첨단으로서의 해방도 있을 수 있다. 많은 고급 건축가들이 기피하는 공장에서 굳이 건축적 의미를 찾자면 그것은 형식주의의 틀에 얽매이지 않고 자유로운 조형적 상상력을 발휘할 수 있다는 점이다. 공장이 갖는 독특한 형태 자체가 그렇다. 이때 형식주의는 양식 사조의 차원에서 첨단에 대한 강박에 얽매이게 된다. 공장은 이것에서 해방될 수 있는 조형적 자유를 건축적 장점으로 갖는데 이것이 바로 반첨단으로서의 해방이다.

해방은 한 가지 가치가 극단화되어 억압 구도가 되었을 때 이것에서 벗어나는 것을 의미한다. 국제주의 양식이 제3세계 고급 건축가들에게 사조로서 갖는 억압 구도는 물론이려니와 이것이 일반인에게 흘러 내려와 도시 조형 환경을 삭막한 육면체로 가득 채운 현실 또한 커다란 억압 구도로, 모두 해방의 대상이 된다. 첨단에 대한 강박 관념이 극단으로 흘러 정신이 피폐해지고 물질적 욕심이 극에 달했을 때 이런 폐해의 치유책으로서 반첨단 역시 가장 앞선 시대정신이 될 수 있다.

'반첨단으로서 가장 앞선 시대정신'이 공장 건축에 표현되는 경향은 1960년대 이후 현대건축에서 두드러진다. 1960년대 이후 문화 전반에 일었던 해방 열기의 일환으로 이해될 수 있는데 이것은 결국 반첨단이 해방을 상징할 만큼 기계문명의 억압 구도와 폐해가 심각한 것임을 의미한다.

공장 건축은 이것을 어떻게 표현해야 할까. 한마디로 환경에 대한 고민으로 요약할 수 있는데 크게 두 가지 경향으로 나타난다. 하나는 환경을 조형 환경으로 정의함으로써 공장이 놓이는 주변과 어울리려는 경향이다. 팝 요소를 도입하거나 맥락의 적응력을 보여주는 처리 등이 좋은 예다. 다른 하나는 환경을 생태 유기 환경으로 정의하는 경향이다. 생태적 의미에서 정화 기능을 갖춘 순환 체계를 도입하거나 유기 모티브를 형태 요소로 사용하는 처리 등이 좋은 예다.

두 경향 모두 환경을 해치는 제일 주범인 공장에 환경적 고민을 담아 냄으로써 반첨단이 가장 앞선 시대정신이 되는 역설을 건축적으로 표현해 낸다. 산업혁명 이후 모더니즘에서 공장은 조형 환경의 연속성을 끊어놓고 생태 유기 환경의 자연 건강을 해쳐왔다. 모더니즘까지의 공장 건축이 기계를 담는 기능 상징을 직접 표현하는 방향으로 여기에 동조해왔다면 제2차 세계대전 이후 현대건축에서 공장 건축은 이것을 물질문명의 억압 구도로 보고 그것을 치유하는 해답을 제시해야 한다. 공장 건축을 통해 '해방'이라는 시대정신을 표현하는 모범적 방향이다.

적어도 고급 건축가라면 공장을 만질 때 큰 방향을 이런 식으로 잡아야 된다. 아무 고민 없이 '공장은 기계를 담는 건물이다'라는 19세기 산업혁명 시대의 역사관을 단순 반복하는 것은 반시대적이고 반건축적이다. 이제 공장 건축은 기계문명을 치유하려는 의지를 강하게 상징해야 한다. 그렇지 않다면 경제성이 최고 생명인 공장을 굳이 비싼 고급 건축가에게 맡길 이유가 없다.

신도리코 공장과 진정성의 문제 |

신도리코 본사 및 서울 공장에서도 이런 내용을 조금은 읽을 수 있다. 환경에 대한 고민을 어느 정도 표현하며 위 분류에서는 후자에 해당된다. 그 근거는 수평선, 벽돌, 맥락, 영역 등에서 찾을 수 있다. 노출 철골을 이용한 수평선이 건물의 전체적인 조형성을 결정한다. 노출 철골 사이의 벽면은 대부분 벽돌로 막았다. 철골과 벽돌을 섞어 쓴 이런 모습은 서양 현대 건축에서 매우 흔하긴 하지만 이 건물에 한정하면 맥락의 의미를 갖는다. 원래부터 이 자리에 있던 오래된 공장 모습에 대해 맥락의 맞장구를 쳐서 기억으로 저장하려는 작품 의도로 보인다.[16-2]

건물의 몇 군데에는 광정光庭, light court, 선큰가든sunken garden, 옥상 정원 같은 영역을 만들어놓았다. 환경에 대한 고민을 추구하는 건축에서 자주 마련하는 영역이다.[16-3, 16-4] 숨통 같은 영역과 맥락의 기억을 간직한 외관이

16-2
민현식,
신도리코 본사 및
서울 공장

16-3 ■ 16-4
민현식,
신도리코 본사 및 서울 공장

어우러지면서 공장의 건축적 의미를 첨단 공학의 이미지가 아닌 환경적
친화로 해석하려는 의도가 잘 느껴진다. 전체적으로 차분하고 편안하게
느껴지는 분위기는 이런 의도를 반영한 결과다.

그러나 이것으로 충분하다고 느껴지지는 않는다. 무엇인가 아쉬움이 남는다. 무엇보다 이 건물은 진부하다. 차분함이라고 다 같은 차분함이 아니고 편안함이라고 다 같은 편안함이 아니다. 특히 반첨단적 해방의 의미로서 이런 감성을 공장에 표현하는 경우라면 더욱 그렇다. 단순히 무난한 건물을 짓는 게 아니라 시대적 고민에 대한 건축적 선언 같은 것이기 때문에 작품적 해석에서 역사의식과 철학을 강하게 주장해야 된다. 지어진 시점도 중요하다. 1990년대에 하는 선언은 1990년대의 언어로, 즉 1990년대의 시대정신으로 해야 된다. 그런데 이 건물에는 그것이 없다.

이 건물에서는 1970년대의 언어로 선언을 한다.^{16-5, 16-6} 이것이 왜 문제인가. 공장의 의미를 반첨단적 해방이라는 역설로 해석하겠다고 선언했기 때문이다. 이런 종류의 역설을 건축적 메시지로 채택했을 때는 그렇게 만든 시대 상황이 있게 마련이다. 역설을 건축적으로 표현할 때에는 시대 상황에 맞는 말투로 해야 된다. 이것이 진정성이다. 시대적 진정성이고 건축적 진정성이다. 시대정신에 대한 선언과 연관 짓지 않고 보면 무난한 건

16-5 민현식, 신도리코 본사 및 서울 공장

물이지만 연관을 짓는다면 진
정성이 느껴지지 않는다.

진정성은 인문사회학에서
처음 제시한 개념으로, 이데올
로기의 실천 여부를 핵심적 판
단 기준으로 삼는다. 이데올로
기를 말로만, 이론으로만 제시
하는 것이 아니라 얼마나 진심
으로 느끼고 체화되었는가를
판단하는 개념이다. 말과 이론
으로 제시되는 이데올로기가
너무 많이 쌓여 그것만으로는
큰 의미를 얻지 못하게 되면서

16-6 민현식, 신도리코 본사 및 서울 공장

나타난 개념이다. 조형예술에서는 예술가가 설정해서 제시하는 가치에
대해 스스로 얼마나 체험적으로 동화되어 있는가, 즉 얼마나 진정으로 느
끼는가의 문제다. 예술가가 작품을 통해 말하고 싶은 내용이 얼마나 절실
하게 표현되는가의 문제이며 정말 절실하다면 그것이 표현되는 강도와 그
것을 감상하는 강도도 똑같이 절실하게 느껴질 수 있다는 개념이다. 이데
올로기적 절실함이든 조형적 절실함이든 체험의 밑바닥에서 우러나온 모
티브를 역시 체험의 밑바닥에서 우러나온 기법으로 처리하고 표현해야 좋
은 작품이 된다는 개념이다. 특히 시대정신을 선언하려는 경향을 보이는
작품에서 더 그렇다.

차분함과 편안함을 표현하는 진정성의 문제 |

신도리코 본사 및 서울 공장에서는 그런 것이 느껴지지 않는다. 시대정신이라는 문제와 연관 지어 생각해보자. 반첨단적 해방이라는 시대정신을 차분함과 편안함으로 표현하는 경우는 두 가지로 나눌 수 있다. 하나는 반첨단적 해방 자체가 가장 첨단적인 시대정신의 표현인 경우다. 이 건물은 이 경우는 아닌 것 같다. 이런 경우의 차분함과 편안함은 치열하고 격정적으로 표현되어야 하는데 그렇지 않기 때문이다. 차분함과 편안함을 어떻게 치열하고 격정적으로 표현할 수 있느냐고 물을 수도 있지만 현대건축의 가장 큰 가능성은 이처럼 함께 쓰지 못한다고 믿어져온 개념들을 함께 써서 더 큰 상승효과를 내는 데 있다. 모더니즘의 억압 구도 아래 형성된 고정관념을 깨는 것이 바로 현대적 의미의 해방이다.

다른 하나는 반첨단적 해방을 항시적 근원성의 가치로 해석하는 경우다. 이 건물은 이 경우에도 해당되지 않는 것 같다. 이때 차분함과 편안함은 근원을 건드리는 큰 울림과 떨림으로 표현되어야 하는데 그렇지 않기 때문이다. 차분함과 편안함이 1970년대든 1990년대든 혹은 1910년대든 모두 상관없이 시대를 초월한 근원적 항시성의 가치를 지니기 위해서는 거기에 합당할 만큼 큰 울림으로 감동을 줄 수 있어야 한다. 반드시 자극적이고 큰 목소리로 떠들어대야 한다는 것은 아니다. 원시주의 같은 무덤덤한 자신감이 오히려 더 큰 울림을 줄 수도 있다. 문제는 차분함과 편안함에 대한 집중과 집착이며 큰 울림과 큰 떨림은 여기에서 나오는 것이다. 이것이 진정성이다.

이 건물은 분명히 차분하고 편안하다. 그러나 이것이 진정성으로 느껴지지는 않는다.[16-7, 16-8] 철골을 이용한 수평선은 이미 수직선에 대한 견제

16-7 ■ 16-8
민현식, 신도리코 본사 및 서울 공장

수단으로 19세기 말에 등장한 어휘다. 흙으로 빚어 구워 만든 벽돌을 공장
에 사용하는 처리도 자연 유기성의 철학을 바탕으로 성립된 표현주의 건
축에서 충분히 시도되었다. 이때 벽돌은 가격이 저렴하다는 명분 위에 구
조 역할을 담당하는 내력벽으로 쓰였다. 후기산업사회에 들어오면서 이

미 치장용 장식재로 전락한 지 오래이며 가격 또한 경우에 따라서는 사치품으로 치부될 만큼 비싸졌다. 이 건물에서 벽돌 사용은 이 범위를 벗어나지 않아 보인다. 현대건축에서 벽돌을 사용할 때에는 좀 더 치열한 조형의식이 있어야 한다.

원래 있던 공장의 모습에 맞춘 맥락의 맞장구도 너무 유사하게 닮는 바람에 무성의하게 느껴진다. 이렇게 닮는 맥락주의가 미덕인 때는 1970년대였다. 건물 군데군데 영역이 형성되었다지만 그나마 그 위치도 임원실이나 사장실, 회장실 옆이다. 지하 식당 옆 선큰가든이나 옥상 정원은 근로자 전용이지만 사용 빈도는 높지 않아 보인다.[16-9, 16-10] 왜냐하면 이런 영역은 그 자체로서는 잘 꾸며졌을지 모르지만 근로자로 하여금 쉬고 싶

16-9 ■ 16-10 민현식, 신도리코
본사 및 서울 공장

은 마음이 들게끔 끌어안을 법하지는 않기 때문이다.

　그냥 아무 데서나 볼 수 있는 형식적 휴게실이다. 공장이라는 곳에 꼭 필요한 휴게실이 무엇인가에 대한 고민이 느껴지지 않는다. 오피스 빌딩을 설계할 때 전형적으로 사용하는 네오 모더니즘 어휘로 똑같이 멋을 냈다.[16-11, 16-12] 진정성은 형식성이 강요하는 매너리즘의 피로를 깨려는 시도

16-11 ■ 16-12
민현식, 신도리코 본사 및 서울 공장

여야 한다. 근로자의 입장에 동화되어 진정으로 휴식을 줄 수 있는 조형 처리에 대한 고민이 빠져 있다. 그 자체로서 차분함과 편안함을 상징하는 수평선, 벽돌, 맥락, 영역 등의 어휘들이 쓰이고는 있지만 이것들이 1990년 대 공장이라는 개별 상황에 적절하게 구사되지는 못한 것 같아 보인다. 그렇기 때문에 반첨단적 해방이라는 시대적 메시지를 전달하지 못한다.

이 건물은 분명히 차분하고 편안하다. 그러나 차분함은 차분함으로, 편안함은 편안함으로 표현될 뿐 울림과 떨림이 없다. 물론 언제나 그러했듯이 이 시대에도 차분함과 편안함은 절대로 필요한 건축적 가치다. 문제는 표현 방식이다. 어디에 어떤 목적으로 쓰였는가도 중요하다. 1990년대 공장에서 쓰였다면 울림과 떨림으로 표현되어야 한다. 이 시대에 필요한 것은 차분한 차분함이나 편안한 편안함이 아니다. 울림과 떨림으로 표현되는 차분함과 편안함이어야 한다. 왜냐하면 기계물질문명의 기승이 그만큼 극에 달했기 때문이며 이것에서의 해방을 상징하는 반첨단적 메시지는 그만큼 큰 울림과 큰 떨림으로 전달되어야 하기 때문이다.

그래야 사람들은 이 세상에 차분함과 편안함이라는 가치도 있다는 것을 알 수 있으며 그런 가치가 기계물질문명의 속도와 물욕에 대한 치유와 대안이 될 수 있다는 것을 알 수 있기 때문이다. 인간의 육신적 존재^substance까지도 비물질적^insubstantial 매체로 대체할 수 있다는 허무맹랑한 치기 稚氣가 온갖 광고를 장식하며 사람들의 정신을 지배하는 시대다. 여기에 맞서는 반첨단적 해방으로서의 차분함과 편안함은 그와 반대 방향에서 영혼을 흔들어 깨우는 큰 울림과 큰 떨림이어야 한다.

발화 내용^enoncé으로서의 플라톤적 원형성은 언제나 그러한 것처럼 지금도 너무나 유효하다. 그러나 문제는 발화 형식^enonciation으로서의 표현 방식이며 궁극적으로는 이것이 주는 울림과 떨림이다. 차분함을 차분함으로 표현하는 처리는 너무나 많이 있어왔다. 사실 이런 모습의 공장은 진부하다. 늘 있어온 모습에 철골을 노출시키고 수평선 몇 가닥 넣은 뒤 계단을 더해서 수평선을 보강하는 정도다. 이런 식의 메시지는 이를테면 공장 굴뚝 숫자 가지고 자신의 치적을 자랑하던 군정 시대에 유효한 방식이다. 지금은 인간의 존재마저도 기계문명이 지배하겠다는 선언이 난무하고 그것이 기분 나쁘게도 성큼성큼 현실화되어가는 시대다. 이런 시대에 공장을 통해서 표현하는 반첨단적 해방의 메시지는 차분함과 편안함에 대한 놀라운 정도의 집중력에서 우러나오는 큰 울림과 큰 떨림으로 전달되어야 한다. 이것이 진정성이라는 것이다.

17.

제2 후기
모더니즘과
다섯 가지 주제

^{17.} 제2 후기 모더니즘과 다섯 가지 주제

모더니즘은 여전히 강세 |

한국 현대건축에서는 모더니즘이 유난히 강세다. 1990년대 모더니즘에서 벗어나려는 다양한 시도가 잠시 있었지만 곧 국토의 계획 및 이용에 관한 법률이 통과되면서 새로운 건축 사업은 대부분 대단위 지역 지구 단위의 부동산 개발 중심으로 집중되었다. 이후 개별 건물에서 창의력 있는 작품을 기대하기 힘들게 되면서 작가주의는 거의 붕괴, 소멸된 상태다. 작가를 자처하는 주요 건축가들도 아직 모더니즘 건축 안에 굳게 갇혀 있다. 변화를 추구하는 건축가도 예외는 아니어서 변화에 필요한 응용력을 모더니즘에 의존해서 발휘하는 후기 모더니즘에 머물고 있다. 좀 더 원리주의자는 더 말할 필요도 없어서 모더니즘의 틀에서 벗어나지 못한 채 네오 모더니즘으로 몰려들고 있다.

한국에서 모더니즘은 묘한 팔자를 지녔다. 외국에서 시작된 탈脫모더니즘의 거센 광풍이 표면적으로는 한국에서도 비슷하게 유행했다. 하버 마스Jürgen Habermas 같은 용기 있는 몇몇 사람을 제외한 대부분의 학자와 예술가 들은 모더니즘이 끝났고 더욱이 실패했다고 얘기한다. 실패 이유를 몇 가지쯤 대는 것은 한때 지식인이 되기 위한 필수 상식이었다. 그러나 한국 현대건축을 보면 속마음으로까지 모더니즘이 끝났거나 실패했다고 생각하는 사람은 없어 보인다. 역사의식이나 감성이 약간만 있다면 쉽게 느낄 수 있다.

한국 현대건축은 유난히 추상 계열의 한 경향이 독식하고 있다. 일부 건축가들 입에서 탈모더니즘에 대한 이야기가 나오긴 하지만 작품과 대조해보면 '이론 따로 건물 따로'다. 탈모더니즘은 이 시대 지식인으로 행세하기 위해 암송하는 겉치레 상식이고 실제 작품은 모더니즘의 틀 안에 강하게 매여 있다. 불일치다.

건축만이 아니다. 생활 곳곳 일상성에서 본격적인 학문적 정의, 치열한 예술적 표현에 이르기까지 모더니즘의 문제는 여전히 가장 크게 그리고 단단하게 우리를 묶는 테두리다. 불일치는 계속된다. 많은 예술가가 모더니즘에 이러저러하게 종속되지만 정작 그것을 인정하기는 싫어한다. 모더니즘이 얼마나 허망한 억압 구도였는지를 설명할 수 있는 능력은 세련된 현대성을 보장하는 항목으로 올라 있고 많은 예술가가 이 항목을 잘 구사하고 싶어 한다. 적어도 2000년을 분기점으로 한 현 시점에서 모더니즘에 대한 종속 정도를 인정하는 일은 언행일치, 즉 자기 자신을 속이느냐 마느냐의 제법 무거운 도덕률로까지 발전할 수 있는 무서운 문제다.

탈근대의 깃발이 오른 지 50여 년이 지나면서 많은 현대 사조가 등장했다. 모두 모더니즘의 단점을 날카롭게 지적하며 대안을 제시했지만 '장님 코끼리 만지는' 식의 단막극으로 끝나버렸다. 현대건축은 서로 연관이 없는 여러 편의 단편 모노드라마들이 자의적으로 발호했다 사라지는 양상으로 전개되어왔다. 개인사의 변덕에나 어울리는 싫증이라는 양상이다. 한국 현대건축에서는 이런 현상이 매우 압축적으로 나타났다가 사라졌다. 1990년대에 다양한 사조 운동이 잠시 시도되다가 곧 흐지부지되어 버렸다.

그나마 그 자리를 네오 모더니즘과 대형 부동산 건물이 차지하면서 이들 사조 사이의 구별은 무의미해졌다. 모더니즘은 여전히 유효한데 시간이 너무 많이 흘렀다. 20세기 전반부의 모더니즘 원형은 역사 선례로 물러앉았다. 더 이상 이런 원형을 구사하는 건축가는 물론 없다. 그 대신 이것을 활용해서 이런저런 각색과 변형, 응용이 난무한다. 1990년대에 잠시 나타났다 사라진 다원주의가 모더니즘 틀 안에 묶여 모더니즘을 타고 나타나는 양상이다. 시대는 다원주의를 요구하는데 이것을 담아낼 건축 그릇을 마련하지 못한 상황에서 고육책으로 모더니즘에 기대는 양상이다. 안간힘을 쓰며 다양성을 마련해보지만 내 눈에 보이는 기준은 여전히 한 가지, 모더니즘이다. 현상은 다양한데 모더니즘만이 유일한 참고자 역할을 한다. 기준과 표면 현상 사이의 불일치다.

제2 후기 모더니즘의 약식 다원주의 |

정림건축의 2003년 완공작은 이런 상황을 단적으로 반영한다. 의식적이든 무의식적이든 모더니즘을 향한 향수는 짙게 남아 있다. 아틀리에 사무실이 이 문제를 풀어가는 네오 모더니즘식의 직접적 차용과는 차이가 있다. 표면적으로 모더니즘에서 탈피하려는 의식을 강하게 표현한다. 불일치는 아니다. 이중성에 가깝다. 건축사에서 이따금씩 발견되는 역설이다.

이들 작품에서는 모더니즘을 감각으로 느끼는 민감한 감성의 대상으로 다룬다. 탈모더니즘의 밀물을 밀어보지만 독립적이지 못하다.[17-1, 17-2, 17-3] 모더니즘이라는 큰 중심체가 발하는 인력引力의 부산물로 나타난다. 큰 파도가 한번 몰아치면 반대 방향으로 작은 이차 파도가 생기는 역설 작용이다. 이 시대에 활동하는 예술가나 학자에게 모더니즘에 대한 입장 표명은 반드시 거쳐야 하는 관문이기 때문에 모두들 그럴듯한 답변을 준비하는데 정림건축의 2003년 완공작들도 이 범위에 속하는 것 같다. 이론이나 말로는 어떨지 몰라도 적어도 창작 분야에서는 모더니즘을 향한 충성이 뿌리의 튼실함이나 심지 깊음 같은 기본기를 평가하는 채점표로 굳건히 남아 있다.

이런 현상을 제2 후기 모더니즘으로 정의하고자 한다. 제2라는 말은 물론 제1기 다음에 온다는 뜻이다. 후기 모더니즘의 기본 기조는 유지되지만, 제1기를 낳은 1970~1980년대와 시대가 달라졌다. 표면 현상, 내적 동인, 모더니즘에 대한 입장 등에서 달라진 시대 상황에 따른 변화가 파악된다. 제1 후기 모더니즘은 후기 양식의 전형성을 보였다. 사조에 따라 후기 양식이 쉽게 잡히지 않는 경우가 있는데 모더니즘에서는 쉽게 파악된다. 가벼운 역사적 지식이나 약간의 순발력만 있으면 발견할 수 있는 원론적 현상이다.

건축 역사의 진행 과정에서 반복되는 전형적인 현상이다. 전형은 단편을 의미한다. 건축적 특징은 산업 재료의 표면 효과 및 이것을 극대화해주는 입체 조작에 주로 한정된다. 여기서 드러나는 것은 모더니즘에 대한 후기적 고민을 기교 조작이라는 단순한 대응으로 풀려는 태도다. 전후 현대 문명의 복합성 가운데에는 단편적으로 대응하기 힘든 상황이 있다. 명

17-1 정림건축, 새빛안과의원
17-2 정림건축, 삼양사 사옥 리모델링
17-3 정림건축, 신라대학교 제1 공학관

하니 기다리다 보면 오는 지하철 같은 예측 가능한 진부함으로는 정의하지 못하는 복합성이다. 제1 후기 모더니즘은 곧 한계에 부딪혔고 그 역할을 다양한 사조들이 이어받았다. 이것이 발아하지 못한 한국 현대건축에서는 제1 후기 모더니즘이 모습을 바꿔가며 이 일을 계속하고 있다. 그래서 제2 후기 모더니즘이다.[17-4, 17-5, 17-6] 약식 다원주의다.

다원주의의 본고장 서양도 완벽하지는 않다. 수많은 양식 사조가 유행하지만 완전히 독립적으로 정의되지도 구현되지도 못한다. 서로 조금씩 물고 물리는 복잡한 양상의 구성 요소들일 뿐이다. 이들 사이의 관계는 등식화하거나 규칙화하기 힘든 다면성을 지닌다. 결국은 서로 맞물리다 큰 한 덩어리로 합쳐져 하나로 작동한다. 각 양식은 가장 상위 레벨에서

17-4 정림건축, 상암 월드컵몰
17-5 정림건축, 한국산업기술대학 종합강의동

17-6 정림건축, 신라대학교 제1 공학관

모더니즘에 대한 입장에 따라 대표 이름을 한 가지씩 갖는다. 이것들이 구현되는 하위 레벨에서의 구체적 내용에서는 다른 양식들의 특징을 공유하는 복합적 포괄성을 보인다.

1960년대의 혁명기, 1970년대의 합리주의기, 1980년대의 신주관주의기를 거치며 축적된 에너지가 1990년대 들어와 상호교합하며 양식 이름을 뛰어넘는 무無양식의 다차원 시기를 이끌어간다. 네오 모더니즘은 이것을 모더니즘의 우산 아래로 흡수하며 길 잃은 현대건축에 임시 피난소를 마련한 격이 되었다. 네오 모더니즘의 흡수력은 큰 편이어서 많은 경향이 이 우산 아래 모여 급한 비를 피하고 있다. 그러나 네오 모더니즘에 속하지 않는 다른 많은 경향이 있다. 이것들은 현대건축의 여러 사조 사이에서 뭐라 이름 붙이기 힘든 묘한 함수 관계를 유지한다. 이 가운데 많은 부분은

17-7 정림건축, 서울신학대학교 우석기념관
17-8 정림건축, 서대문 자연사 박물관
17-9 정림건축, 신라대학교 제1 공학관

제2 후기 모더니즘으로 분류될 수 있다. **17-7, 17-8, 17-9**

정림건축 2003년 완공작과
제2 후기 모더니즘의 네 가지 특징 Ⅰ

정림건축의 2003년 완공작에서 정의되는 제2 후기 모더니즘은 네 가지 특징을 갖는다. 첫째, 모더니즘의 형식주의를 출발점으로 삼아 전후 현대 건축에 나타난 다원주의를 하부 항목으로 거느린다. 둘째, 모더니즘의 형식주의를 한 가지로 확정짓지 않은 채 스펙트럼의 양 끝 사이에서 고민한다. 형식주의를 개개 건물이 놓이는 구체적 상황에 맞춰 귀납적으로 운용한다. 셋째, 다양한 하부 항목 또한 우선순위 없이 모더니즘의 형식주의에 맞춰 융통성 있게 차용, 구사한다. 넷째, 1990년대 이후의 현대 문명 상황인 중층과 복합에 따라 모더니즘을 재정의한다. 포스트모더니즘의 분산적 탈중심과 네오 모더니즘의 단편적 집중을 모두 취하는 이중적 혹은 중간적 경향이다.

자극적 양식이 난무하는 시기다. 너도나도 후기적 상황을 가정하고 다양하게 모색한다. 정림건축의 2003년 완공작은 이런 발산에 노출되어 흔들리는 모습을 보이지만 동화되는 데까지 가지는 않는다. 회귀와 다양화 사이에서 중간 점을 모색한다. 이것이 1970년대 경향을 벗어나지 못한 멈춤인지 1990년대에 필요한 중심 잡기인지는 좀 더 두고 볼 일이다. 다양성의 폭은 넓지만 후기 모더니즘 이후의 과격성은 관찰되지 않는다. 탈주를 막는 제어가 동시에 작동한다. 다양성은 분산되지 않고 후기 모더니즘의 변환으로 환원된다. 다섯 가지로 집합, 분류될 수 있는 주제가 공통적

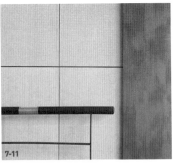

17-10 정림건축, 유한대학 타워게이트
17-11 정림건축, 새빛안과의원
17-12 정림건축, 금강대학교 종합강의동
17-13 정림건축, 동국대학교 도서관
17-14 정림건축, 서대문자연사박물관

경향으로 관찰된다. '기하 형식주의', '재료 혼성-회화다움과 산업 재료의 연성화', '수평-수직과 오피스 창', '일상성-풍경과 상징', '안과 밖-출입구와 실내 중정' 이 그것이다. [17-10, 17-11, 17-12, 17-13, 17-14]

대형 설계사무소는 부동산 개발을 낀 대형 건축물 중심으로 설계를 하기 때문에 효율과 기능에 대해 민감할 수밖에 없고 이 때문에 모더니즘 건축에 크게 의존하기 쉽다. 우리나라에 국제주의 양식을 원본의 완성도로 정착시킨 '서울건축'을 필두로 많은 대형 설계사무소가 이런 흐름을 보여준다. 정림건축도 이 가운데 하나이긴 한데 2000년대 후반경까지 좀 색다른 노력을 기울인 적이 있다.

대형 개발 사업과 고층 건물 중심으로 설계하다 보니 세밀한 작품성을 시도할 통로가 원천적으로 봉쇄된 대형 설계사무소의 한계를 조금이라도 극복해보려는 노력이었다. 수익 차원에서 대형 설계사무소들이 꺼려하는 중소 규모 건물에도 많이 참여했으며 대형 설계사무소 건물에 천편일률적으로 나타나는, 판에 박은 표준화된 디자인 어휘를 쓰지 않고 다양한 어휘를 시도했다. 2003년 완공작에서 이런 노력의 내용을 자세히 들여다볼 기회가 있었다. 이에 지금까지 제시한 한국 현대건축의 제2 후기 모더니즘에 나타난 다섯 가지 주제를 중심으로 그 내용을 살펴보도록 하자.

18.

정림건축
2003년
완공작 리뷰

기하 형식주의 | 타원

형식주의란 미리 정해진 건축 구성 원리, 즉 형식화된 생성 법칙에 따라 건물을 설계하는 방식을 의미한다. 현대건축에서 형식주의를 결정하는 주요 기준은 형태, 추상 회화다움, 기능, 기하, 구조 기법 등이다. 형식주의는 일정한 규범을 갖는 유형에서 출발한다. 건물은 다이어그램으로 설명할 수 있는 단순화된 기본 요소의 조합으로 구성된다. 기본적으로 형태주의와도 맞닿아 있다. 형태주의는 주로 건물 윤곽의 조형성에 치중하며 건물을 하나의 조각품으로 접근한다. 형식주의는 이것을 포함해서 구성 법칙과 형성 과정의 좀 더 넓은 범위까지 다룬다. 형식주의 건축가는 표면적으로는 이런 기준 가운데 한 가지를 주도적으로 추구한다. 자세히 보면 나머지 기준들도 알게 모르게 같이 연관되는 것이 보통이다.

기하 형식주의는 기하학적 질서에 의해 건물을 구성하는 경향을 말한다. 기하 형태를 먼저 정하고 프로그램과 3차원 구성을 그것에 맞추는 경우는 골수 형식주의자다. 기하 형태를 건축적 의미가 담긴 건축 형태로 전환하지 않고 기하 형태의 중성적 윤곽을 강하게 지키는 경우도 마찬가지다. 이와 달리 기하 형태를 건축적으로 각색한 유형의 개념으로 사용하면 기하 형태의 직접적 윤곽은 지워진다.

그러나 이런 은유적 기하 형식주의 작품에서도 '꼭 집어' 말할 수는 없어도 무언가 기하학적 질서가 곳곳에 드러나며 전체적 분위기를 주도한다. 마감 재료를 더하고 계단과 문이 붙고 기능이 형성되면서 기하학적 질서는 건축적 질서로 바뀐다. 그러나 이렇게 전환된 상태에서 여전히 조화나 안정감 같은 전통적인 건축적 미덕을 찾을 수 있다면 기하학적 질서는 최소한 숨어 있는 형식으로라도 건물 어딘가에 분명히 남게 된다.

2003년 완공작에서는 타원과 'ㅁ' 자형의 사용이 두드러진다. 타원이 기하의 형태적 윤곽에 의존하는 것이라면 'ㅁ' 자형은 공간 유형으로 전환된 건축화된 기하 형태다. 이런 기하 형태가 설계 과정의 처음부터 설정되어 전체 질서를 결정한다. 다른 요소보다 우선권을 가지며 훼손되지 않고 끝까지 유지된 점에서 기하 형식주의라 부를 수 있다.

유한대학 타워 게이트와 CGV상암은 서로 다른 기능이지만 모두 타원의 기하하적 조형성에 크게 의존하고 있다. 유한대학은 타워 게이트의 기능에 타원의 홍겨운 조형성을 대응시켰다.[18-1] 타워 게이트는 두 가지 기능을 수행한다. 한 가지는 가로 전면을 향한 학교의 랜드마크다. 가로 면을 향해 오래된 기존 건물이 긴 수평선을 이루는 사이에서 학교의 존재를 드러내야 한다.[18-2] 자동차의 이동 속도에 맞춰 순간적 이미지로 파악되어야 한다. 타원의 기하학적 단일성은 이런 목적에 적합하다.

다른 하나는 학생을 위주로 한 동선의 주 진입로다. 20대 초반의 젊은 학생들이 수업 시간에 맞춰 바쁜 걸음으로 밀물처럼 밀려들었다 다시 썰물처럼 빠져나가는 관문이다. 이동을 돕는 타원의 경쾌한 역동성은 이런

18-1 ■ 18-3
유한대학 타워 게이트

목적에 역시 적합하다.[17-10, 18-3] 타원의 장변 곡면을 기존 건물의 수평선 및 자동차와 사람의 이동 방향에 맞춤으로써 시선과 이동을 일치시킨다. 타원의 윤곽 속에 나선형 계단을 배치하는 과정에서 생기는 기하 파편들은 타원의 기하학적 이미지를 보강함과 동시에 기하주의 특유의 조형적 감흥을 만들어낸다.

CGV상암에서는 영화 관람이라는 유흥 목적의 나들이를 도울 목적에 타원의 흥겨움을 활용했다. 역사적 선례에서 알 수 있듯이 타원은 분명 비상한 감흥을 유발하려는 특수한 상황에 즐겨 쓰이던 기하 형태였다. CGV 상암에서도 타원의 장변을 동선의 진입 방향에 맞췄다. 이를테면 바로크다운 흥분을 지독히 강조하고 싶어 하던 보로미니Francesco Borromini가 쓴 기법이다. 다른 장치들도 더했다. 에스컬레이터를 장변에 사선 반향으로 끼워 넣었으며 2층 난간에 세운 투명 벽은 바깥쪽으로 약간 기울어져 있다.[18-4] 바닥에는 번개 모양의 문양을 장변을 가로질러 직각 방향으로 새겼다. 소비산업사회의 쾌락주의hedonism를 돕는 현란한 상업 장식이 더해진다. 타원은 욕망의 탈주선과 일치하며 들뜬 분위기를 만들어낸다.[18-5]

18-4 ▪ 18-5 CGV상암

18-6 삼양사 사옥 리모델링

삼양사 리모델링에서는 타원이 차분한 느낌을 주는 정반대의 효과를 낸다. 출입구에 타원을 사용했는데 진입 동선을 장변 내 곡면을 따라 들어오게 해서 호흡을 길게 늘어트렸다. 타원 특유의 이동 특성을 지키면서 유입 기능을 높이는 처리로 출입구와 잘 맞는다. 병풍처럼 세운 유리벽으로 차양을 처리해서 이런 느낌을 돕는다. 타원의 완만한 곡선이 주는 편안함은 출입구에 요구되는 '환영'이라는 또다른 기능에도 적합하다.[18-6]

기하 형식주의 | 'ㅁ'자형 공간

'ㄱ'자형 공간은 동국대학교 도서관과 서대문자연사박물관에서 적극적으로 사용했다. 보편화된 공간 유형인 실내 중정형으로 건축화되긴 했지만 기하학적 질서를 지킨 점에서 형식주의로 볼 수 있다. 두 건물 모두 'ㅁ'자형은 갤러리형으로 처리한 점이 대표적이다. 갤러리형에서는 'ㅁ'자의 네 변과 중앙의 빈 공간 모두를 적극 활용함으로써 건물의 전체 구성을 기하학적 질서가 주도한다.

　동국대학교 도서관에서는 프로그램을 대칭으로 구성해서 갤러리형의 'ㅁ' 자형 질서를 강화했다. 좌우의 장변 쪽 공간에는 서고와 열람실을, 앞뒤의 단면 쪽 공간에는 계단과 휴게실을 두는 규칙을 지켰다. 규칙은 기하 구성의 형식다움을 강조한다. 형식다움이 지나치게 드러나는 부담을 누그리트리려는 시도도 관찰된다. 중정을 면한 장변 쪽 두 공간의 구조 얼개를 다르게 처리했다. 한쪽은 화강석으로 마감한 사각기둥이고 다른 쪽은 원색을 칠한 원기둥이다. 중정을 접하는 면의 열고 닫음도 달리 했다. 주 계단도 중앙에서 비껴나 한쪽으로 치우쳐 위치시켰다. 그럼에도 다섯 개 층을 뚫고 건물의 중심을 장악하는 갤러리형 구성은 건물에 형식주의 질서를 강하게 심는다. **17-14, 18-7, 18-8**

18-7 ▪ 18-8 동국대학교 도서관

서대문자연사박물관은 프로그램 구성이 비대칭이다. 장변 쪽 두 공간 가운데 한쪽은 계단과 경사로로, 다른 쪽은 전시 공간으로 처리했다. 단면 쪽 두 공간 가운데 한쪽은 데크와 계단으로 처리했고 다른 쪽은 막힌 상태로 놔두었다. 이런 편심 처리는 기하학적 구성을 건축적 질서로 전환하는 역할을 한다.[17-8, 17-13] 이번에는 기하학적 형식다움이 지나치게 완화되는 부담을 누그러트리기 위해 중정 천장에 원형 창을 뚫고 십자가형 보를 노출해 중심을 강화했다. 동국대학교 도서관과 반대적 의미에서 보완 작업이다.[18-9]

새빛안과의원과 신라대학교 제1 공학관에서는 기하 구성에 의존하되 정형성을 벗어나려는 시도가 동시에 나타난다. 새빛안과의원에서는 기하학적 질서가 단일 기하 형태에 의한 주도적 질서로 드러나지 않고 실내의

18-9 서대문자연사박물관

축 구성으로 숨어 있다. 축은 십자축의 정형적 질서에서 조금씩 벗어나면서 진동하듯 흔들린다. 둔각의 사선들이 약간씩 어긋나면서 비정형적 기하 질서를 지향한다. 그러나 건축 부재가 붙으면서 비정형성은 더 이상 드러나지 않고 후퇴한다. 사선 구성은 눈으로 파악될 수 있는 경계선에 머물며 모습을 감춘다. 실내 전체에서 느껴지는 가벼운 흐트러짐 같은 미세한 분위기로 남는다. 기하 형식주의가 가장 은유적으로 표현되는 경우다. 은유적 기하학성은 건축 부재를 추상 회화 개념으로 처리함으로써 강조된다. 기하 차용은 형식주의와 회화다움 사이를 오간다.**18-10, 18-11**

18-10

18-10 ■ 18-11 새빛안과의원

18-11

신라대학교 제1 공학관도 기하학적 질서에 의해 전체 구성이 이루어
지지만 기하 사용에서 형식주의를 벗어나려는 시도는 더 직설적으로 나타
난다. 기하가 충돌하는 파괴적 분위기가 전체 질서를 주도한다. 좀 더 적
극적으로 비정형적 질서를 향한 점에서 형식주의의 범위를 일정 부분 벗
어난 것으로 볼 수 있다. 그러나 충돌 정도가 적극적인 데 비해서 과감성
은 자제하고 있다. 비정형 경향으로 넘어가지 못하고 기하 형식주의가 분
산되어가는 중간 과정에 남았다고 보는 편이 나을 것 같다. 면과 입체가
어긋나고 겹치면서 기하를 조각하고 예각을 만든다. 선형 어휘가 그 사이
를 가로지른다. 기하 조각에는 영역을, 선형 어휘에는 이동 기능을 각각
할당한다.[17-3, 17-6, 17-9] 계단도 공간적 장악력보다는 기하학적 윤곽에 초점이
맞추어져 있다.[18-12, 18-13]

18-12 ▪ 18-13 신라대학교 제1 공학관

재료 혼성과 회화다움 │

여러 재료를 섞어 쓰는 이유는 세 가지 정도로 요약할 수 있다. 미시적 차원에서 주변 환경과 어울리려는 맥락주의, 거시적 차원에서 다원주의 문명에 따르려는 일반적인 혼성 경향의 하나, 회화다움의 한 경향 혹은 회화다움을 실천하는 물리적 매개로서의 재료 혼성이다. 앞의 두 경향은 단독오브제로 건물을 정의하는 모더니즘의 독단성에 대한 반성적 대안으로 시작되었다. 세 번째는 1920년대 추상 아방가르드 건축의 차가운 단조로움에 대한 대안으로서 1960년대 이후 포스트모더니즘이나 팝 건축을 이끈 주도적 기법이었다.

2003년 완공작에서는 산업 재료와 자연 재료의 혼성 및 산업 재료의 연성화가 두드러진다. 봄여성병원과 새빛안과의원은 재료 혼성을 면 단위의 유채색과 개구부의 진공 사이의 관계 문제로 푸는 공통점을 보인다. 봄여성병원은 2~3층의 넓은 면을 적삼목으로 마감했고 그 위를 산업 재료로 짠 전형적 창으로 구성했다. 적삼목은 나무의 따뜻한 느낌과 함께 붉은색의 넓은 면을 형성한다.[18-14] 저층부의 이런 느낌은 위쪽의 산업 재료를 중화하는 작용을 한다.

새빛안과의원도 저층부를 붉은색 면으로, 그 위를 산업 재료의 창으로 각각 처리했다. 붉은색 면은 자연 재료가 아닌 코르텐강corten, 내후성 강이라는 산업 재료로 마감했다.[18-15] 따뜻한 자연색이 아닌 시뻘겋게 녹슨 색이다. 녹도 자연현상의 하나라면 이 붉은색도 시간이 지나면서 자연적으로 느껴질 수도 있다. 마치 나무 판재를 붙여놓은 것처럼 보이기도 한다. 이런 효과는 위쪽에서도 동일하게 느껴진다. 금속 바에 검은색 도장을 한 뒤 수평 방향으로 급하게 반복시킴으로써 이번에도 목재를 사용한 것처럼

18-14 봄여성병원
18-15 새빛안과의원

보인다. 재료 혼용에 더해 산업 재료를 자연 재료로 보이게 하는 전도가
함께 일어난다.

　　두 가지 정도의 재료를 같이 사용하는 것은 어느 건물에서나 볼 수 있
는 흔한 일이다. 이 두 건물에서는 혼용이라 부를 만한 목적성 의도가 보
인다. 구체적 내용은 두 건물이 다르다. 봄여성병원에서 혼용은 주변 건물
과 어울리려는 맥락주의를 목적으로 한다. 주변 환경 속에서 있는 듯 없는
듯 존재한다.[18-14, 18-16] 드러냄과 어울림 사이에서 적절한 중간 상태를 유지
한다. 어울림의 목적은 후면에서도 동일하게 파악된다. 후면에서는 재료
혼용이 아닌 입체 조작으로 주변 건물의 분위기에 맞춘다. 입체는 적절히
들고 나면서 주변 환경의 실루엣에 순응하고 있다.[18-17]

18-16 ■ 18-17 봄여성병원

새빛안과의원의 재료 혼용은 건물 개인의 인상을 위한 것으로 보인
다. 인상은 상당히 강하다. 강한 인상은 코르텐강의 붉은색과 메탈 바의
급한 반복, 그리고 궁극적으로는 이런 혼용이 만들어내는 묵직한 분위기
에서 온다. 이런 특징은 봄여성병원과 비교해보면 더 확실해진다. 봄여성
병원은 정면이 남향이어서 태양과 시선의 각도에 따라 적삼목의 붉은색은
바랜 색으로 보인다.[18-16] 주변과 어울리게 되는 과정이기도 하다. 반면 새
빛안과의원은 북향이어서 직사광선을 받지 않는다. 코르텐강의 재료 성
질도 적삼목만큼 표면의 변화 폭이 크지 않다. 코르텐강은 태양을 등에 지
고 음영 속에서 강한 붉은색으로 남는다.[18-18]

새빛안과의원의 인상은 회화다움을 만든다. 이 건물의 궁극적 목적
이기도 하다. 재료 혼용이 만들어내는 강한 인상은 그 자체가 목적이 아니

라 회화다움이라는 궁극적 목적으로 가는 중간 과정일 수 있다. 안과 밖, 외관의 네 입면 등 건물 전체적으로 매우 다양한 재료를 사용했다. 금속, 콘크리트, 목재, 플라스틱 등 건축 재료의 거의 모든 종류를 총망라했다. 이런 재료들 역시 정면의 코르텐강과 메탈 바처럼 자신의 고유한 물성을 지우고 다른 분위기로 전도된다. 전도의 목적은 회화다움이다. 그것도 추상 회화다움

18-18 새빛안과의원

이다. 재료는 건축적 의미를 벗고 색채와 문양의 의미로 갈아입는다. 몇 가지가 어울려 추상화 같은 장면을 건물 곳곳에 그려놓는다.[17-11, 18-19]

18-19
새빛안과의원

재료 혼성과 추상의 중화 작용 |

서울신학대학교 우석기념관과 한국산업기술대학 종합강의동에서는 재료
혼용을 이용한 회화다움을 좀 더 적극적으로 시도했다. 우석기념관에서
는 재료 혼용을 면 단위가 아닌 입체 단위에 대응시켰다. 섞어 쓰는 재료
도 금속, 벽돌, 목재, 석재, 콘크리트 등으로 다양하다. 혼용 목적은 두 가
지다. 하나는 기능 인지에 도움을 주기 위해서다. 여러 종류의 작은 방으
로 이루어지는 복잡한 프로그램을 갖는 상황에서 입체 단위에 각기 다른
재료를 할당하면 사용자가 머릿속에 공간 구성이나 길 찾기 같은 인지 지
도를 그리는 데 도움을 줄 수 있다.

　　다른 하나는 회화다움을 만들어내서 추상의 단조로움을 중화하기 위
해서다. 이 건물은 중심 입체를 산업 재료의 차가운 이미지로 처리하고 그
주위에 자연 재료로 마감한 입체들을 더하는 구성으로 이루어진다. 뉴욕
파이브New York 5 건축의 과스메이Charles Gwathmey와 비슷한 기법이다.[17-7] 과
스메이는 이런 구성을 미국의 전통적 지역 정서를 표현하기 위해 사용했
다. 우석기념관은 이와 달리 독단적 추상이 갖는 위험성을 중화하려는, 좀
더 일반적인 목적을 갖는다. 재료를 혼용해서 산업 재료도 사람과 어울릴
수 있다는 가능성을 보여준다.[18-20, 18-21]

　　종합강의동에서는 재료 혼성이 엄격한 의미의 회화다움까지 진행되
지 않은 상태에 머문다. 단순한 건축 부재의 혼합에 가까워 보이는데, 그럼
에도 확장된 의미의 회화다움으로 발전한다. 산업 추상을 활용한 장식주
의라는 기법으로, 후기 모더니즘과 포스트모더니즘 사이의 공통 집합쯤으
로 양식사적 의미를 정의할 수 있다. 측면이 대표적이다. 기단과 상층부의
두 부분으로 구성했는데 창 대 벽의 비율, 재료, 색채, 건축 부재 등에서 둘

18-20 ■ 18-21
서울신학대학교 우석기념관

을 서로 다르게 처리했다. 이질성은 서로 어울려 회화다움을 만들어낸다.

4층 높이의 넓은 상층부는 전면 창으로 전체를 덮은 뒤 산업 재료를 사용해서 속을 분할했다. 굵은 멀리온으로 수직 방향으로 한 번 강하게 분할한 뒤 창 프레임과 면 단위로 한 번 더 분할했다.[18-22] 입면 전체로 보면 콘크리트 입체와 가는 선형 기둥까지 가세해서 산업 재료는 시선 각도와 거리, 햇빛의 방향과 강도 등의 외부 조건에 따라 다양하게 변하며 추상성 강한 회화다움을 만들어낸다.[17-5, 18-23] 기단은 상대적으로 면적이 좁은데 자연 재료인 벽돌로 처리해서 친근한 붉은색을 드러낸다. 그 덕분에 상층부의

18-22 ■ 18-23 한국산업기술대학 종합강의동

추상 회화다움도 원래 느낌보다 한결 부드러워진다. 산업 재료의 전도다.

정면도 같은 방향으로 처리했는데 다양성을 좀 더 강조했다. 창, 계단, 차양, 기둥, 벽, 출입구 등 좀 더 많은 요소를 섞었다. 대부분 산업 재료를 썼다. 이런 요소는 각각의 건축적 의미 및 건축 부재로서의 모습을 잃지 않으면서도 서로 어울려 회화다움 짙은 장면을 만들어낸다. 산업 재료를 사용한 전형적 부재들인데 여러 종류가 모여 어울리다 보니 평범한 건축 장면을 넘어서 추상적 회화다움으로 발전한다. 일단 후기 모더니즘의 전략인데 이것이 일정한 장식 효과까지 내는 점에서 포스트모더니즘과 공통분모를 가지는 것으로 볼 수 있다.

산업 재료의 연성화와 색채주의 |

유한대학 타워 게이트, 삼양사 리모델링, CGV상암은 산업 재료의 전도를 연성화로 사용한 예들이다. 타워 게이트에서는 콘크리트, 메탈, 유리 등으로 기하 형태를 짠 뒤 기능에 대응시키고 여기에 다시 햇빛을 실어내는 등의 과정을 거쳐 산업 재료가 사람과 어울릴 수 있는 가능성을 탐구한다. 앞서 살펴본 타원과 사람의 이동의 대응은 좋은 예다. 기능에 치우치긴 했지만 산업 재료가 사람을 유입하는 데 성공하고 있다. 건물은 산업 재료로 세운 구조체에서 벗어나 이미지로 읽힌다. 햇빛과 조명의 빛 작용이 더해지면서 유리나 금속 천공 판은 수막 같은 연성적 분위기로 변화한다.[18-24]

삼양사에서는 유리가 갖는 투명과 반사의 이중성을 활용해서 허상의 낭만성을 표현했다. 유리리는 한 겹의 마을 중간에 두고 양쪽 사이에서는 다양한 작용이 일어난다. 유리 면의 밖에 선 사람은 속살을 볼 수 있지만 자신과 바깥 풍경이

18-24 유한대학 타워 게이트

반사되기도 한다. 안쪽에서 불빛이 새어나오기도 하지만 햇빛 각도에 따라 유리 면 자체의 색과 분위기는 수시로 변한다. 햇빛이 짓궂을 때는 속살은 보이지 않고 오히려 나만 보인다. 어디가 밖이고 어디가 안인지 구별이 무의미해진다. 삼양사에서는 햇빛을 받는 동남서 세 면 모두 이런 식의 관찰이 가능하다. 도심에서 이런 위치는 건물을 키메라처럼 변하게 만들 수 있는 유리한 조건이다. 해가 떠서 중천을 지나 석양으로 지는 하루 종일 건물의 세 면은 시시각각 변화하며 막의 향연을 펼친다. 유리라는 한 가지 재료가 만들어내는 다양한 변화다.[18-25, 18-26]

CGV상암에서 금속 재료는 연성화 단계를 지나 물신을 숭배하는 의

18-25 ▪ 18-26
삼양사 사옥 리모델링

18-27 CGV상암

인화 단계로까지 나아간다. 금속은 잘게 나뉘고 휘고 겹쳐지면서 마감재가 아닌 1차재로 환원된다. 이제 시작일 뿐이다. 조명과 색채, 장식과 광택, 포스터와 캐릭터 등이 더해지면서 금속 재료는 고유의 물성을 잃고 유흥의 흥분을 돕는 최음제로 변해 있다. 별이 쏟아지고 무지개가 명멸하면서 다행증多幸症, euphoria으로의 감정이입이 일어나면 금속 재료를 도입해 물신을 숭배하려는 후기산업사회의 미션은 완성된다.[18-27]

재료가 갖는 고유의 색으로 부족할 때 인위적 유색 요소를 도입한다. 한국산업기술대학 종합강의동에서는 색채주의가 실내의 층을 구분하는 역할을 한다. 2층에서 5층에 이르는 4개 층에서 동일한 평면이 반복되는 지루함을 피하고 각 층에 차별을 주기 위한 목적이다. 2층에서 5층까지 차례대로 청색, 적색, 연두색, 주황색으로 칠했다. 이때 2층과 3층, 다시 4층과 5층이 각각 실내 중정을 중간에 두고 서로 뚫려 있다. 청색과 적색 그리고 연두색과 주황색이 위아래로 함께 보이며 짝을 이룬다. 두 쌍의 한색과

18-28
한국산업기술대학 종합강의동

난색이 교대로 나타난다. 추가 처리를 해서 위층으로 올라갈수록 상승 느낌을 노렸다. 2~3층의 짝은 상대적으로 무거운 분위기로 놔뒀다. 반면 4~5층의 짝에서는 연두색과 주황색을 밝은 파스텔 톤으로 처리했고 5층에는 천창을 뚫어 빛이 쏟아지게 했다.**18-28**

서대문자연사박물관에서는 부분적으로 강한 원색을 사용해서 강조하는 방식을 썼다. 화강석과 전형적인 오피스 창이 전체적인 분위기를 지배하면서 단조롭고 심심하다고 느꼈을 것이고 이를 깨기 위해 보라-노랑의 강한 대비 원색을 더했다. 노란색은 출입문과 창에, 보라색은 차양, 기둥, 수평 코니스 cornice에 각각 사용했다. 석재의 엄숙함과 오피스 창의 정형성은 상당히 누그러졌지만 적어도 건축에서 색채의 직접 도입은 일차원

적 고육책일 수 있다.[18-29]

월드컵몰에서는 기능의 대표성을 결정짓는 네 색채를 사용했다. 천장에 더한 사행蛇行 형태의 선형 처리를 주요 모티브로 삼아 전체 구성이 이루어진다. 사행은 매장 사이를 유영遊泳하는 고객의 행태를 상징하면서 동시에 발길을 끌어 유영을 돕는 실질적 기능을 함께 갖는다. 이런 사행 형태의 천장 부재에 붉은색을 배정했다. 붉은색은 가벼운 흥분을 유발하며 사행을 돕는다. 매장 벽에는 노란색과 파란색을 배정해서 삼원색을 이용한 몬드리안 식의 실내 구성은 완성된다.[17-4, 18-30]

18-29 서대문자연사박물관
18-30 상암 월드컵몰

수평-수직과 오피스 창 |

수평-수직은 물리력의 기본이자 지구 위 모든 현상을 지배하는 근원적 자세다. 산업혁명 이후 철근콘크리트와 철골의 구조 방식을 이용해 수평-수직 구도를 결정짓는 일은 건축가에게 자연현상에 대한 기본 입장을 묻는 중요한 문제다. 수평-수직은 일차적으로 구조 방식의 문제지만 궁극적으로는 조형 세계의 총체적 특징을 결정짓는 문제이기도 하다. 중력에 반응하는 공간 질서의 문제이며 구조 방식을 역학의 문제가 아닌 미학의 문제로 해석하는 경연장이기도 하다.

중력에 대한 대응 방식은 건물의 뼈대와 표피, 인상과 비례, 형상과 실루엣, 중량과 품새 등 건물의 미학적 특징의 총합을 이룬다. 생명체를 이루는 모든 요소에 반영되어 생명체에서 파악할 수 있는 특징들의 총합을 이루는 것과 같은 원리다. 뼈대 구성과 피부의 늘어짐, 이목구비의 형상과 신체 비례, 사지의 놀림과 이동의 민첩함 등 생명체의 특징적 정보가 수평-수직의 중력 구도에 반응하는 기본 자세에서 결정되는 것과 같다.

2003년 완공작에서는 특히 창을 통해 수평-수직의 문제를 표현하는 경향이 관찰된다. 20세기 건축 전반을 볼 때 창은 확실히 산업 구조 방식이 결정하는 조형 요소 가운데 가장 많은 종류가 집결되어 나타나는 부위였다. 콘크리트 구조와 철골 구조에 수평창과 수직창이 각각 대표 유형으로 대응되는 것도 창에 나타나는 복합 요소들을 단순화하기 위한 정리 작업으로 볼 수 있다. 상위 레벨에서 대표 유형으로 정의되는 수평 창과 수직 창은 하위 레벨로 내려가면 복잡한 상호 교합을 한다. 앞서 살펴본 유리 자체의 물성 이외에 건물의 기능 유형과 디테일 처리 그리고 창에 부가되는 정형화된 상징성 등의 여러 요소들이 개입한다.[18-31, 18-32]

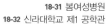

18-31 봄여성병원
18-32 신라대학교 제1 공학관

2003년 완공작에서는 '오피스 창'으로 통칭할 수 있는 유형화된 창의 사용이 주도적 경향으로 나타난다. 산업주의를 수용하려는 기본 태도에서 나온 현상이다. 일방적 수용은 아니다. 오피스 창이라는 것 자체가 한 가지로 결정되는 것은 아니다. 고층 건물에서는 커튼월이 표준형이다. 층 따라 수평 분할이 가해지고 그 위로 수직 멀리온이 일정 간격으로 가지런히 늘어선 구성이다. 중소 규모 건물에서는 가급적 한 가지 표준 모듈을 반복시켜 산업화의 총아인 동일성의 미학을 강조하는 형식을 오피스 창의 표준형으로 정의할 수 있다.

이 정도로 표준화할 수 있는 오피스 창을 사용하되 개별 상황에 맞게 일정한 변형을 거치고 이 과정에서 조형적 목적이 가미되면서 이런저런 방식으로 수평–수직 구도를 표현한다. 앞에서 살펴본 회화다움도 그 가운

18-33 금강대학교 종합강의동

데 하나로, 수평-수직 구도에 구성 분할을 가한 뒤 분할된 면에 건축 요소를 혼용 개념으로 대응시키는 데 창은 재료와 함께 중심 역할을 한다.

　오피스 창이 표현하는 질서는 수평과 수직 사이의 중간 상태다. 일단 균형감으로 볼 수 있다. 어느 한쪽으로 치우치지 않으려는 의도가 여러 작품에서 지속적으로 나타난다. 균형감 이외에도 다양한 건축적 효과를 노린다. 수평 질서와 수직 질서가 맞서면서 긴장감을 만든다. 수직이 기대되는 상황에서 수평이 중화 작용을 하거나 그 반대로 수평이 주도하는 분위기에 수직이 들어가 눈금을 중앙 방향으로 돌려놓기도 한다. 지렛대 작용으로 볼 수 있는데 이를 통해 스케일의 전도가 일어나기도 한다. 작은 건물이 크게 느껴지거나 큰 건물이 작게 느껴지는 식이다.[18-33]

수평과 수직, 수평 대 수직 |

금강대학 종합강의동에서는 전통 재료인 석재와 산업주의의 표준 유형인 오피스 창의 혼용을 통해 수평과 수직 사이의 균형을 취한다. 전통 재료에 수평선을, 산업 어휘에 수직선을 대응시키는 상식적 전략을 구사한다. 건물의 전체 구성을 이루는 'ㄷ' 자형의 세 변을 따라 판재형 지붕이 강한 수평선을 이룬다. 건물 전체 윤곽의 비례도 넓적한 느낌의 수평 비례다. 벽체를 담당하는 화강석은 수평 비례로 나누어 마감재로 사용했다. 건물의 중간 부분을 판재형 부재가 자르기도 하고 베란다 차양이나 난간이 강한 수평선을 형성하기도 한다. 수평선은 주변 자연환경 속에서 이 건물만의 질서를 만들어내는 제1의 인공 매개다. 자연 속에 여러 겹의 인공 수평선을 그어 이 건물만의 조형 세계를 결정한다.

　　창과 기둥은 이런 수평 질서에 반하는 수직 질서를 더한다.[17-12, 18-34]

18-34 금강대학교 종합강의동

18-35 금강대학교 종합강의동

기둥은 여러 층을 가로지르며 건물을 실제보다 높게 보이게 한다. 그러나
수직선은 자신들만의 독립된 조형 세계를 꾸리지 못하고 수평선을 중화하
는 선에서 멈춘다. 수직선은 수평선 속에 갇혀 뻗어나지 못하고 눌려 있지
만 그 덕에 수평선의 지루함이 활기를 되찾는다. 중앙부 전면의 4~5층을
담당하는 자이언트 오더^{giant order}는 공중에 떠서 거인의 체면을 구긴다. 중
력을 이겨내며 큰 하중을 거뜬히 받쳐내야 할 자이언트 오더가 밑에서 받
쳐 올려져 있고 위에서는 지붕 선에 눌리면서 피구조체처럼 되어버렸다.
강당 바깥의 열주는 뚱뚱한 몸매로 처리되어 최소한 해학적 친근함은 줄
지언정 산업주의의 상징성은 벗어버린다.¹⁸⁻³⁵

　　창은 수직 비례로 분할된 오피스 창이 주류를 이룬다. 그러나 너무 촘
촘해지지 않도록 일정 간격을 유지해서 수직선이 드러나는 것을 막았다.
수직 비례의 창에 수평 방향으로 분할이 한 번 더 일어나면서 창 스스로가

먼저 중화 작용을 거친다. 이런 분할은 열리는 창을 만들기 위한 기능적 목적에서 기인하지만 조형적으로 수직성을 완화하는 작용도 함께 한다. 이상을 종합하면 수평선이 지배하는 전체 질서 속에서 수직선이 한두 번 움찔거리다 일정한 흔적을 남겨놓고 묻혀버린 형국이다.[18-36, 18-37] 이것은 현대 산업주의 건축의 당위성을 받아들이면서도 불교대학이라는 상징성을 우선하려는 의도에서 나온 것으로 보인다.

신라대학교 세1 공학관에서는 수평과 수직이 협력과 대립의 양면적 관계를 만든다. 부분적으로 노출된 라멘 구조가 수평-수직의 그리드 구조를 이룬다. 라멘 구조는 수평이나 수직 가운데 어느 한쪽으로 기울지 않고 둘 사이의 모범적 협력에 의해 안정적 질서를 세운다.[17-6, 18-38] 여기에 노출 철골로 골격을 짠 다리와 엘리베이터 탑을 더한다. 이번에도 다리의 수평

18-36 ■ 18-37 금강대학교 종합강의동

18-38 신라대학교 제1 공학관

선과 탑의 수직선 사이에 협력이 이루어진다.[17-3,17-9] 조형적으로 보면 대립에 가깝지만 수평 이동과 수직 이동을 대표하는 부재임을 한눈에 알아챌수 있기 때문에 둘은 동선이라는 기치 아래 협력한다. 두 부재에 구조 보강을 위해 더한 사선 부재는 수평과 수직 사이의 애매한 중간 상태를 지지한다.

구조를 노출해 역학적 안정감을 확신시킨 뒤 정작 입체와 창 처리는 사선 방향으로 분산하거나 불규칙적으로 빗나갈 가능성을 모색하고 있다. 지붕 끝에 예각이 등장하고 창은 단편과 면적 사이에서 갈등한다. 수직 방향으로 프레임의 틀이 잡힌 개구부를 수평 방향의 창으로 한 번 더 분할해서 수평과 수직은 긴장 관계를 유지한다. 기둥은 사각기둥과 벽기둥으로 변형되면서 산업주의의 색깔을 벗고 있다.[18-39]

한국산업기술대 종합강의동에서도 이와 비슷한 양면적 관계가 주

18-39
신라대학교 제1 공학관

도적 질서를 이룬다. 이 건물도 전체 비례가 강한 수평을 이룬다. 수직 비례의 대비는 외관부터 노골적으로 나타난다. 긴 수평선을 이루는 측면을 강한 수직선이 짙은 인상을 남기며 분할한다.**18-40** 정면에서는 건물 전체 높이를 가로지르는 가느다란 세 개의 기둥이 수직선을 강조한다. 반면 수직으로 분할한 개구부 단위를 구성하는 개별 창에는 수평 분할을 여러 겹 섞어 썼다. 개구부 전체도 강한 수평선이 한 번 더 분할하고 큰 정사각형 단위의 분할을 다시 추가했다.**18-41**

서울신학대학교 우석기념관에서는 오피스 창의 수직 구도가 일정한

18-40 ■ 18-41 한국산업기술대학 종합강의동

역할을 하면서 건물의 전체 질서에 더하기 효과를 낸다. 이 건물은 정사각형 비례의 중규모 입체가 여러 개 병렬되면서 구성되어 있다. 병렬이 수평 방향으로 일어나면서 입체 단위들이 팔다리가 뻗듯 퍼져나가면서 안정적인 수평 질서가 전체를 지배한다. 건물 높이가 6층까지 올라가면서 수직 구도가 대립한다. 프로그램 구성과 기능 처리도 수직 질서 중심으로 짰다. 여섯 개 층을 층층이 쌓은 평범한 구성인데 입체 단위를 수평 병렬한 것처럼 입체 조작을 가한 것이다. 일종의 불일치로, 외관에서 건물을 보면서 공간 구성에 대해 품는 기대는 실내로 들어오면서 깨진다. 단순히 깨지는 것이 아니라 불일치에서 오는 불편한 어색함도 느껴진다. 대지의 고저 차이 때문에 주 출입구를 3층에 둔 것도 불일치를 배가하는 요인이다.

불일치를 극복해야 한다. 오피스 창을 이용해서 수직 비례를 보강하는 처리는 유용한 방법이 될 수 있다.[18-42] 이번에도 창의 세부 분할에서 열

18-42 ■ 18-43
서울신학대학교 우석기념관

리는 창을 두기 위해 수평 비례가 파고들었지만 전체적인 분위기는 수직 비례가 주도한다. 오피스 창은 수직 비례만 보강하는 것이 아니다. 사무적 형식성도 만들어낸다. 벽돌과 수평 비례가 만들어내는 다소 느슨한 분위기를 잡아매어 사무실의 긴장감이 돌도록 돕는다. 이런 작용은 입체 단위를 실제보다 크게 보이게 만든다. 스케일의 착각 작용이다. 오피스 창은 도심에 지어진 고층 건물을 연상시킴으로써 착각 작용을 돕는다.[18-43]

일상성 | 쉽고도 어려운 현대건축의 숙제

하나의 대표 양식이 성립되는 기간에는 건축이 주변 상황을 빨아들인다. 주변 상황들은 총합을 이루며 시대 상황이라 불린다. 성기 양식에서 개별 건물에 요구되는 개성적 특징은 시대 상황으로 환치된다. 대표 유형은 이런 거대 담론을 담는 거창한 사명감의 산물이다. 환치되지 않는 내용은 축출된다. 줄이고 걸러내는 추상 과정이 진행된다. 축출함으로써 추출할 수 있다는 순결주의는 이런 과정의 대표적 방법론이다. 사금 캐기와 같은 이치다.

그렇기 때문에 성기 양식에서 시대 상황은 매우 정제된 은유로 다루어진다. 소명을 가능한 한 거창하게 설정하고 이것의 건축적 표현은 가능한 한 순수하게 행한다. 이 시기에는 순도를 중히 여기는 타입의 건축가들이 활약한다. 주변 상황과 대중에 대한 고려도 상정되지만 교류의 방향은 늘 한 가지다. 수준 높은 예술품을 지어 이상향을 하사해주겠다는 엘리트주의다.

이 과정에서 많은 개별성을 희생시킨다. 다시 말해 시대 상황의 대표성에 거슬리는 개별 내용은 거부한다. 개별성은 곧 일상성이니 일상성도 함께 거부된다. 조형 환경 가운데 이름 있는 건축가들이 설계하는 비율이 많아야 2퍼센트 내외임을 볼 때 적어도 98퍼센트가 희생되는 셈이다. 일 상성과 상징성은 이렇게 희생되는 대표적인 내용이다. 일상성은 모호하 고 잡히지가 않는다. 몇 가지 구조 방식으로 환원될 수밖에 없는 건축의 장르적 속성과도 맞지 않는다. 상징은 이와 반대적 의미에서 어렵다. 상징 에 수반되는 표현성은 직설적이든 은유적이든 건축의 중성적 속성과 맞지 않는다.

그러나 건축은 완공된 뒤에는 일상성을 가장 많이 담아내는 장르이며 그렇기 때문에 상징성을 표현하기에 가장 적합한 매개다. 이것이 현대 건 축의 어려움 가운데 하나다. 건축가들이 하기 싫어하고 실제로 하기 힘들 게 되어 있는 일들이 중요한 임무로 계속 주어진다. 일상성을 담아내야 하 는 일이다. 현대건축가들은 성기 시대에 대한 비판으로 자신의 건축적 정 체성을 정의한다. 여기까지는 매우 정확했으며 전략적으로도 성공이다.

문제는 그다음이다. 뭔가를 보여드려야 하는데 그게 쉽지 않다. 여기 에서 '뭔가'란 고급 예술로서의 작품성과 대중을 위한 대중성 두 가지이 다. 상반되는 둘을 같이 하려니 힘들다. 건물에만 집중하면 되던 성기 모 더니즘 시대가 부러울 뿐이다. 반드시 부정적인 것만은 아니다. 이 과정에 서 맥락주의, 지역주의, 참여주의, 대중주의, 도시 건축 운동, 팝, DIY 등 다양한 경향이 생겨났기 때문이다.[18-44, 18-45] 이런 수고를 하기 싫은 일부 게 으른 건축가만이 주변 상황을 담기 위해 성기 거장들의 일기장을 뒤져 다 시 손질해서 써먹는 후기 모더니즘이나 네오 모더니즘에 매달릴 뿐이다.

2003년 완공작은 이런 고민을 잘 보여준다. 후기 모더니즘과 네오 모 더니즘을 오가는 가운데 일상성의 주제를 표현하려는 노력을 함께 보여준

18-44 CGV상암
18-45 금강대학교 종합강의동

다. 봄여성병원과 새빛안과의원에서는 이 주제를 비슷한 모습으로 처리했다. 둘 모두 1층을 동네 주변의 '그렇고 그런' 시시한 건물 모습으로 처리했다. 봄여성병원 1층엔 꽃집과 약국이 들어왔다. 가게 기능은 모두 병원에 합당한 것이지만 문제는 건축적 처리다. 골목길 어귀에서 흔히 볼 수 있는 이른바 '근생 시설'의 평범한 가게 모습을 하고 있다.[18-46]

일부러 이렇게 한 것 같아 보이지는 않는다. 그보다는 완공 뒤 건축주가 사후 처리한 쪽에 가까워 보인다. 이 부분은 일단 건물의 다른 부분과 어색하게 공존하는 것으로 느껴진다. 1층을 오가며 보는 봄여성병원의 모습은 건축가가 공들여 설계한 건물이라고 도저히 느껴지지 않는다. 위쪽

18-46 봄여성병원

에 처리된 고급 건축과는 분명히 다른 과程로 분류된다. 이런 장면은 대부분의 건축가가 가장 피하고 싶어 하는 상황이다. 간판으로 망하는 꼴이다.

일상성과 풍경 |

그러나 가만히 서서 찬찬히 느껴보면 1층의 이런 모습은 의외로 건물 전체와 잘 어울린다. 일상성을 포괄할 수 있는 가능성이 발견된다. 물론 이때 일상성이란 모더니즘이 남긴 가장 마지막 단계의 일상 모습을 의미한다. 일반 대중의 손으로 꾸려진 엄연한, 어떻게 보면 가장 큰 하나의 현실이다. 후기 모더니즘 건축은 성기 시대를 거치며 형성된 이런 현실을 포괄한다. 현실이 여전히 조악하다면 그것은 성기 모더니즘의 이상향 계획이 실패했음을 의미한다. 현실이 조악하지만은 않은 것으로 읽어낼 수 있다면 이상과 현실 사이의 괴리를 좁히는 문제는 좀 더 쉬워진다. 현실을 포괄하기 위해 억지로라도 현실에서 예술적 가치를 읽어낸 것처럼 위선을 부릴 수도 있다. 진정으로 깨달았는지 아닌지와 상관없이 시대의 유행에서 자유로울 수는 없기 때문이다.

결과만 보면 어느 경우든 상관없다. 어쨌건 후기 모더니즘은 성기 모더니즘이 남긴 현실을 뒤치다꺼리해야 한다. 이것은 매 사조의 후기 양식에 운명처럼 주어지는 역할이다. 자신의 건물에 일상성을 더하면 작품이 망가질까 전전긍긍하는 건축가의 안달은 괜한 걱정일 수 있다. 자신이 설계한 건물에 들어오는 모든 내용을 완벽하게 다스릴 수 없다면 걱정보다는 그런 내용이 자연스럽게 어울릴 수 있는 틈을 만들어주는 것이 하나의 대안일 수 있다. 봄여성병원처럼 일상성은 르코르뷔지에의 수평 창, 적삼목의 회화다움, 오피스 유형 등 순도 높은 예술 항목들과 어울릴 수 있다. 아니 어울릴 수 있어야만 한다.[18-47]

풍경 이론은 이런 어울림의 타당성을 근거하는 뒷받침이다. 우선 건축 어휘에 집중하던 한계를 벗어나 이미지의 총합으로 건물을 이해한다. 다음은 이미지의 총합을 하나의 풍경으로 감상한다. 어딘가에 나무 한 그루가 있다. 이 나무는 적삼목과 어울린다. 나무와 어울릴 수 있으면 반은

18-47 봄여성병원

성공이다. 적삼목을 사용한 회화다움의 미학적 가치는 한편으로 나무라
는 일상 풍경과 어울린다. 다른 한편 그 따뜻한 질감으로 봄이나 여성 같
은 이 건물에 필요한 상징 이미지를 만들어낸다. 건축적 캔버스로 처리한
나무는 자연 상태의 나무를 통로로 삼아 현실과 어울릴 수 있는 근거를 확
보한다. 1층의 현실적 모습은 이런 요소들과 어울려 일상적 풍경을 만들
어낸다. 골목 어귀에 접어들며 접하는 평범한 장면들에서 수준 높은 예술
성을 발견하지 못할지라도 최소한 편안함을 느낄 수 있는 비밀은 이런 풍

18-48 ■ 18-49 봄여성병원

18-50 새빛안과의원

경이 만들어지기 때문이다.[18-48, 18-49]

　새빛안과의원도 기본 개념은 이와 유사하다. 일상성은 가로 전면을 접하는 1층 처리에서 일어난다. 이번에는 안경점과 약국이다. 기능상 안과와 연관성이 높다. 여기에 커피점이 가세한다. 마실 거리를 매개로 가로를 오가는 사람과 소통이 일어난다. 1층의 건축적 처리는 봄여성병원보다는 좀 더 건물의 전체적 분위기와 연속성을 갖는다. 그러나 유리 면을 넓혀 건축적 처리를 한정함과 동시에 가게 속에서 일어나는 일을 보여주는 방식으로 일상성을 모색한다. 여기가 끝이 아니다. 이 건물의 핵심은 앞의 버스 정류장과 함께 봐야 한다. 건물을 배경 심이 정류장 벤치에 앉은 사람 혹은 버스를 기다리는 일상적 모습까지 함께 봐야 한다. 이것을 볼 수 있게 되면 가로등과 가로수까지 더해진 한 폭의 풍경화를 그릴 수 있다. 벌겋게 녹슨 코르텐강은 산업 재료가 아니라 이런 풍경을 그려내는 배경막이 된다.[18-50]

일상성 | 캠퍼스 맥락과 상징

학교 안에 있는 건물들을 에워싸는 현실은 일상성보다는 맥락인 경우가 많다. 그러나 우리나라 대학 캠퍼스에서는 맥락 자체가 쉽게 정의되지 않기 때문에 맥락에 대응하는 것 역시 쉽지 않다. 서울신학대학교 우석기념관은 맥락을 캠퍼스 조형 환경의 종합 요약의 의미로 해석했다. 이 건물에 사용한 재료와 유형은 캠퍼스 내 다른 건물들의 대표적 특징을 찾아내 빌려 온 것이다. 여기에 자연 경치가 더해진다. 건물을 구성하는 입체가 여러 개 병렬되는 과정에서 중간에 숨통이 생기는데 이 여백을 통해 자연 경치가 차경(借景)된다. 숨통의 윤곽이 액자 역할을 하기도 한다. 차경된 경치와 재료 혼용이 어울리면서 추상 풍경화가 그려진다.[18-51]

한국산업기술대학 종합강의동의 풍경도 이와 유사하다. 캠퍼스 맥락을 단서로 삼아 풍경으로 발전한다. 정면을 구성하는 몇 가지 재료와 어휘

18-51 서울신학대학교 우석기념관

18-52 한국산업기술대학 종합
강의동

유형은 캠퍼스 전체의 건축적 내용을 함축한 대표성을 갖는다. 여기에 중립적 경치가 더해진다. 지붕 차양과 가느다란 기둥 사이에 생긴 큰 여백을 통해 주변 경치가 들어온다. 경치는 캠퍼스의 전경이지만 여백이 크기 때문에 멀리 동네의 모습까지 원경으로 함께 들어온다. 하늘도 담기 때문에 풍경은 항상 변한다. 석양 노을의 역광은 초현실적 풍경을 만들어낸다. 현실을 담았더니 초현실이 일어난 것이다.**18-52**

금강대학교 종합강의동에서 맥락은 대학을 대표하는 불교적 상징이다. 상징은 직설에서 은유에 이르기까지 다양하다. 가장 직설적 상징은 중정 바닥에 새긴 연꽃 문양이다. 연꽃 문양은 조경의 전체를 결정하며 캠퍼스 분위기를 주도한다. 건물은 이 연꽃을 세 면에서 에워싸기 때문에 실내 곳곳에서 연꽃을 항상 볼 수 있다. 옥상 정원에는 큰 원 형태의 벤치를 만들었다. 원의 완결성은 불심이 지향하는 최고의 상태를 상징한다. 옥상의 원형 벤치와 중정 바닥의 연꽃 문양은 높이 차이를 뛰어넘어 중첩된다.[18-45]

은유적 상징은 사찰의 분위기를 옮겨 놓은 방식으로 표현했다. 건물 정면 바깥에는 경계를 결정하는 게이트를 세워서 산문을 연상시킨다. 중정을 오르는 계단은 단 높이가 두 종류로 조정되어 있다. 산지 사찰의 계단에서 가져온 모티브다. 1층 회랑을 구성하는 벽기둥의 디테일은 고전적 분위기로 처리했다. 넓적한 면의 양 끝을 미세한 차이로 돌출한 부재로 한 겹 씌운 형상이다. 이때 고전은 서양 고전일 수도 있고 한국 고전일 수도 있다. 그러나 구별은 무의미하다. 다소 막연할 수 있는 고전적 분위기라는 것을 통해 사찰의 고풍스러운 분위기를 담는다.[18-53, 18-54, 18-55]

수평선이라는 좀 더 막연한 고전적 분위기가 가세한다. 그러나 엄연히 사찰의 조형성을 결정짓는 중요한 요소다. 수평선을 읽고 나서 강당 부분의 기둥을 보면 두꺼운 비례가 낭비보다는 한국적 풍만함으로 느껴진다. 마지막으로 주변의 산 풍경이 화룡점정을 가한다. 캠퍼스 전체가 산사의 분위기를 화강석 현대 건물로 옮겨 놓은 것 같다. 불교적 일상성을 상징으로 전환했다.

안과 밖 | 외부와의 소통 문제

모더니즘 건축의 최대 업적을 안과 밖 사이의 소통을 열어놓은 것으로 오해한 때가 있었다. 무엇보다도 모더니즘 거장들 스스로가 이것을 자신들

18-53

18-55

18-54

18-53 ■ 18-55 금강대학교 종합강의동

의 중요한 미션이라고 설파했다. 그리고 적어도 표면상으로는 이 업적이 성공한 것으로 보였다. 둔탁한 돌에 싸여 은밀하게 쑥덕이던 실내가 환한 속살을 다 드러내 보인 것이다. 유리로 전면을 두른 건물이 처음 등장했을 때 그 충격의 위력은 모더니스트 거장들의 이런 거짓말을 사실로 믿게 만들기에 충분했다.

그러나 이런 변화는 사실 건축가의 노력으로 얻어진 게 아니었다. 내외부 사이의 소통은 전적으로 유리라는 한 가지 재료가 가져온 결과였다. 모더니즘 건축을 속살 보기를 향한 투쟁의 과정으로 정의한다면 그 승리는 건축가가 아니라 유리가 얻은 것이다. 게다가 그 성과도 시각적인 것에 국한되었다. 물론 시각마저도 가린 둔탁한 전통 석재 건물에 비하면 이것도 혁명적 개방으로 보일 수 있었겠지만 문제는 시간이 흐르면서 사람들이 유리 건물에서도 점점 이전과 크게 다르지 않은 불통과 폐쇄를 느끼기 시작했다는 데 있다. 공간이 여전히 닫혀 있었기 때문이며 맥락과 어울리지 않은 채 고고한 독립 오브제로 존재했기 때문이다. 맥락과의 어울림이라는 기준까지 더해서 보면 오히려 전통 석재 건물보다 더 고집불통인 외골수가 등장한 셈이었다.

시각적으로 속살 보기에 성공한 것과 달리 직접 손에 넣은 것은 없었다. 유리는 여전히 단단한 차단막으로 남았다. 볼 수만 있고 만날 수는 없는 기막힌 기만이 가속화되었다. 보면서도 만지지 못하기 때문에 애절함은 오히려 더 커졌다. 고층 건물이 올라가고 부동산이 개입하면서 단절은 미학적 형식이 아니라 치열한 현실이 되었다. 유리는 모더니즘이 남긴 최대의 죄악인 단일 오브제로서의 건물을 가르는 군건한 경계선이 되었다.

이와 같은 문제에 대한 대응은 현대건축의 흐름을 파악할 수 있는 중요한 잣대다. 모더니즘에 대해 '수정 후 계승'을 유지하려는 네오 모더니즘, 신추상, 하이테크 등의 사조에서는 유리 투명도를 조절해서 현란한 표면 효과를 냄으로써 이 문제를 시각적으로 해결하려 한다. 이런 경향은 유리 투명도가 실내 공간의 얕은 지점까지 좌우할 수 있다는 믿음으로 발전하면서 공간 형성에서도 일정한 영향을 끼친다. 그러나 건물을 단일 오브제로 보려는 기본 입장은 지켜진다.

그 반면에 주변과의 소통을 더 적극적으로 이루려는 건축가들은 건물의 얼개를 부수고 구성을 옆으로 펼쳐놓는다. 안과 밖 사이의 구별은 모호해진다. 건물은 안과 밖으로 이분되는 것이 아니라 기능 단위로 나뉜다. 기능 단위를 조합하면서 안은 밖이 되고 밖은 안이 된다. 기능 단위를 가로질러 길이 나고 길은 중심으로 이어진다. 이런 경향은 기본적으로 공간 운동의 형태로 진행된다. 그 과정에서 모델을 찾게 된다. 기후 요소를 고려한 선례들에서 모범적 예를 발견한다. 한국의 전통 공간도 훌륭한 예다. 이런 선례들의 교훈을 이어받아 전이 공간의 형태로 이식해서 응용한다.
18-56, 18-57

봄여성병원에서는 동선 조작을 통해 소통이 일어난다. 정면의 출입구는 매우 좁다. 심심한 간선도로를 면해 손님이 적다고 판단한 것 같다. 정면의 좁은 출입구로 들어오면 바로 실내가 나오지 않는다. 좁은 복도가 이어진다. 밖의 이동을 끌고 들어와 연속시키려는 의도로 보인다. 복도에서 가게가 이어진다. 가게는 가로와 실내 로비 양면을 상대하기 때문에 로비에 가로 분위기가 남아 있다.

정식 출입구는 후면에 있다. 후면에서도 동선을 실내에 계속 끌고 들어오는 방식으로 외부와의 소통을 꾀했다. 구체적 처리는 전면과 다르다. 후면에서는 출입구에 데크를 뒀는데 면적을 떼어내 할당함으로써 환영의 장으로 처리했다.**18-58** 데크를 보도의 진행 방향과 나란히 놓아서 진입 과

18-56 서울신학대학교 우석기념관
18-57 서대문자연사박물관

정에서 작고 큰 꺾임이 일어난다. 실내에 들어오면 계단실이 맞는다. 아직 끝난 게 아니다. 계단의 수직 판에 광택 나는 금속 부재를 붙여 이곳에 밖의 경치가 반사되어 재현된다. 사람들은 밖에서 본 경치를 계단을 오르면서 다시 맞는다. 밖에 두고 온 경치가 미리 안으로 들어와 기다리고 있다.

18-58 ■ 18-59 봄여성병원

기억이 계속되면서 안과 밖이 하나로 작동한다.[18-59]

　새빛안과의원에서는 매우 작위적인 안팎 지우기가 일어난다. 안과 밖에 동일 재료를 사용했다. 코르텐강이 실내 곳곳에 쓰이면서 어디까지 안이고 어디부터 밖인지 구별이 모호해진다. 실내 복도에는 길거리의 분위기를 가미했다. 계단을 오르면 외벽 면이 보인다. 실내에서 자기 몸을 보는 격이다.[18-60] 유리가 한정하는 경계는 비바람을 가리기 위한 기능적 차단일 뿐이다. 유리 벽 안팎에서 경계를 지운 시각적 소통이 일어나고 이것은 곧 심리적 소통으로 발전한다.

　발코니도 중요한 역할을 한다. 층마다 두 종류의 발코니가 반복된다. 한 종류를 반半실내처럼 처리해서 인위적으로 소통 효과를 노렸다. 외관에서 급하게 반복되는 메탈 바가 이 발코니에서는 반개방 상태의 외벽을 이룬다. 다른 한 종류는 밖의 조경과 세트를 이룬다. 발코니 바닥이 밖의 벤

18-60 ■ 18-61 새빛안과의원

치와 겹친다.¹⁸⁻⁶¹ 발코니를 통한 외부와의 소통이 시각적 비교 차원으로 바뀌어 있다. 이처럼 이 건물에서는 안을 밖처럼 만드는 여러 장치를 지속적으로 시도함으로써 안과 밖을 하나로 합치려 한다.

출입구와 격식 |

출입구는 안과 밖 사이의 소통이 처음으로 일어나는 곳이다. 소통은 전이 형식으로 일어난다. 안과 밖이라는 대별되는 두 공간 사이에 갑작스런 전이가 일어나기 때문에 이를 완화해줄 장치가 필요하다. 건물의 전체 동선을 감당하는 곳이기 때문에 격식도 갖추어야 한다. 2003년 완공작에서는 출입구 처리에서 일정한 공통점이 관찰된다. 그 내용은 네 가지로 요약할 수 있다.

첫째, 출입구는 건물의 한쪽 끝에 위치한다. 그중에서도 주요 동선을 가장 먼저 접할 수 있는 지점이다. 둘째, 큰 면적의 데크를 예비 공간으로 가지며 차양이 깊게 드리운다. 데크는 전이 공간으로 발전하지 않는다. 밖에 있는 전실前室이라는 의미에서 예비 공간으로 불릴 수 있다. 셋째, 데크 높이는 건물 높이 전체가 되거나 일부분이 된다. 일부분일 경우에는 입체를 잘라내는 방식, 즉 외부 발코니 형식으로 처리한다. 데크 높이는 출입구의 중요도와 부지의 상황에 따라 결정된다. 넷째, 차양은 기둥으로 받친다. 기둥 개수는 가능한 한 적게 하고 비례는 가능한 한 가늘게 해서 차양 효과를 극대화한다. 이것은 출입구의 절개 효과가 극대화됨을 의미한다. 출입구는 천공天空을 담으면서 격식을 갖춘다. **18-62, 18-63**

이런 처리는 신기념비주의를 대표하는 기법들이다. 빈 하늘을 치고 올라가며 홀로 선 기둥과 그 끝에 넓은 판게 형식으로 매달린 차양은 기념비적 효과를 위한 과장된 격식이다. 기념비성을 보강하는 기법을 동원한다. 우선 원형다움이다. 단독 기둥이 차양 하나만 받치는 모습은 원형原型 단위를 정의한다. 원형성은 침묵이고 침묵은 권위다. 침묵 사이사이에 보이는 천공의 여백은 침묵의 깊이를 더하고 그 길이를 늘린다.

18-62 한국산업기술대학 종합강의동
18-63 신라대학교 제1 공학관

　원형다움은 초현실성을 낳는다. 빈 공간에 가느다랗게 선 기둥은 불완전해 보이지만 사실은 원형 단위이기 때문에 가장 완전하다는 근원적 역설이 성립된다. 스케일 지우기는 완전성을 돕는다. 거대 스케일이지만 그에 수반되는 많은 부양가족을 없애고 원형 단위로 제시되기 때문에 머릿속에서 쉽게 다룰 수 있는 기본 단위로 인식된다. 불완전성과 완전성이 혼재하고 스케일이 무의미해지면서 현실의 척도는 무너진다. 초현실의 자유가 주어진다.

　원형다움은 땅과의 밀착에서 나온다. 땅에 못을 박은 앵커링anchoring의 느낌이다. 차양 효과는 천공을 도입한 것 이외에는 대부분의 건축적 효과를 땅에 대한 집중으로 몰아준다. 출입구는 열린 대문의 개념으로 정의된다. 기념비적으로 형식화된 큰 환영을 의미한다. 안과 밖 사이의 갑작스런 전이에서 오는 긴장감은 얼 빼기로 중화한다.

한국산업기술대학 종합강의동에서는 출입구가 건물의 시작과 끝을 모두 정의하며 수직 질서를 지배한다. 가느다란 기둥 세 개가 한정하는 넓은 공간에는 데크, 데크로 오르는 계단, 1층 출입구, 2층 출입구, 2층으로 오르는 계단, 오피스 창, 큰 정사각형 벽체 등 많은 요소들이 담긴다. 이런 요소는 건물의 안과 밖을 오가는 방식을 여러 종류로 다양하게 만들어준다. 가느다란 비율로 둔갑한 기둥 세 개는 팔을 벌려 이 모든 것을 거뜬히 안아낸다. 옆에서 보면 실은 기운 센 역사까다. 제일 바깥 기둥은 건물의 경계선을 한정하며 영역을 거두어들인다. **18-64, 18-65**

동국대학교 도서관에서 출입구는 단정한 모습으로 면적을 확보한다. 출입 방식은 한 가지로 정리되며 건축적 처리도 이에 맞게 간결하다. 여러

18-64 ▪ 18-65 한국산업기술대학 종합강의동

개의 기둥 대신 넓적한 사각 벽기둥 하나만으로 차양 모서리를 받쳐낸다. 기둥 여러 개를 하나로 눌러 합쳐놓은 것 같다. 출입에 필요한 최적의 면적만 확보하곤 절제한다. 땅과 하늘에 집중한다. 데크는 땅의 연속이고 차양은 지붕 끝의 연속이다. 바닥은 땅을 딛고 차양은 하늘을 인다. 차양에 뚫린 원은 하늘을 이는 부담을 덜어준다.[18-66]

　삼양사 사옥 리모델링에서는 출입구가 건물의 바깥 면 밖으로 돌출한다. 출입구 영역은 기둥 열과 유리 벽으로 한정된다. 1층의 기둥 열이 2층의 유리 벽을 받치는 형국으로 처리되었다. 큰 걸음으로 한 걸음 성큼 나와 차량이 통행할 수 있는 폭을 확보한다. 출입구는 데크에 의한 영역이

18-66 동국대학교 도서관

아닌 선형 이동 공간으로 정의된다. 기업체 사옥에 사용되는 전형적인 출입구 방식이다. 기둥 열이 밖으로 나온 처리는 이외에도 중요한 목적 한 가지를 더 갖는다. 앞의 큰 나무와 어울리려는 의도가 느껴진다. 기둥은 인공 나무다. 기둥은 자연 나무와 병치된다. 자연 나무와 산업 재료 사이의 이질감은 완화된다. 자연 나무를 인공 나무로 번안해서 출입구 영역에 이식한 셈이다. 2층 유리벽의 끝 면을 불완전하게 열린 채 놔둔 처리는 앞의 나무에 대한 예우로 읽힌다. 완결 지을 경우 인간의 오만이 나무를 누를 수 있기 때문이다. 궁극적으로는 앞 예들에서 본 출입구 처리 방식의 일환이기도 하다. 유리 면을 이용한 절개 방식인 것이다. **18-67**

18-67 삼양사 사옥 리모델링

출입구를 지나 실내 중정으로 |

금강대학교 종합강의동은 출입구와 실내 중정을 세트로 갖는 공간 구성으로 이루어졌다. 금강대학교는 'ㄷ'자형 건물이기 때문에 주 출입구와 부 출입구 사이에 갈등이 있던 것으로 보인다. 주 출입구는 깊은 곳 한가운데에 위치한다. 먼저 맞는 것은 부 출입구다. 주 출입구가 놓이는 부분은 위에 설명한 출입구의 전형적 방식으로 처리하기에 부적합하다. 그 방식은 건물의 단부에 적용되어야 건축적 효과가 발휘되기 때문이다. 부 출입구의 위치는 이것에 적합하다.[18-68]

주 출입구가 아니기 때문에 기념비적 웅장함을 줄였다. 부 출입구는 1개 층의 높이로 처리했다. 입체의 1층 끝 부분을 파내는 형식이다. 비교적 단 수가 많은 계단을 올라 데크를 통해 진입한다. 양 끝에 한 개씩 총 두 개의 기둥만으로 출입구를 정의한다. 여백이 커지고 강한 수평선이 형성

18-68 금강대학교 종합강의동

18-69 ■ 18-70 금강대학교 종합강의동

된다. 스케일은 작지만 여백과 강한 수평선은 그 자체가 웅변이다. 불교대학이기 때문이다.

　실내 중정은 주 출입구를 들어서자마자 맞는다. 건물이 'ㄷ'자형이기 때문에 실내 로비의 공간 장악력이 측 동에까지 미치지 못한다. 측 동에는 작은 실내 중정을 여럿 뚫었다. 이것들은 중앙 중정을 도와 실내에 숨통을 만든다. 단조로운 구성에 분산 효과도 만든다. 복도를 오가며 실내에서 밖의 자기 몸을 볼 수 있다. 분산과 숨통은 밖에서 시작된다. 길의 모티브를 통해서다. 경사로는 사선의 파격을 통해 길의 존재를 알린다. 부 출입구는 경사로까지 포함하면서 비로소 완성된다.[18-69] 바깥 중정을 오르는 계단은 높이를 두 가지로 다르게 하여 리듬감을 준다. 리듬감은 이동을 도우며 길을 연상시킨다.[18-70]

　한국산업기술대학에서는 이런 분산이 아닌 강한 병치로 같은 구성이 이루어진다. 출입구는 큰 상자 속에 이것저것이 담긴 것처럼 처리되었다. 출입구를 지나 실내로 들어서면 매우 단순하게 처리된 큰 실내 중정이 맞는다. 두 개의 큰 진공이 연속되는 것이다. 건축적 성격은 대비적 병치다.

서울신학대학교 우석기념관에서 동선은 연속 공간으로 처리된다. 프로그램을 일정한 단위로 모은 뒤 분절했다. 기능을 대응시키다 보니 입체가 분화했다. 재료를 더하면서 스토리가 만들어진다. 분절과 분화는 계단, 복도, 다리, 문 등의 이동 요소, 담 같은 중성 요소, 마당 같은 여백 등을 기준으로 삼아 일어난다.[18-71] 안과 밖의 경계는 모호해진다. 로비와 마당이 여백이라는 공통 기준을 매개로 같은 특성의 공간으로 읽히는 식이다. 분

18-71
서울신학대학교 우석기념관

산성이 지나친 위험이 있으나 기능을 잘 풀어 절제선 안으로 들어왔다.

　직선과 사각형 위주의 십자 축 질서가 주도한다. 꺾임이 많지만 이동 거리와 꺾임 단위가 적절하고 방향 설정이 명확해 기능 단위로 인지 지도 가 그려진다. 동일한 스케일이 안정적으로 지속된다. 마당이 자연스럽게 건물의 일부분이 된다. 출입구는 방향을 따라 여러 개로 나 있다. 공간은 순환한다. 방향은 있지만 앞뒤는 없다. 아무 곳에서나 들어가서 아무 곳으 로나 나오면 된다. 사기 몫을 차지한 영역이 그어지지만 그 사이에는 중간 통과 공간도 만들어진다.[18-72] 어디에도 속하지 않기 때문에 누구에게나 속 할 수 있는 공간이다.

18-72
서울신학대학교 우석기념관

통과 공간에는 안과 밖의 구별이 없다. 안의 공간과 밖의 공간을 통과 공간이라는 공통점을 매개로 한 공간으로 읽을 수 있다. 로비와 마당이 그 랬던 것과 같다. 실내에 중간 통과 공간이 만들어진 반면 실외에는 머묾의 공간이 만들어진다. 실내는 내 편, 실외는 네 편이라는 이분법은 계속 허물어진다. 이 모든 것은 실에 꿰이듯 이어져 파스텔 톤의 풍경화 같은 공간 스토리를 지어낸다. 한옥의 공간 구성과는 좀 다르다. 그보다는 라이트 Frank Lloyd Wright의 유기 구성에 가깝게 느껴진다. 그렇기 때문에 뉴욕 파이 브가 먼저 떠오른다. 외관의 유사성도 한몫한다.

신라대학교도 이와 유사한 공간 구성을 갖는다. 안과 밖을 여러 번 오가며 건물의 이곳저곳이 복합적으로 교통한다. 입체가 기능 단위와 공간 단위에 맞춰 분절된다. 건물은 여러 향을 상대하며 향마다 출입구를 갖는다. 이런 것들이 어우러져 공간 스토리를 만들어낸다. 그러나 구체적 처리 기법에서는 우석기념관과 많이 다르다. 훨씬 과격하다. 우선 기본 질서가 기하 충돌과 사선이다. 안과 밖 사이의 구별도 비교적 명확하다. 영역은 통과와 명확한 선을 그으며 자기 몫을 챙긴다.[17-3, 17-6, 17-9]

달팽이가 껍데기 속에 들어가 자기 세계를 구축한 것 같은 느낌이다. 마당은 기하 충돌에서 나온 파편에 할당된다.[18-73] 이동 공간에는 협곡을 가로질러 다리를 놓았는데 그 장쾌한 모습에서 개척정신을 느낄 정도다.[18-74] 이동과 머묾은 이분법으로 명확하게 구별된다. 엘리베이터 철탑은 발을 돋우며 큰 목소리로 자신을 알린다. 향마다 영역이 할당되고 각기 다른 유형으로 처리된다. 이 모든 것은 파편으로 합쳐지면서 과격한 풍경화를 그린다.

18-73 ■ 18-74
신라대학교 제1 공학관